KB106971

연변방언 연구

저 자 약 력

▍오 선 화(吳仙花)

중국 연변 용정 출생
중국 중앙민족대학교 조선언어문학학과 졸업
중국 대외경제무역대학교 대학원 한국어학과 문학석사
한국 국립서울대학교 대학원 국어국문학과 문학박사
현재 중국 복단대학교 외문대학 한국어학과 조교수

주요 논문
연변지역어의 부정소에 관한 일고찰
연변지역어의 호격조사에 관한 일고찰
함경도 방언의 담화 표지 '응'과 '야'의 고찰
연변지역어의 종결어미 '-재'에 대한 일고찰
한국어교재의 발음교육내용 분석과 효과적인 교육방안
음운규칙 적용 오류를 통한 자음동화 교육 방안
연변지역어 간접 인용 '-는/(으)ㄴ 매'에 대하여

전자우편 wuxh@fudan.edu.cn

이 책은 복단대학교 신임교수정착연구비의 지원을 받았음.
(復旦大學2013年度新進校靑年敎師科硏啓動費 JJH3152019)

연변방언 연구

초 판 인 쇄	2015년 09월 10일
초 판 발 행	2015년 09월 25일
저　　　자	오 선 화
발 행 인	윤 석 현
발 행 처	도서출판 박문사
책 임 편 집	최인노·김선은·최현아
등 록 번 호	제2009-11호
우 편 주 소	서울시 도봉구 우이천로 353 성주빌딩 3층
대 표 전 화	02) 992 / 3253
전　　　송	02) 991 / 1285
홈 페 이 지	http://www.jncbms.co.kr
전 자 우 편	bakmunsa@hanmail.net

ⓒ 오선화, 2015. Printed in KOREA

ISBN 978-89-98468-76-7 93700　　　정가 29,000원

연변방언 연구

오 선 화 저

박문사

 이 책은 저자가 2010년 2월에 서울대학교 대학원에 제출하였던 박
사학위 논문 함북 부령지역어의 통시음운론과 2007년부터 2014년
사이에 발표했던 연변방언 관련 논문으로 구성되어 있다. 학위 논문
의 체재는 그대로 유지하면서 부분적으로 예문과 기술 내용을 보완
하였다. 그리고 기존에 발표했던 논문 중 다섯 편의 논문이 연변방언
관련 논문이어서 약간 수정을 거쳐 수록하였다.

 대학생이 되어 중국 중앙민족대학교에 입학하던 날, 태어나서 줄
곧 연변에서 살며 함북방언에 기초한 연변지역어를 쓰던 저자는 서
울말과 연변지역어 외에도 중국에서 한국어의 여러 방언들이 쓰인
다는 사실을 알게 되었다. 길림(吉林)지역에서 온 학생은 경상도 방
언을 쓴다고 했고 심양(沈陽)지역에서 온 학생은 평안도 방안을 쓴다
고 했는데 그때 생각은 "다들 예쁜 서울말을 쓰네."였다. 당시 저자가
듣기에도 저자의 말은 다른 방언에 비해 많이 이질적이었다.

 본격적으로 함북방언 나아가 연변방언에 관심을 가지고 연구를
시작하게 된 것은 서울대학교 대학원 박사과정에 입학하여 정승철
선생님을 만나면서부터였다. 선생님의 문하에 들어가 음운론과 방
언학 공부를 차곡차곡 해나가면서 방언은 체계를 가진 한 언어의 변
이체라는 사실과 개별 방언 음운사에 대한 연구가 한국어 음운사 연

구에 매우 필요하다는 사실을 알게 되었다. 함북방언 역시 체계를 갖고 있는 한국어의 변이체이며 함북방언의 음운사에 대한 연구 역시 한국어 음운사에 귀중한 자료로 쓰일 수 있다. 옛말들이 점점 사라져 가는 시점에서 더 이상 망설일 수가 없었다.

감히 함북방언에 대한 통시음운 연구를 행하는 것은 이 지역어에 대한 체계적인 통시음운론 연구가 아직 행해지지 않았기에 수집한 자료를 세상에 알리고 함북방언의 음운 연구에 조금이라도 보탬이 되고자 함이었다. 그리고 연변방언 문법 요소 관련 연구 논문을 감히 출판하는 데는 한국어 방언 연구에서 소외되었던 연변 방언 연구에 대한 학계의 관심을 끌고자 함이었다.

많이 부족한 원고를 책으로 내기까지 참으로 많은 이들의 은혜를 입었다. 먼저 한국어에 대한 이론적 틀을 가르쳐 주시고 항상 사랑으로 보듬어 주셨던 중앙민족대학교 조선언어문학학부의 서영섭 선생님, 리원길 선생님, 태평무 선생님, 문일환 선생님, 오상순 선생님, 김춘선 선생님, 김명숙 선생님, 박승권 선생님, 강용택 선생님께 깊은 감사를 드린다. 학부 시절 학문의 길로 인도해주시고 유학의 꿈을 심어주신 한국의 강신항 선생님, 정양완 선생님, 서태룡 선생님, 이주행 선생님, 김무림 선생님께도 머리 숙여 감사를 드린다. 그리고 더 넓은 시야를 갖게 해주시고 어른의 자세를 가르쳐주신 대외경제무역대학교 한국어학과의 김병운 선생님, 서영빈 선생님, 박숙자 선생님, 홍성일 선생님, 리광수 선생님, 최옥산 선생님께도 감사를 드리고 한국의 이관식 선생님께도 감사를 드린다.

서울대학교 국어국문과에 갓 입학하여 공부를 시작할 때의 막연함은 참으로 잊을 수가 없다. 그때 저자에게 도움의 손길을 주신 분이 바로 정승철 지도교수님이셨다. 유학생인 저자를 위해 1대1 스터디를 해주셨고 방언답사에는 꼭 끼어주셔서 방언 조사 방법을 익히게 해주셨으며 필자가 쓴 논문을 한 글자 한 글자 고쳐 주며 학문의 자세를 가르쳐 주셨다. 선생님의 배려는 학문에만 그치지 않으셨다. 매주 마다 점심을 사주시며 유학생활을 걱정해주시고 또 다독여 주셨다. 자상하고 따뜻한 교수님을 만난 것은 큰 행운이었다.

그리고 유학생활 내내 멋진 수업으로 넓은 학문의 세계와 학자의 모습을 보여주시며 저자에게 귀감이 되어주셨던 서울대학교 국어국문학과 최명옥 선생님, 송철의 선생님, 김창섭 선생님, 이현희 선생님, 장소원 선생님, 김성규 선생님, 전영철 선생님께 감사를 드린다. 특별히 학위논문을 위해서 많은 조언을 주셨던 곽충구 선생님, 송철의 선생님, 김성규 선생님, 배주채 선생님께 진심으로 감사를 드린다. 곽충구 선생님은 논문의 제보자에 대해 보충 조사를 해주시며 더 좋은 논문으로 만들어 나가는데 도움을 주셨는데 고맙기 그지없다.

그리고 효도도 제대로 못하는 딸을 항상 자랑스러워하시고 학문의 길에 정진해라며 손자 민찬이를 키워주시는 아버지, 어머니께는 항상 송구한 마음이다. 또한 언제나 저자를 지지하고 든든하게 지켜주는 남편에게 잘 챙겨주는 아내가 되지 못해 미안한 마음이 크다. 시부모님께도 감사의 마음을 전하며 이 책은 손녀를 위해 학위논문의 제보자 되어 주시고 연로한 몸에 졸음을 쫓으면서 조사에 임해주

셨던 외할머니와 저자를 애지중지 키워주셨던, 지금은 하늘나라에
계시어 보고 싶어도 볼 수 없는 친할머니께 드린다.

끝으로 이 책의 출판을 기꺼이 맡아주신 박문사 윤석현 사장님과
최문석 실장님 그리고 책을 훌륭하게 만들어주신 편집부 여러분께
감사를 드린다.

이 책은 제1부는 박사학위 논문으로 체계를 가지나 제2부는 다섯
개의 논문이 각 장절을 이루다보니 체계성은 미흡하다. 그러나 연변
방언이라는 한 권의 책으로 묶는 데는 큰 문제가 없을 것이다. 이제
까지의 학문생활을 이 책 한 권으로 정리하는 느낌이 들어 부끄러우
나 이를 시작으로 생각하려 한다.

2015년 6월

吳仙花

제 **I** 부

함북 부령지역어의
통시 음운론

연변방언 연구

제1장

서 론

1. 연구 목적과 의의

이 논문은 咸北 富寧地域語의[1] 통시적 음운 변화를 기술하는 것을 목적으로 한다.

함북 부령은 역사적으로 六鎭 지역에 속하는 곳이다. 육진 지역은 음운사적 관점에서 보면 잔재지역(relic area)이며 방언학적으로 볼 때 고립방언(isolated dialect)으로서의 성격을 지닌 곳으로 현재 독자적인 방언권을 형성한다고 알려져 있다.[2] 이는 개신의 중심이 되는

---

1 이 논문의 부령군은 해방전 행정구역도상의 부령을 말한다. 해방전 부령군의 행정구역은 8면 58동이다. 富寧面, 西上面, 石幕面, 靑岩面, 連川面, 富居面, 三海面, 觀海面으로 이루어져 있다.

2 육진방언은 두만강 연안에 위치한 함경북도 북부의 회령·종성·온성·경원·경흥에

15

중부방언과 멀리 떨어져 있다는 지리적 요인에 말미암는다.

그런데 여기서 주목해야 할 사실은 부령은 비록 육진 지역에 속하지만 육진방언권에는 포함되지 않는다는 점이다.[3] 다시 말하여 부령지역어는 육진방언보다는 오히려 동북방언의 음운 특징을 보유하고 있다. 이는 부령이 주로 남부로부터 개신의 영향을 받은 반면 육진의 會寧, 鐘城 지역에서 확산된 또 다른 영향은 크게 받지 않았음을 말해 준다.[4] 이렇듯 부령이 회령과 접하여 있음에도 불구하고 회령지역어의 영향을 직접적으로 받지 않은 것은 부령과 회령 사이에는 茂山嶺이라는 높은 산맥이 있어 두 지역을 차단하고 있기 때문이다.

함북 부령지역어에 대한 기초적인 자료를 바탕으로 통시 음운연구를 행하는 것은 동북, 육진방언권의 형성과 그 영향 관계를 잘 드러내 보여 줄 수 있을 것으로 기대된다. 또 함북 방언의 음운사 연구에 도움이 될 뿐만 아니라 나아가 한국어 음운사 연구에도 도움이 된다. 그것은 체계적인 한국어사의 연구가 개별적인 하위 방언들의 역

서 쓰이는 방언으로, 동북방언의 한 하위 방언권으로 분류하기도 하고 독립 방언권으로 설정하기도 한다(곽충구 2001b). 이 논문에서는 기술의 편의상 육진방언과 동북방언을 구별하여 육진방언은 '회령·종성·온성·경원·경흥에서 쓰이는 방언', 동북방언은 '육진방언을 제외한 정평 이북의 함경도에서 쓰이는 방언'을 일컫는 말로 사용할 것이다.

3 김태균(1986:16)은 부령을 제외한 육진방언을 六邑 방언권, 부령과 茂山을 전이방언권이라고 하여 부령을 육진방언에서 제외하였다. 또 정용호(1988:37)은 부령지역어를 함경도 북부방언으로 보고 함경도방언 구역 안에 있는 하나의 방언섬으로서의 육진방언과 구별하였다. 한편 곽충구(2001b:281)은 육진 지역 중의 부령은 육진방언권에서 제외된다고 하였다.

4 육진방언은 개신의 발생과 그 전파의 방향에 따라서 다시 두 지역으로 나뉜다. 하나는 慶興, 慶源 지역인데 이 지역은 주로 함경도 남부에서 발생한 개신 규칙의 영향을 받은 곳이다. 다른 하나는 두만강의 중류에 위치한 會寧, 鍾城, 穩城 지역으로 이곳이 이 지역 내부에서 독자적으로 겪은 음운변화가 적용된 곳이다(곽충구 1994).

사를 먼저 단계적으로 규명하지 않고는 성립될 수 없기 때문이다.

2. 연구 방법

언어는 역사적 산물이고 방언은 그 언어의 분화체이다. 그러한 까닭에 방언은 해당 언어의 하위체계로서 수직적 관계를 맺고 있고 또 그 언어의 다른 방언과는 각각 독립된 체계로서 상호 긴밀하게 교호하는 수평적 관계를 맺고 있다. 따라서 방언은 그 언어와의 관계 속에서 또한 인접 방언과의 상호 관련 속에서 연구되어야 한다.

특히 방언의 통시태에 대한 연구에서는 인접 방언과의 상호 관계가 더욱 강조된다. 그것은 방언의 과거 모습을 알기 위해서는 해당 방언의 문헌자료가[5] 있어야 하는데 현재로서는 그러한 문헌자료를 구할 수 없는 경우가 허다하기 때문이다. 그리고 문헌자료가 없는 방언의 통시론 연구에서는 해당 방언의 통시태에 대한 재구가 전제된다. 이를 위해 내적 재구 방법과 비교 방법이 고려된다.

방언의 공시적인 양상은 그 방언이 긴 시간 위에서 독자적으로 발전해 온 변화의 산물이므로, 공시적 양상으로부터 이전 시기 이 방언이 수행하여 온 변화 사실들을 밝힐 수 있는 내적 증거들을 확보할 수 있다. 그러나 이러한 내적 재구 방법도 문헌자료를 보조적으로 이

---

5 문헌자료 역시 한계를 지닌다. 문헌자료가 가진 속성 중에서 서사 규범에서 비롯되는 표기의 보수성은 실제 언어 사실을 이해하는 데 장애 요인이 될 수 있다. 뿐만 아니라 음 변화를 정밀하게 관찰할 수 있는 문헌들이 그 변화가 진행된 시간 축을 따라 적절히 주어져 있는 것도 아니다(곽충구 2001b:237).

용할 때 좀 더 믿음직한 결과를 얻을 수 있음은 물론이다. 또 어느 정도 정립되어 가고 있는 중앙어의 역사를 참고하여 방언의 역사를 가정하는 비교 방법이 있다. 그러나 중앙어의 역사를 빌어 와 지역어의 역사를 기술하는 일은 지역어가 독자적인 체계를 가지고 그 체계 속에서 독립적으로 발전해 온 사실을 무시하는 결과를 가져올 수도 있다. 다시 말하면 모든 방언이 중앙어를 중심으로 변한다고 할 수 없으므로 방언과 중앙어를 1:1 대응시키는 방식은 바람직하지 않다.[6] 그리고 방언은 한 언어로부터 분화한 하위 체계로서 다른 방언들과 관계를 가지는데 이러한 방언들 간의 접촉현상도 염두에 두어야 한다.[7]

부령지역어 또한 그 선대형을 보여주는 문헌자료를 가지고 있지 않다. 따라서 부령지역어의 통시태에 대한 재구에서는 현재 형태를 통해 이전 시기 부령지역어의 형태를 재구하는 내적 재구 방법을 이용하려 한다. 하지만 부령지역에 관한 한 이는 제한적일 수밖에 없다. 왜냐하면 몇 차례 통합과정을 거친 형태로부터 그 이전에 존재했던 변화 전의 형태를 재구하는 일은 어렵기 때문이다(최명옥 1987). 그리하여 이 논문은 부령지역어의 통시태에 대한 재구에서 부득이 중세어나 근대어를 참조하는 비교 방법을 주로 이용하고 내적 재구 방법은 보조적으로 이용하였다. 단, 부령지역어의 어형이 중세어의

---

6 이승재(1977:402)는 방언의 통시 연구에서 중세 중앙어 자료와 현대 중앙어를 직접 또는 간접적으로 현대 방언과 대응시키는 기왕의 방언 연구는 방법론상으로 결함을 가진다고 하고, 중세 방언 자료로 해당 현대 방언을 연구해야 한다고 하였다.

7 통시적으로 상위한 변화를 겪은 지역 방언을 비교하여 분화 이전 시기의 모습을 재구할 수 있고 또 규칙 발생의 상대적 연대를 추정하여 방언간의 규칙 차용이나 확산 과정을 논의할 수 있다(곽충구 2001b:238).

어형보다 더 오래된 고형을 보여줄 수도 있고 중세어와 관련이 없는 형태일 수도 있기 때문에 현대 부령지역어의 선대형이 중세와 같았을 것이라고 생각되는 어형에 한해서 중세의 문헌어와 비교를 한다. 또 부령지역어의 어형이 다른 방언들과도 관계를 가진다고 생각될 때에는 다른 방언들과의 비교도 진행한다.

3. 연구사 개관

본고는 형태소 경계에서 발생한 음운 변화에 대한 기술은 공시 음운론 연구로 보고 형태소 내부에서 발생한 음운변화에 대한 기술은 통시 음운론 연구에 속하는 것으로 간주한다. 이러한 관점에 입각하여 바라보면 함경도 방언의 공시 음운연구에 비해 형태소 내부의 음운변화를 기술한 통시 음운연구는 별로 이루어지지 않았다. 다시 말하여 부령지역어에 대한 본격적인 통시 음운연구가 없었음은 물론이다. 그렇기 때문에 여기에서는 이 지역어의 기층이 되는 함경도 방언에 대한 통시 음운연구를 개관한다. 함경도 방언의 통시 음운연구는 언어지리학 혹은 언어사적인 측면에서 단편적으로 언급된 것들이 주종을 이룬다고 할 수 있다.

함경도 방언의 통시 음운연구는 한국어의 여느 방언과 마찬가지로 일본 학자들에 의해 시작되었다. 대표적으로 田島泰秀(1918)과 小倉進平(1927)을 들 수 있다. 田島泰秀(1918)은 함북 鏡城지역어를 非咸北人에게 알릴 목적으로 음운, 어휘, 형태, 어법 등의 문제를 비교적 폭넓게 다루고 있다. 음운을 다룬 부분에서는 구개음화, 어두경음화, 비어두경음화, 원순모음화, 어간말 자음 중화, 특수 교체 어간, 명사의 어간말에 '-이'가 접미되는 현상, 움라우트 등의 음운변화를 언급하였다. 그러나 서울방언과 鏡城 방언을 비교했을 때 발견되는 현격한 차이만을 대상으로 하여 정리를 하였다는 느낌을 준다. 한편 小倉進平(1927)은 함경도의 역사를 기술한 후 음운, 문법, 어휘(차용어) 등으로 나누어 특정 현상이나 어법상의 문제를 지리적인 분포를 고려하여 기술하였다. 음운특징을 다룬 부분에서는 '·'의 변화, 'ㄷ+ j 계 이중모음'의 변화와 'ㅅ+ j계 이중모음'의 변화, 구개음화, 어두 'ㄹ'의 변화, 'ㅈ'의 음가, 소위 어중자음이라 불리는 중부방언의 'ㅸ', 'ㅿ', 'ㅇ'[ɦ]의 반사형 'ㅂ', 'ㅅ', 'ㄱ', 이중모음의 변화 등과 같은 음운사적인 주제들을 다루었다. 그러나 이 논문은 함경도 전 지역어를 조감하여 음운변화를 밝힌 것으로서 특정 지역어에 대한 연구는 아니다.

그 후에 나온 김병제(1959, 1965, 1975, 1988), 한영순(1967), 김영황(1982), 황대화(1986, 1998, 1999), 리동빈(2001)은 한국 방언학 전반에 대해 논의하면서 함경도 방언의 음운 특징을 단편적으로 언급하였다. 그중 리동빈(2001)을 대표적으로 언급하면, 한국 방언을 음운, 문법, 어휘 세 부분으로 나누어 논의하였는데, 음운 부분에서는 한국 방언의 모음체계와 자음체계, 여러 방언들의 음운적 특징과 운소(소리마루와 억양)에 대해 기술하였다.

정용호(1988)은 함경도 방언의(육진 제외) 음운, 형태, 문법적 특징을 광범위하게 조사 연구하였다. 음운적 특징들로서 구개음화 현상, 경음화 현상(순한소리의 된소리되기), 비음 탈락 현상(자음이 빠지는 현상), 어중자음 유지현상과 모음의 변화가 포함되어 있다. 여기에서는 몇몇 음운사적인 현상을 조선의 표준어인 문화어와 비교하면서 음운변화의 결과에 대해 주로 언급하고 있다.

김태균(1982, 1983, 1986), 최학근(1991)과 중국의 趙習·宣德五(1986), 한진건(2000)은 육진방언의 형태소 내부의 음운특징에 대해 서술하였다. 여기에서의 음운현상도 종래에 논의된 것이 많고 음운변화의 결과에 치중하여 단편적으로 언급된 경향이 있다.

1900년대 중반에 들어서면서 구조주의와 변형생성 이론을 배경으로 방언의 통시론을 다룬 논의가 나타난다. 이기동(1993), 곽충구(1994, 2000, 2001a, 2001b, 2003, 2005), 전학석(1996), 소신애(2005a, 2005b) 등에서 함경도 방언의 음운 현상을 본격적으로 연구하였다. 이기동(1993)은 함경남도 北靑地域語에 대한 음운론적 연구로 해당 방언의 음운체계와 음운결합, 음운변화를 다루고 있다. 주로 공시적인 연구이나 구개음화, 자음 탈락 및 약화, 불규칙활용, 움라우트 등과 같은 통시적인 내용도 있다. 한편 곽충구의 일련의 논의(1994, 2000, 2001a, 2001b, 2003, 2005)는 이 지역의 연구사에서 매우 중요한 위치를 차지한다. 특히 곽충구(1994)는 육진방언의 경흥지역어를 반영한 20세기 초 문헌을 대상으로 공시적 연구와 통시적 연구를 병행하였다. 통시 음운연구에서 모음조화, '·'의 변화, 'ㅗ>ㅜ'의 변화, 움라우트, 원순모음화, 비원순모음화, 모음체계의 재구, 구개음화, 어중자음의 탈락 등에 대해 기술하고 있다. 이 논의는 함경도 방언의 통시론을 다루는 데에 하나의 모델을 만들어 주고 있다. 한편 전학석(1996)은 현지 방언 조사를 바탕으로 하여 육진방언의 음운체계, 음운변화, 운율적 자질에 대해서 간략하게 서술하고 있다. 그리고 소신애(2005)는 현재의 육진방언과 20세기 초의 문헌을 비교하여 '모음+자음' 연쇄가 변모해가는 모습을 살폈다. 여기에서는 'ㄷ' 구개음화, 어두 'ㄴ' 탈락, 'ㅕ>ㅖ>ㅔ' 등 규칙에 의한 어간의 재구조화, 재분석에 의한 재구조화 등과 같은 음운사적인 주제들을 포함하고 있다.

이렇듯 함경도 방언에 관한 통시론적인 연구가 단편적으로 많이 진행되어 본고의 작성에 기초와 틀을 마련해 주었다. 그러나 기존 논의를 통하여 지리적으로 육진에 속하면서도 함북방언의 특징을 보유하고 있는 부령지역어에 대한 체계적인 조사와 이를 바탕으로 한 통시론적인 음운연구가 없었다는 것도 알 수 있다.

4. 연구 대상과 자료

함북 부령군은 함북 중부에 위치해 있는 군으로 동쪽은 東海에 접하고 서쪽은 무산군, 남쪽은 경성군, 북쪽은 회령군, 경흥군과 잇닿아 있다. 부령군은 8面으로 형성되어 있는데, 이중 제보자의 출신지는 부령군 西上面이다. 서상면은 부령군 서쪽에 위치한 면으로 북쪽으로 회령군 甫乙面, 昌斗面과 접하고 남쪽으로 경성군 鏡城面, 서쪽으로는 무산군 豊溪面, 東面, 漁下面, 延社面에 잇닿아 있다.

부령군과 서상면은 다음의 지도를 참고할 수 있다. <지도 1>, <지도2>는 해방전의 행정구획도이고 <지도 3>, <지도 4>는 현행 조선의 행정구획도이다.

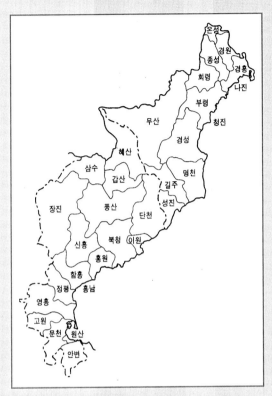

[지도 1] 해방전 함경도의 행정구획도

[지도 2] 해방전 함북 부령군의 행정구획도

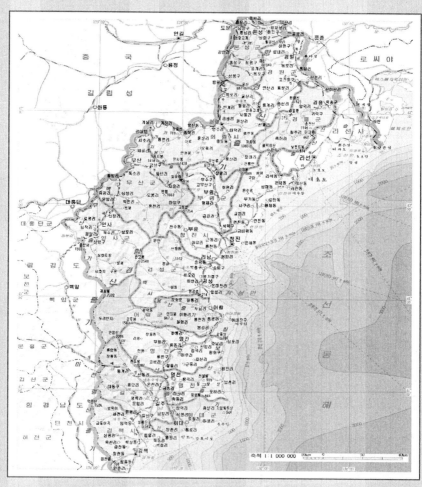

[지도 3] 현행 함경북도 행정구획도

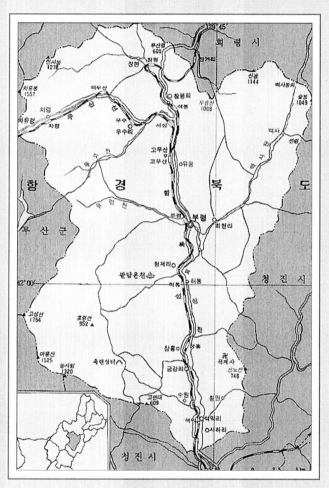

[지도 4] 현행 함북 부령군의 행정구획도

그런데 함북 부령지역어를 포함하여 함북방언은 본디 이주민들에 의하여 형성된 것이므로 그 형성과정에 대해 살펴볼 필요가 있다. 함경도의 남부 지역 정확히 말하면 永興 이북 定平과 咸興 근방에 고려인이 본격적으로 거주하게 된 시기는 蒙古의 침략으로 인하여 이 지역이 元의 세력권에 들게 된 시기를 전후한 무렵인 것으로 보인다.[8] 그 후 이들 流移民 출신의 함경도인과 토착 함경도 주민들은 自意 또는 官의 사민정책에 의거해 점차 함경도의 북부 지역으로 이주하여 조선조 초기에는 육진 지역에까지 이르렀던 것으로 보인다. 이후 육진에는 새로운 사민정책에 의하여 다시 상당수의 咸鏡南道人을 위주로 한 이주민이 이주하게 되었다. 부령지역어도 이런 사회적 배경에서 형성되었는바 원 고장에서 쓰던 방언에 함경남도에서 옮겨간 사람들이 쓰던 방언과 그 밖의 다른 여러 도에서 옮겨간 사람들이 쓰던 방언들이 혼합되어 새로운 특성을 지닌 방언이 이루어지게 된 것으로 보인다.[9] 그러나 육진방언 및

---

8 함경도는 본디 고구려의 땅으로 오늘 함경도 방언을 쓰고 있는 함경남북도와 양강도의 대부분 지역에는 본래 옥저족이 살았다. 그러나 고구려 멸망 이후 이곳은 오랫동안 女眞人의 독무대가 되었다. 그 후 元이 쌍성총관부를 설치한 시기(1258년)을 전후하여 육진 개척 이전인 조선 왕조가 탄생할 때까지 상당수의 고려인이 함경 鏡城 이북까지 이주하였던 것으로 보인다(함경북도지편집위원회 2001:360)

9 육진 중에서 맨 처음 개척된 곳이 慶源이다. 세종은 慶源部에 속했던 경원, 경흥, 부령에 南道民을 이주시켰는데 世宗實錄 卷62(癸丑11月條)에 의하면 경원부와 寧北鎭(富寧石幕)에는 2,200호의 주민들이 이주한 것으로 되어 있다. 그 내용은 慶源 350호, 鏡城 550호, 吉州 500호(이상 지금의 咸北지방) 丹川 280호, 北靑 280호, 洪原 40호, 咸興·永興 45호, 定平 30호, 安邊 20호, 文川 12호, 宜川, 龍津 10호, 高原 15호, 預原 13호(이상 咸南 지방) 등이다. 이와 같이 경원부와 寧北鎭에 이주시킨 주민은 모두 함경도인이고 그 중 반수 이상은 鏡城, 吉州 지역인이다. 따라서 이들 이주민의 언어가 이 지역 방언의 모태가 되었을 가능성이 크다(함경북도지편집위원회

동북방언은 주로 함경남도 남부 지역민들의 언어가 그 기층을 이루었고 중부 이북 방언이 여기에 영향을 주었을 것으로 생각되며, 상대적으로 남부방언은 그리 큰 영향력을 행사하지 못했던 것으로 판단된다.[10]

이 논문에 인용된 자료는 필자가 2007년 1월 10일부터 2007년 1월 26일까지와 2008년 1월 28일부터 2008년 2월 10일까지, 2009년 1월 2일부터 2009년 1월 30일까지 세 차례에 걸쳐 조사 수집한 것이다.[11] 국립국어원 지역어조사추진위원회(2006), 곽충구(1994), 황대화(1999), 정승철(1995), 최윤갑·방학철 등(1996)에 나온 항목들에 대해 조사를 하고 이를 주된 자료로 삼았다. 또 보조적으로 기존의 함북 방언 관련 사전과 문헌, 기타 논저의 함북 관련 자료 및 郡誌의 '언어 편'의 지역 방언도 참고하였다. 그중, 김태균(1986)의 『咸北方言辭典』에 나타난 부령지역어의 예들을 주로 참조했음을 밝혀둔다.

제보자의 신상은 다음과 같다.

〈표 1〉 제보자

이름	성별	출생 년월일	출생지	학력	거주경력	직업
김무진[12]	여	1928년생	부령군	초졸	이주민 1세	간호사

2001:358-361).

10 육진 지역의 역사와 육진방언의 형성에 대한 자세한 내용은 곽충구(1991:31-45)를 참조.

11 필요한 경우 여러 차례 전화조사도 수행하였음을 밝혀둔다. 또 곽충구 교수님께서 2010년 7월 1~2일 이틀간 조사를 해주셨는데 이에 감사를 드린다.

12 제보자는 함경북도 부령군 서상면 兩峴里 蒼坪에서 출생하여 24세에 중국 연변 용정시로 이주하였다. 제보자의 남편은 함경북도 회령군 출신으로 중국에서 태어

필자의 조사 지점은 中國 吉林省 延邊朝鮮族自治州 龍井市이다. 용정
시는 縣級市로[13] 동남쪽으로는 두만강과 조선에 접해 있고. 동북쪽으
로는 延吉, 圖門, 서남쪽으로는 和龍, 서북쪽으로는 安圖에 접해 있다.
조사지역은 다음의 지도를 참고할 수 있다.

났다고 한다. 제보자는 표준어 '바람'에 대해서 부령에서는 '바람', '흙'이라 하는
데 회령에서는 '보롬', '핡'이라 한다고 지적해 줄 정도로 언어에 대한 감각이 뛰어
났다. 제보자의 말에 따르면 친척들이 모두 부령군에 있어 경계가 엄하지 않은
1990년대까지만 해도 부령에 다녀오기도 하고 친척들도 중국에 자주 놀러 오기도
했었다고 한다.

13 중국의 행정구획 단위로 縣과 같은 행정 지위에 있는 市이다.

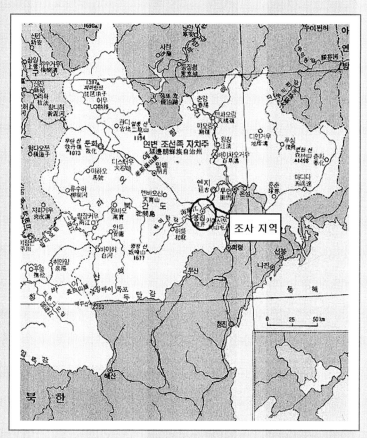

[지도 5] 조사 지역 : 연변조선족자치주 용정시

이 지역은 延邊에서도[14] 朝鮮族이 많이 집거하기로 이름난 곳으로 1900년대 초·중반부터 주로 함경도에서 이주해 온 사람들과 그 후손들이 집단 거주하고 있다. 제보자는 이주민 1세이고 용정시에 온 후 이동을 하지 않았다. 또 언어습득기를 부령에서 보냈기에 부령지역어를 거의 그대로 보존하고 있다고 할 수 있다. 물론 이주 이후 반세기를 중국에서 생활하였기 때문에 발화에 중국어가 나타나고 용정에 다른 지역 이주민들도 있어 다른 이주민 언어의 영향을 받았음이 예상되며 TV 등 대중매체로부터의 영향도 무시할 수는 없다.

이 논문에서 '중세 한국어'라는 용어는 이기문(1972)의 '후기 중세국어'만을 가리킨다[15]. 특별한 설명이 없는 한 '문헌어'라는 용어는 중부 지방에서 간행된 문헌에서 발견되는 어형만을 가리키며 '중앙어'라는 용어는 현대 한국어 중부방언과 문헌어를 모두 아우를 때 사용한다(정승철 1995:14). 이 논문의 문헌어는 주로 한글학회(1992)에서 간행한 『우리말 큰 사전 4(옛말과 이두)』의 것을 인용하지만 인용예를 찾지 못하였을 경우에는 유창돈(1964)의 『李朝語辭典』의 것을 인용하였다. 중세 한국어뿐만 아니라 필요하다면 근대 한국어의 형태를 인용하기도 하였다. 비교를 위하여 제시된 문헌어의 형태가 부령지역어의 형태와 반드시 대응하는 것이 아님은 물론이다.

참고로 이 논문에 사용된 문헌 略號를 제시하면 아래와 같다.

---

14 延邊朝鮮族自治州를 略稱 '延邊'이라고 한다.
15 이기문(2003:101-102)는 중세 한국어는 고려 중앙어를 토대로 하여 형성되었다고 보았다.

가례(家禮諺解, 1632)

경신(敬信錄諺解, 1796/1880)

구간(救急簡易方, 1489)

구방(救急方諺解, 1466/1469)

금삼(金剛經三家解, 1482)

남명(南明集諺解, 1482)

노번(老乞大/飜譯老乞大, 1547)

능엄(楞嚴經諺解, 1461/1495)

동신(東國新續三綱行實圖, 1617)

동해(同文類解, 1748)

두해-중(杜詩諺解重刊本, 1632)

두해-초(杜詩諺解初刊本, 1481)

목우(牧牛子修心訣, 1466)

몽산(蒙山法語諺解, 1472)

물명(物名考, 1773-1837)

물보(物譜, 1722-1837)

박번(朴通事/飜譯朴通事, 1547)

박해(朴通事諺解, 1677)

백련-동경(百聯抄解, 1510-1560)

번소(飜譯小學, 1500/1518)

법화(法華經諺解, 1463/1495)

사해-중(四聲通解 重刊本, 1614)

삼강(三綱行實圖, 1481)

석보(釋譜詳節, 1447)

석보-중(釋譜詳節 重刊本, 1495)

선집(禪宗永嘉集諺解, 1464/1482)

세훈민(世宗御製訓民正音, 1458)

소해(小學諺解, 1586)

속삼(續三綱行實圖, 1514)

신합(新增類合, 1576/1578)

악학-초(樂學軌範 初刊本, 1493)

언두(諺解痘瘡集要, 1608)

역보(譯語類解補, 1775)

역해(譯語類解, 1690)

연병(練兵指南, 1612)

왜어(倭語類解, 숙종)

용가-중(龍飛御天歌 重刊本, 1447/1612)

원각(圓覺經諺解, 1465/1575)

월곡(月印千江之曲, 1447)

월석(月印釋譜, 1459)

월석-중(月印釋譜 重刊本, 1568)

정속-초(正俗諺解 初刊本, 1518)

주여씨(呂氏鄕約諺解, 1518)

집람(集覽/老朴集覽, 1517)

칠대(七大萬法, 1569)

탕액-초(東醫寶鑑湯液編 初刊本, 1613)

태평(太平廣記諺解, 宣祖~景宗)

한청(漢淸文鑑, 1779)

훈몽-초(訓蒙字會 初刊本, 1527)

훈민-원(訓民正音, 1446)

한편 동북 및 육진 방언을 반영한 것으로 짐작되는 문헌자료로는
아래와 같은 것들이 있어 보조적으로 참조하였다.

〈표 2〉동북방언이 반영된 문헌자료[16]

문헌명	간행년도 (필사년도)	저자 및 간행지	방언	비고
『村家救急方』	1571-1573년	함흥	함남방언	
『神器秘訣』	1603년	함흥 무학당		
『龍飛御天歌 略本』	1612년	함흥		
『練兵指南』	1612년	함흥	함남 방언	
『火砲式諺解』	1635년	함흥(?)	함남 방언	
『新傳煮取焰硝方諺解』	1635년	함흥(?)	함남 방언	
『夷州風俗通』 (贈參議公謫所詩歌)	1756년	李匡明	함남 갑산	
『地藏經諺解』	1762년			함경도 문천 두 류산 견성암본
『北關路程錄』	1773년	柳義養	함북 종성	어휘 40개
『北塞記略』의 孔州風土記	1778년	洪良浩	함북 경흥	어휘 35개

5. 음운목록과 음운변동

부령지역어의 음운변화를 기술하기 전에 이 지역어의 음운목록과
음운변동에 대해 간단히 살펴보도록 하겠다. 이는 음운변화를 논의

---

16 곽충구(1992), 홍윤표(1992), 홍윤표(1993), 방언연구회(2001) 등을 참조하였다.

할 때 이 지역 음운론의 공시태에 대한 정보가 필요하기 때문이다.

아래에 이 지역어의 음운을 음소와 운소로 나누어 제시한다. 음소를 자음목록, 활음목록, 單모음목록, 이중모음목록으로 나누어 보이면 아래의 <표 3>~<표 6>과 같다.

〈표 3〉 자음목록

조음방법 \ 조음위치	양순음	치음	치조음	경구개음	연구개음	성문음
폐쇄음	ㅂ, ㅃ, ㅍ	ㄷ, ㄸ, ㅌ			ㄱ, ㄲ, ㅋ	
마찰음		ㅅ, ㅆ				ㅎ
파찰음			ㅈ, ㅉ, ㅊ			
유음		ㄹ				
비음	ㅁ	ㄴ			ㅇ	

자음목록에서 볼 수 있듯이 중부방언의 '경구개음'에 속하는 'ㅈ, ㅉ, ㅊ'은 이 지역어에서 '치조음'으로 발음된다. 그리고 중부방언의 '치조음'에 해당하는 자음들은 '치음'으로 발음된다. 또 이 지역어의 치음 'ㅅ, ㅆ', 'ㄹ', 'ㄴ'과 치조음 'ㅈ, ㅉ, ㅊ'은 'i' 또는 활음 'j' 앞에서 경구개 변이음으로 실현된다. 위의 19개 자음이 이 지역어에서 변별적 기능을 가지고 있음은 다음의 최소대립쌍에서 확인된다.

/ㅂ:ㅃ:ㅍ/   [불(火):뿔(角):풀(草)]

/ㄷ:ㄸ:ㅌ/   [달(月):딸(女息):탈(假面)]

/ㄱ:ㄲ:ㅋ/   [공(球):꽁(雉):콩(大豆)]

/ㅅ:ㅆ/   [상(賞):쌍(雙)]

/ㅅ:ㅎ/   [사다(買):하다(爲)]

/ㅈ:ㅉ:ㅊ/   [자다(睡):짜다(鹹):차다(冷)]

/ㄹ:ㄴ/   [발(足):반(班)]

/ㅁ:ㄴ:ㅇ/   [놈(者):논(沓):농(籠)]

〈표 4〉 활음목록

입술 모양＼혀의 위치	전설	후설
평순	j[17]	
원순		w

〈표 5〉 단(單)모음목록

혀의 높이＼입술 모양＼혀의 위치	전설	후설	
	비원순	비원순	원순
고	이 /i/	으 /ɨ/	우 /u/
중	에 /e/	어 /ə/	오 /o/
저	애 /ɛ/	아 /a/	

이들 8개 單모음이 변별적 기능을 가지고 있음은 다음의 최소대립 쌍에서 확인된다.

---

17 반모음을 'y'로 표기하기도 하고 'j'로 표기하기도 하는데 이 논문에서는 'j'로 통일하여 표기한다.

/이:에:애/	[기(旗):게(蟹):개(犬)]
/으:어:아/	[틀(機):털(毛):탈(假面)]
/우:오/	[국(湯):곡(曲)]
/으:우/	[글(字):굴(穴)]
/어:오/	[서리(霜):소리(聲)]

〈표 6〉 이중모음목록

이중모음	j 계 상향이중모음	예/je/, 애/jɛ/, 여/jə/, 야/ja/, 유/ju/, 요/jo/
	w 계 상향이중모음	위/wi/, 웨/we/, 왜/wɛ/, 워/wə/, 와/wa/

이 지역어는 운소로서 성조를 가진다.[18] 이 지역어의 성조목록은 고조(H)와 저조(L)로 구성된다. 이러한 사실은 아래와 같은 대립쌍에 의해 확인할 수 있다.

〈표 7〉 성조에 의해 변별되는 예

음절 〉 성조	H	L
1음절	´골(腦)[19]	골(谷)
	´노~(弄) "농"	노~(籠) "농"
	´배(腹)	배(舟)
	´병(病)	병(瓶)
	´성(姓)	성(城)
	´솔(刷)	솔(松)

---

18 이 지역어는 음장도 존재하나 변별적이지 않다. 매애미(매미), 개애미(개미), 왜애지(오얏), 개애지(강아지), 매애지(망아지)

19 [´]는 이 표지가 놓인 바로 뒤 음절이 고조임을 표시한다.

		HL	LH
1음절		′술(匙) "숟가락"	술(酒)
		′올(絲)	올(今年)
		′절(큰절)	절(節)
음절	성조	HL	LH
2음절		′가매(旋毛) "가마"	가′매(鼎) "가마"
		′가지(枝)	가′지(種)
		′각기(同) "같기"	깍′기(削) "깎기"
		′경각(頃刻)	경′각(警覺)
		′고비(脂) "곱"	고′비(倍)
		′구리(窟) "굴"	구′리(銅)
		′구비(底) "굽"	구′비(炙) "구이"
		′놀기(遊)	놀′기(獐) "노루"
		′다리(月) "달"	다′리(脚, 橋)
		′들기(入)	들′기(擧)
		′마리(言, 斗) "말"	마′리(馬) "말"
			′말다(止)
		′무기(武器)	무 ′기(無期)
		′무리(水) "물"	무′리(群)
		′뿌리다(角) "뿔"	뿌′리다(根) "뿌리+이다"
			뿌′리다(扔)
		′새끼(雛)	새′끼(繩)
		′수리(匙) "술"	수′리(酒) "술"
		′식기(食口) "식구"	식′기(食器)
		′싸기(圍)	싸′기(買)[20] "사기"
		′죽기(拾) "줍기"	죽′기(死)
		′싸리(米) "쌀"	싸′리나무 "싸리나무"
음절	성조	LH	HL
2음절		말 ′다(捲)	′말다(止)

물론 성조에 의해서 변별되지 않는 동음어들도 존재한다.

〈표 8〉 성조에 의해 변별되지 않는 예

음절 \ 성조	H	H	H
1음절	′굴(窟)	′굴(蠣)	
	′눈(眼)	′눈(雪)	
	′발(足)	′발(簾)	
	′밤(夜)	′밤(栗)	
	′벌(罰)	′벌(蜂)	
	′새(新)	′새(鳥)	
	′수(數)	′수(手)	′수(繡)
	′이(齒)	′이(머릿니)	
	′일(一)	′일(事)	
	′장(醬)	′장(腸)	′자(尺)
	′해(日)	′해(害)	

음절 \ 성조	HL	HL	
2음절	′기생(寄生)	′기생(妓生)	
	′치다(擊)	′치다(除)	

성조도 통시 음운연구의 중요한 대상이 되며 모음, 자음과 마찬가지로 시간의 변화에 따라 변화하였을 것으로 기대되나 이 논문에서는 다루지 않는다.[21]

---

20 이 지역어는 경음화 현상이 활발히 일어난다. '싸기(買, 사기)' 외에도 '짜갈(礫, 자갈), 싸무랍다(暴, 사납다), 지끔(現, 지금), 싹전(삯전), 쪽발(족발), 빨(簾, 발), 깜다(감다), 빼우(俳優, 배우), 씨원하다(凉, 시원하다), 까뜩, 꼴똑(滿, 가득), 쪼끔(조금), 꼼보따지(곰보), 쌔까맣다(새까맣다)' 등과 같은 예들이 있다.

21 성조 외에도 음장이 존재한다. 그러나 변별적이지 않다. 매애미(매미), 개애미(개미), 왜애지(오얏), 개애지(강아지), 매애지(망아지)

이어서 부령지역어의 공시적인 음운변동에 대해 살펴보고자 한다. 부령지역어의 평폐쇄음화, 경음화, 비음화, 연구개음화, 양순자음화, 유음화, 'ㅎ'탈락, 'ㄹ'탈락, 격음화, 활음화(활용), 'ㅡ' 탈락, 동모음탈락, 활음탈락은 중부방언과 대체로 동일한 양상을 보여준다. 이들을 표로 제시하면 다음과 같다.

〈표 9〉 음운변동[22]

평폐쇄음화	밭(田)+-두→받뚜 웃-(笑)+-더라→욷떠라	cf. 밭+-이→바티 cf. 웃-+-어두→우서두
경음화	입(口)+-두→입뚜 눅-(廉)+-더라→눅떠라	cf. 입+-이→이비 cf. 눅-+-어두→누거두
비음화	앞(前)+-마→암마 녹-(解)+-는→농는	cf. 앞+-이→아피 cf. 녹-+-이다→노기다
연구개음화	집(家)+-까장→직까장 감-(洗髮)+-구→강꾸	cf. 집+-이→지비 cf. 감-+-으무→감으무
양순자음화	옷(衣)+-보다→옵뽀다	cf. 옷+-이→오시
유음화	걿-(行)+-는다→걸른다	cf. 걿-+-어두→거러두
'ㅎ' 탈락	낳-(産)+-아두→나아두	cf. 낳-+-구→나쿠
'ㄹ' 탈락	팔-(賣)+-니→파니	cf. 팔-+-아두→파라두
격음화	놓-(放)+-구→노쿠	cf. 놓-+-아두→노아두
활음화(활용)	마시-(飮)+-어서→마셔서→마세서 고치-(改)+-어서→고쳐서→고체서	
'ㅡ' 탈락	크-(大)+-어서→커서 가-(行)+-으무→가무	
동모음탈락	자-(睡)+-아서→자서 서-(立)+-어서→서서	
활음탈락	찌-(蒸)+-어서→쩌서→쩌서 거두-(收)+-어라→거둬라→거더라	

---

22 조사 '-도', '-만', '-까지'는 이 지역어에서 각각 '-두', '-마', '-까장'이고 어미 '-고', '-으면'은 각각 '-구', '-으무'이다.

이처럼 부령지역어는 중부방언과 동일한 모습을 보이는 음운변동도 나타나지만 이와 다른 모습을 보이는 음운변동도 나타난다.

- 자음군단순화: 어간말이 'ㄺ, ㄼ'으로 끝나는 용언 어간이 자음어미와 결합할 때에는 '밝고[박꼬], 넓다[넙따]' 등에서처럼 자음군 중에 'ㄹ'을 탈락시켜 발음한다. 나머지 'ㄹ'계열의 자음군(ㄾ, ㅀ, ㄿ)은 'ㄹ'이 유지된다.
- 활음화: 이 지역어에서는 곡용에서도 j 활음화가 나타난다. '이'로 끝나는 명사에 처격조사 '-에'가 통합할 때 '머리(頭)+에→머례→메레', '둥기(水罐)+에→둥계→둥게'와 같이 활음화가 나타난다. j 활음화를 거친 다음 어간말 음절의 초성이 없으면 그대로 실현되나 초성이 있으면 j활음화 한 뒤에 다시 'j' 탈락이 일어난다.

한편 이 논문의 방언형은 한글 전사를 원칙으로 하여 형태음소적 표기를 한다. 단, 음운 현상이 관여한 형태는 음성적 표기를 한다(삼추~이(삼촌, 三寸)). 또한 어간의 본뜻과 멀어진 것도 원형을 밝혀 적지 않고 소리 나는 대로 적는다(나무리(나물)).

이 논문에서 예를 제시할 때에는 다음과 같은 순서로 한다.

〈표 10〉 예문 제시 순서

문헌어가 있는 경우	방언형(중세어(출처), 한자어, 표준어)
문헌어가 없는 경우	방언형(한자어, 표준어)

그러나 방언형이 한자어이고 그 한자어의 원 한자를 표기할 경우
에는 표준어를 생략하고, 표준어만으로도 이해가 가능한 경우는 한
자어를 생략하기도 하였다. 그 예를 보이면 아래와 같다.

예: 다라치(드라치<역해, 상:61>, 針眼, 다래끼)

끳끳하-(健, 꿋꿋하다)

역세(曆書)

-에치, 10월에치(-어치)

그리고 이 논문에서 사용된 기호나 표시를 제시하면 다음과 같다.

/ /	음소 표시
[ ]	음성 표시
:	장음
′	고조
[~]	비모음
X	변항
#	단어 경계 표시
>	통시적 변화
→	공시적 변동
[ ]~[ ]	수의적인 교체

제2장

모음의 변화

이 장에서는 모음의 변화와 관련하여 모음체계의 변화, 상향이중모음의 변화, 원순모음화, 모음조화, 움라우트 등을 살펴보려 한다. 이들 변화에 대한 기술은 접촉지역으로서의 부령지역어가 겪은 모음 변화의 특징을 잘 보여줄 수 있을 것으로 기대된다.

1. 모음체계의 변화

음운체계는 음운현상과 유기적으로 연결되어 있는바(김완진 1963: 76) 음운사 연구는 체계의 변화와 음운의 변화에 관심을 가지고 체계 속에서 어떤 음운변화가 일어났으며, 음운체계가 개별 음운현상과의 출현과 어떤 관련이 있는가 하는 문제에 대하여 줄곧 연구를 진행하여 왔다.[1] 그런데 함북 방언의 모음체계와 모음변화의 상관성에 대한 체계적인 논의는 충분하지 않은 듯하다. 따라서 이 절에서는 부령지역어 모음체계의 변화 속에서 어떤 일련의 모음 변화들이 일어났는가를 살펴보고자 한다. 이 절에서는 모음체계의 변화에 대해 시간의 순서에 따라 1차 변화와 2차 변화로 나누어 각 시기에 일어난 음운현상들을 기술하도록 하겠다.

1.1. 1차 변화

1.1.1. '·'의 비음운화[2]

중세 문헌어에는 '·'가 나타난다. 부령지역어에도 '·'가 있었는가에 대해 현재의 부령지역어의 모습만 보아서는 쉽게 대답할 수 없지만 아래와 같은 방법으로 추정이 가능하다. 내적 재구 방법으로, 중앙어의 음운사에서 밝혀진 '·'의 변화규칙을 거꾸로 적용함으로써 그 존재를 추정할 수 있다. 즉 이 지역어의 현재의 어형과 이 지역

---

1 정승철(2003:407)은 한국어 음운사 연구는 체계의 외적 실현이라는 인식 아래 음운변화를 대립 관계의 변화로 이해하는 유럽의 구조언어학 이론을 바탕으로 하여 한국어의 음운변화를 면밀히 관찰하고 또 여기에 미국의 생성 음운론적 방법론을 보태가면서 한국어 음운사에 대한 깊이 있는 통찰을 추구해 온 과정이라고 하였다.

2 음운의 변화는 대립관계의 변화로 볼 때 크게 음운화, 비음운화, 재음운화로 구분할 수 있다. 비음운화는 존재하던 대립 관계가 사라지는 음운변화로, 이는 다시 존재하던 대립관계가 완전히 사라지는 변화와 존재하던 대립 관계의 범위가 축소되는 변화로 나눌 수 있다. '·'의 소실은 기존에 존재하던 '설축(舌縮):설소축(舌小縮)'의 대립 또는 구축(口蹙), 구장(口張)의 대립의 적용 영역만 축소시켰다는 점에서 후자에 해당한다(이진호 2008:47).

어가 역사적으로 겪었을 것으로 추정되는 음운변화로 그 선대형을 재구하는 방법이다. 예를 들어, 표준어의 '오늘(今)'에 대하여 이 지역어는 '오늘, 오널(오늘<석보 6:28>)'이 나타나는바 여기에 이 지역어도 겪었을 것으로 추정되는 모음변화를 적용하여 'ㆍ'의 재구가 가능하리라는 말이다. 이 지역어에 존재한 비어두음절에서의 'ㆍ>ㅡ'의 변화 및 'ㆍ>ㅓ'의 변화로부터 그 선대형 '오늘' 및 '오늘'의 'ㆍ'를 재구하는 것이다.[3] 같은 방법으로 이 지역어에 나타나는 '덕수리(禿수리)', '만저(몬져<석보 9:9>, 先, 먼저)', '홍문(肛門, 항문)', '국시(國師堂)', '깔(쫄<월석 8:98>, 草, 꼴)' 등은 '*돍수리'[4], '*몬져'[5], '*홍문', '*국ㅅ'[6], '*꼴'로 재구된다.

또한 'ㆍ'의 존재는 한국어의 특징 중 하나인 모음조화 규칙과 17세기 초에 중부방언에서 발견되는 비어두음절에서의 'ㅗ>ㅜ' 변화에 의하여 밝혀질 수 있다(이기문 1972). 부령지역어의 모음조화에 대해서는 후술하겠지만(2.4. 모음조화 참조) 이 지역어는 선행시기에 모음조화가 있었다.[7] 과거에 모음조화 규칙을 충실히 지키고 있었음이 인정될 때 '가슴(胸)', '다르다(異)' 등과 같은 예의 고형은 두 번째

---

3 이는 '오놀'을 통해서도 뒷받침될 수 있다. '오놀'은 이 지역어에 존재한 선행 원순모음에 의한 'ㆍ>ㅗ'의 변화를 겪은 것이다.

4 곽충구(1994:265)는 카잔 자료에는 '닭수리'로 나타나고 육진 지방에 '덕수리'가 분포히(김태균:1986)는 사실에 의거해 '독수리'는 '*돍수리'로 재구할 수 있다고 하였다.

5 18세기 초엽과 중엽의『염불보권문』의 이본에 '몬져'의 표기가 나타난다(최전승 1999).

6 '국시'는 '국ㅅ+-이>국식>국싀>국시'와 같은 변화를 겪은 것으로 보인다.

7 중세 한국어는 모음조화 규칙을 엄격하게 지켰으나 비어두음절에서의 'ㆍ>ㅡ'의 변화, 비어두음절에서의 'ㅗ>ㅜ'의 변화에 의해 모음조화가 붕괴되었다(최명옥 1987:71).

음절이 모음으로 후설모음 'ㅗ, ·, ㅏ' 중 어느 하나를 가지고 있어야 한다. 그런데 후설모음 계열의 조화에서 볼 수 있듯이 비어두음절의 'ㅏ'는 어떠한 변화도 거치지 않았으며('방아(방하<역해 하:8>, 碓, 방아)', '고깔(곳갈<월곡 130>, 弁, 고깔)' 등), 또 후설모음 계열의 조화 예나 'ㅗ>ㅜ'의 변화 예에서 볼 수 있듯이 비어두음절의 'ㅗ'는 변화하지 않았거나('오좀(오좀<능엄 8:99>, 尿, 오줌)' 등) 'ㅜ'로만 변하였으므로('가죽(가족<신합, 상:26>, 革)', '바꾸다(밧고-<능엄 8:131>, 易)' 등) 그들 예의 고형은 두 번째 음절 모음으로 'ㅏ'도 'ㅗ' 도 가질 수 없다. 그러므로 그것들의 두 번째 음절의 모음은 당연히 '·'가 되지 않으면 안 된다.

이로써 이 지역어는 선대에 '·'가 존재하였다고 할 수 있다. 여기에 현재에도 존재하는 'ㅣ, ㅡ, ㅓ, ㅏ, ㅜ, ㅗ' 등과 같은 모음이 선대에도 존재하였다고 가정할 때 선행시기 부령지역어는 7모음체계를 갖게 된다. 이들 7모음의 母音圖 상에서의 위치는 김완진(1978:131)에 의존하여 아래와 같이 표시하는 것이 가능하다.

ㅣ   ㅡ(ㅜ)
ㅓ   ·(ㅗ)
ㅏ

〈체계 1〉

7모음체계를 母音圖 상에 위와 같이 표시한 것은 어느 한 단계의 재구된 음운체계는 그 전 단계의 재구된 체계에서 변화된 결과로서 합리적으로 설명되어야 할 뿐만 아니라 동시에 다음 단계의 체계로의 변천을 합리적으로 설명할 수 있는 출발점이 되어야 하기(김방한 1964:30)때문이다. 즉, <체계 1>을 선대[8] 부령지역어의 모음체계로 가정하면 이 지역어에 존재했었던 'ㆍ'가 'ㅏ', 'ㅡ', 'ㅗ', 'ㅓ'로 변한 이유를 타당하게 설명할 수가 있다. 또한, 이 지역어는 선대에 'ㅡ'와 'ㅜ', 'ㆍ'와 'ㅗ'의 원순 대립짝을 갖고 있었을 것(2.3. 원순모음화 참조)으로 추정되는바 이로부터 <체계 1>을 상정하는 일이 가능하다. 이제 이런 체계상에서의 'ㆍ'의 변화에 대해 살펴보도록 하겠다.

중세 문헌어의 'ㆍ'는 대체로 16세기 후기에 비어두음절에서 'ㆍ>ㅡ'의 변화를 겪고 18세기 중기에 어두음절에서 'ㆍ>ㅏ'의 변화를 겪었다(이숭녕 1954a:453-514). 이러한 기술은 부령지역어에도 마찬가지로 적용된다.

(1) ㄱ. 다라치(ᄃᆞ라치<역해, 상:61>, 針眼, 다래끼)

　　　 달리(ᄃᆞᆯ외<악학-초 5:8. 동동>, 茗, 달래)

　　 ㄴ. 갑-, 개피-(ᄀᆞᆸ-<월곡 60>, 涂, 괴다)

　　　 발르-(ᄇᆞᄅᆞ-<석보 6:38>, 塗, 바르다)

　　　 따따시(ᄃᆞᆺᄃᆞ시<구간 3:94>, 暖, 따뜻이)

　　 ㄷ. 사추~이(ᄉᆞ촌<번소 9:60>, 四寸, 사촌)

　　　 자여~이(ᄌᆞ션히<구간 1:66>, 自然, 자연히)

---

8 정확한 시기의 추정은 불가하다.

(2) ㄱ. 그느지(ᄀ느롫<월석 18:26>, 陰, 그늘)

　　안즉(안죽<석보 6:11>, 아직)

　ㄴ. 나무리(ᄂ믏<능엄 6:99>, 蔬, 나물)

　　가물-(ᄀ믈-<월석 10:84>, 旱, 가물다)

　　잊어뿌리-(니저ᄇ리-<석보 6:4~5>, 忘, 잊어버리다)

　　(1)은 선행시기 이 지역어에 존재했던 어두음절 위치의 'ᆞ'가 현재 이 지역어에서 'ㅏ'에 대응하는 예로 (1ㄱ)은 체언, (1ㄴ)은 용언, (1ㄷ)은 한자어의 예이다. 선행하는 자음의 음운론적 성격과는 관계없이 'ᆞ>ㅏ'의 변화를 경험하였다.[9] (1ㄴ)의 '개피다'는 어두 위치의 'ᆞ'가 'ㅏ'로 변한 후 움라우트를 겪은 것으로 보인다. 즉 '*ᄀᆸ히다>가피다>개피다'와 같은 변화를 상정할 수 있다. 이는 함북의 경흥, 경원에는 '가피다', 학성, 무산에는 '가비다'가 나타나는(김태균 1986: 74)것을 통해서도 뒷받침된다. (2)는 선행시기 이 지역어에 존재했던 비어두음절 위치의 'ᆞ'가 현재 이 지역어에서 'ㅡ'와 'ㅜ'에 대응하는 예로 (2ㄱ)은 'ᆞ>ㅡ'의 변화만을 겪은 것이고[10] (2ㄴ)은 'ᆞ>ㅡ'의

9　이 지역어에는 'ᆞ'가 비어두음절에서 'ᆞ>ㅏ'의 변화를 보이는 예가 있다. '바다(바ᄅ<두해-초 15:52>, 바롤<석보 19:13>, 海, 바다), 사람(사ᄅᆷ<월곡 143>, 人, 사람), 가다리(가ᄅ리<악학 5:13, 처용가>, 脚, 다리), 가래토시(가룻톳<구간 3:55~56>, 楸, 호두)와 같은 예들이다. 16세기 후기에 진행된 비어두음절 위치의 'ᆞ>ㅡ'의 변화에서 처진 소수의 형태들이 그 후에 진행된 'ᆞ'의 두 번째 변화인 'ᆞ>ㅏ'의 변화가 어두음절에 미칠 때 그 변화에 휩쓸린 것으로 보인다(정승철 1995:49). 이 지역에는 또 하향이중모음 'ᆡ'의 'ᆞ'가 비어두음절에서 'ㅏ'로 변한 예들이 존재한다. '초생달(초싱<노번, 하:3>, 初生, 초승달)', '당개-(ᄃᆼ기-<능엄 5:24>, 引, 당기다)', '배채(빈치<훈몽-초, 상:7>, 白菜, 배추)'와 같은 예들이 그것이다.

10　이 지역어에서 'ᆞ'가 어두음절에서 'ㅡ'로 변화하기도 한다. '그느지(ᄀ느롫<월석 18:26>, 그늫<백련-동경 10>, 陰, 그늘)', '흙(ᄒᆰ<훈민-원, 해례:21>, 土, 흙)'과 같은

변화 후 순자음 아래에서의 'ㅡ>ㅜ'의 변화를 겪은 것이다. 또 이 지역어에는 '납즉하다(扁, 납작하다)'가 나타나는데 이는 재구형 '[*]납죽하다'가 비어두음절에서 'ㆍ>ㅡ'의 변화를 겪은 것으로 보인다. 위의 예를 통해서 이 지역어에 존재한 'ㆍ'는 선행시기 어두음절에서 'ㆍ>ㅏ'의 변화를 겪고, 비어두음절에서 'ㆍ>ㅡ'의 변화를 겪었다는 것을 알 수 있다.

부령지역어에서는 수적으로 많은 것은 아니지만 'ㆍ'의 변화와 관련하여 다소 특이한 변화 예들이 나타났다. 바로 'ㆍ>ㅓ'의 변화가 그 것이다.[11]

   (3)   ㄱ. 버리-(ᄇ리-<석보 6:12>, 棄, 버리다)

           선서나(ᄉ<훈몽-초, 중:1>, ᄉ-아히<구간, 6:29>, 壯丁, 사나이)

           네리-(ᄂ리-<석보-중 11:13>, 降, 내리다)

           데리-(ᄃ리-<석보 9:21>, 帶, 데리다)

      ㄴ. -꺼지, -까장(ᄀ지<가례 5:11>, 至, 까지)

           -더리, -드리(ᄃᆶ<월곡 23>, 等, 들)

(3)은 문헌어에 존재했던 'ㆍ'가 이 지역어에서 'ㆍ>ㅓ'의 변화를

예들인데 이러한 예외적 변화는 그 원인이 음절 위치에 있는 것이 아니라 변화 시기에 있는 것(김완진 1963:16-27)이라 할 수 있다. 즉 'ㆍ>ㅡ'의 변화를 겪던 시기에는 한창 비어두음절의 'ㆍ'가 'ㅡ'로 옮아가고 있었고 이 시기에 어두음절의 'ㆍ'는 동요를 몰랐지만 어두음절의 'ㆍ'라 하더라도 이때에 침범당한 것은 비어두음절의 그것과 동일한 변화를 입었다(정승철 1995:30-31).

11 이 지역은 'ㆍ>ㅗ'의 변화의 중심지는 아니지만 어두음절에 한하여 순자음과 원순모음이 인접한 환경에서 'ㆍ>ㅗ'의 변화가 존재한다(2.3. 참조).

겪은 예들이다.[12] (3ㄱ)은 'ㆍ'가 문헌어에서 어두음절에 나타났던 예
이다. 이중 '네리다', '데리다'는 'ㆍ>ㅓ'의 변화 후 움라우트를 겪어
나타나는 것이다. (3ㄴ)은 표면에 독립적으로 나타날 수 없는 보조사
와 의존명사의 경우로 언제나 비어두음절에서만 출현하는 예이다.
이들 역시 'ㆍ>ㅓ'의 변화를 겪은 것으로 보인다. 이에 대하여 김완진
(1978:133-134)는 주로 중부방언에서 발견되는 'ㆍ>ㅓ'의 변화를
'ㆍ>ㅡ', 'ㆍ>ㅏ' 변화의 말기 증상으로 가정한바 있다. 'ㆍ>ㅡ', 'ㆍ>
ㅏ' 변화의 물결 속에서 물러나 있다가 다음 단계의 특수한 사정에
의하여 'ㆍ>ㅓ'라는 제3의 길을 걸은 것으로 이것은 'ㅓ' 모음의 후설
화 추세와 인연이 있는 일이라고 하였다. 또 더 나아가 변화된 형태
와 함께 'ㆍ'를 유지한 형태가 공존하다가 'ㆍ'를 유지하던 쪽이 'ㅓ'
로 변함으로써 이원적 질서를 성립시키는 경우도 존재할 수 있다고
하였다. 이러한 논의는 부령지역어에도 그대로 적용될 수 있을 듯하
다. 그렇다면 (3ㄱ)은 어두음절 위치의 'ㆍ'가 'ㆍ>ㅏ'의 변화 밖으로
물러나 있다가 그 후속 변화인 'ㆍ>ㅓ'의 변화에 휩쓸린 것으로 볼 수
있다. 그리고 (3ㄴ)은 변화된 형태 '-까장', '-드리'와 함께 'ㆍ'를 유지
한 형태 '-ᄭᆞ지', '-ᄃᆞ리'가 공존하다가 'ㆍ>ㅓ'의 변화로 '-꺼지', '-더
리'가 나타나 이원적 질서를 성립한 경우로 볼 수 있다.

 부령지역어의 선대에 'ㆍ'가 존재하였고 이 지역어의 單모음체계
(7모음 체계)가 중세 한국어 시기의 중부방언의 單모음체계와 일치

---

12 곽충구(1980:81-84)에는 18세기 문헌어에 나타나는 'ㆍ>ㅓ'의 예 및 19세기 문헌
   어에 나타나는 'ㆍ>ㅓ'의 예가 제시되어 있다. 이는 문헌어에 'ㆍ>ㅓ'의 변화가 나
   타났음을 의미한다.

했다고 할 때, 두 방언은 같은 언어의 분화체임을 입증해 주는 것으로 생각된다. 따라서 이 지역어의 이중모음 구성이 당시의 중부방언의 그것과 동일하였으리라는 생각을 갖고 선행시기 중세어의 '·ㅣ'에 대응하여 부령지역어의 선행 시기에도 '·ㅣ'가 존재했다고 가정한다[13].

(4) ㄱ. 배(ᄇᆡ<훈민-원, 해례:18>, 梨, 배)

　　　해(ᄒᆡ<용가 7:1. 50>, 太陽, 해)

　　ㄴ. 맵-(ᄆᆡᆸ-<법화 7:19>, 辛, 맵다)

　　　캐-(ᄏᆡ-<월석 1:52>, 採, 캐다)

　　ㄷ. 대답(ᄃᆡ답<두해-초 25:45>, 對答, 대답)

　　　맥(ᄆᆡᆨ<훈몽-초, 상:14>, 脈, 맥)

(5) ㄱ. 가시(가ᄉᆡ<능엄 5:25>, 荊, 가시)

　　　문지, 먼지(몬ᄌᆡ<석보-중 11:21>, 塵, 먼지)

　　ㄴ. 땡기-, 당개-(ᄃᆞᆼᄀᆡ-<능엄 5:24>, 引, 당기다)

　　　전디-, 견디-(견ᄃᆡ-<두해-초 8:21>, 忍, 견디다)

　　ㄷ. 짐치(ᄃᆡᆷ치<훈몽-초, 중:11>, 沈菜, 김치)

(4)는 선행 시기 이 지역에 존재했던 어두음절 위치의 이중모음

13　이와 같은 생각은 최명옥(1987:74)에 의존하는 것이다. 몇 차례 통합과정을 거친 모음 'ㅐ'로부터 그 이전에 존재했던 변화 전의 모음 '·ㅣ'를 재구하는 일은 어렵기 때문이다.

'ㆎ'가 현재 이 지역어의 單모음 'ㅐ'에 대응함을 보여준다. 이는 'ㆍ'
가 'ㅏ'로 변화했음을 말한다. 즉 'ʌj>aj>ɛ'의 변화를 겪었다. (4ㄱ)은
체언, (4ㄴ)은 용언, (4ㄷ)은 한자어의 예이다. (5)는 선행 시기 이 지역
에 존재했던 비어두음절 위치의 'ㆎ'가 현재 이 지역어의 'ㅣ'에 대응
함을 보여준다. 그런데 곽충구(1994:298)은 중부방언 문헌어의 '가
싀'에 대해 20세기 초 육진 경흥지역어를 반영한 문헌은 '가싀'와 같
은 어형을 보여준다고 하였다. 따라서 (5)는 'ㆎ>ㅢ>ㅣ'와 같은 변화
를 겪은 것으로 짐작할 수 있다. (5ㄱ)은 체언, (5ㄴ)은 용언, (5ㄷ)은
한자어의 경우이다. 또 이 지역에 나타나는 '장시(댱ᄉ<월석 13:8>,
商, 장사)'는 '댱ᄉ'에 '-이'가 첨가되어 'ᄉ+-이>싀>싀>시'와 같은 변
화를 겪었다. 이 역시 'ㆎ>ㅢ>ㅣ'의 변화 예이다. 정리하면 선행 시기
이 지역어에 존재했던 'ㆎ'는 'ㆍ'가 어두음절에서 'ㅏ'로 되는 변화
를 겪어 'ㅐ'로, 'ㆍ'는 비어두음절에서 'ㅡ'로 되는 변화를 겪어 'ㅢ'
로 되었다.

> (6) ㄱ. 네일, 네:리(ᄂᆡ실<남명, 상:40>, 來日, 내일)
>
>   동네#집(ᄂᆡ<박번, 상:61>, 內, 내)
>
>   텍(ᄐᆡᆨ<청언-원 60>, 宅, 댁), 노텍(老宅, 노파)
>
>   잔체(잔치<번소 10:32>, 宴, 잔치)
>
> ㄴ. 물#도~에, 화리#또에(동ᄒᆡ<신합, 상:27>, 盆, 동이)
>
>   조~에(죠ᄒᆡ<훈민-원, 해례:25>, 종ᄒᆡ<박해, 중:58>, 종희<역
>
>   해, 상:25>, 紙, 종이)
>
> ㄷ. 상세(상ᄉᆡ, 喪事, 상사), 혼세(혼ᄉᆡ, 婚事, 혼사)

cf. 평ᄉ<소해 6:128>, 評事

이세(移徙) cf. ᄉ<유합 下:37a>, 徙

    (6)은 선행 시기 이 지역어에 존재했던 'ㆎ'가 'ㅔ'로 변화하였음을 보여준다. (6ㄱ, ㄴ)은 'ㆍ'가 'ㅓ'로 변한 후 이중모음의 單모음화를 겪어 'ㅔ'로 변한 것으로 보인다. 즉 'ʌj>əj>e'와 같은 변화를 겪었다. (6ㄷ)에 나타나는 '事', '徙'의 한자들의 동음(東晉)은 'ᄉ'이다. 여기에 '-이'가 첨가되어 '상ᄉ+-이>상ᄉᴵ>상세', '혼ᄉ+-이>혼ᄉᴵ>혼세', '이ᄉ+-이>이ᄉᴵ>이세'와 같은 변화를 겪었다고 할 수 있다.[14]

    다음으로 이 지역어의 상향이중모음 'ㆉ'(j+ㆍ)의 'ㆍ'가 변화한 모습을 살펴보기로 한다. 그에 앞서 우선 이전 시기 이 지역어에 'ㆉ'가 존재했음을 추정해 보도록 하겠다.

    제주도 방언의 경우 공시적으로 어두에서 이중모음 'ㆉ'가 실현되는바 'ᄋ답, ᄋ덥', 'ᄋ드레', 'ᄋ든', 'ᄋ라', 'ᄋ섯', 'ᄋᄭ-', '음-', '옥', 'ᄋ망지-'와 같은 예가 있다(정승철 1995:63). 한편 'ㆉ'와 관련하여 이기문(1969:142)는 '여라'(諸)가 모음조화의 예외가 되는데 이는 이 단어의 고형이 /*jʌra/였기 때문이라고 하였다. 그리고 상향이중모음

---

14 곽충구(1994:298)은 육진 경흥지역어에서 [tõe](동희), [tʃõe](죠희), [ore](올희) 등이 나타나는데 이는 비어두의 'ㆎ'가 'ㅔ'로 변화한 예라고 하였다. 그리고 이는 'ㆍ>ㅓ'의 변화에 의한 것인데 선행음절의 'ㅗ' 때문에 'ㆍ>ㅡ'의 변화를 거부하고 있다가 부분적으로 일어난 'ㆍ>ㅓ'의 변화물결에 휩쓸린 것으로 보았다. 정인호(2004)는 평북 용천어에서도 '죵애'(죠희), '동해'(동희)와 같은 예들이 나타남을 밝히고, 비어두에서 'ㆍ>ㅓ'의 변화에 의한 'ㅔ'가 비어두에서 '애'와 '에'의 대립이 약화되면서 '애'로 실현된 것일 수도 있다고 하였다. 이 지역에서는 'ㆎ>ㅔ'의 변화가 어두음절과 비어두음절에서 모두 나타난다.

'·'에서의 '·>ㅓ' 변화는 'j'([ˇjʌ]>[jə])에 '·'가 앞으로 끌린 것이라
고 하였다. 즉, 전설고모음 'j'의 영향을 받아 후설저모음 '·'가 중설
중모음 'ㅓ'로 변화하였다.

제주도 방언 외 다른 여러 방언에서도 중세 중부 방언형과의 비교
를 통해 '·'의 존재가 보고된바 있다. 월성지역어는 '앞'(옆), '약꾸
리(옆구리)', '잘(곁)', '자데랭이(겨드랑이)', '자리다(짧다)' 등과 같
은 예(최명옥 1982:18)에 근거하여 '·'의 존재를 가정하였고, 19세기
후기 평북 의주지역어에서는 '야들', '야드래', '야든', '갸우' 등과 같
은 예(최명옥 1987:75), 20세기 초 육진 경흥지역어에서는 '야들비
(八)', '야리(十)'와 같은 예(곽충구1994:254)에 의하여 '·'의 존재가
가정되었다. 이들 방언과 마찬가지로 부령지역어에도 '야듭, 야드레,
야든, 야라' 등과 같은 예가 나타나 '·'가 존재했었음을 추정할 수
있다.

(7) ㄱ. 야듭(여듧<월석 1:30>, 여덟<속삼, 효:19>, 八, 여덟)

야드레(여드래<월석 2:35>, 八日, 여드레)

야든(여든<삼강, 충:19>, 여든<월석 2:49>, 八十, 여든)

야라(여러<석보 6:28>, 諸, 여러)

약빠르-(약빠르다)

ㄴ. 야리(옳<용가 4:1>, 十, 열), 얄너이(열넷), 얄다스(열다섯), 얄
야듭(열여덟), 얄아홉(열아홉)

(8) 역-(약다)

여무지-(야무지다)

　(7)은 선행 시기에 존재했던 상향이중모음 'ㆌ'가 현재 이 지역어에서 'ㅑ'로 변화한 예이다. 이들은 동북방언에서 발견되는 전형적인 'ㆌ>ㅑ'의 변화 예들이다. 여기에서 주목할 것은 제주도방언은 'ᄋ답, ᄋᆞ드레, ᄋᆞ든, ᄋᆞ라, ᄋᆞᆸ 뿌르-'가 나타나지만 'ᄋᆞᆯ'만은 나타나지 않는다는 점이다. 또 'ᄋᆞᆯ'은 동북방언에서만 '얄'로 나타난 외에 다른 방언에서는 발견된 바가 없다. (8)은 부령지역어의 재구된 'ㆌ'가 'ㆍ>ㅏ'의 변화를 겪어 'ㅑ'가 되었을 뿐만 아니라 'j'에 이끌려 'ㅕ'가 되기도 하였음을 보여준다.

　이러한 'ㆌ>ㅕ'의 변화는 그 변화가 일어난 시기에 대하여 살펴볼 필요가 있다. 單모음에서의 'ㆍ>ㅓ'의 변화는 'ㆍ>ㅡ', 'ㆍ>ㅏ' 변화의 말기 증상(김완진 1978:133-134)이다. 따라서 'ㆍ>ㅓ'의 변화 시기는 'ㆍ>ㅏ'의 변화 시기 이후인 18세기 중엽 이후가 된다. 그러나 'ㆌ>ㅕ' 변화에서의 'ㆍ>ㅓ'의 변화는 전기 중세 한국어 시기에까지 거슬러 올라갈 수 있다. 그것은 제주도 방언에서는 '여섯(여슷<월석 9:58>, 六, 여섯)', '열-(열-<월곡 178>, 開, 열다)', '여물-(여믈-<법화 3:12>, 結, 여물다)'가 각각 'ᄋᆞ섯, ᄋᆞᆯ-, ᄋᆞᆷ-'으로 나타나 공시적으로 어두에서 이중모음 'ㆌ'가 실현됨을 보인다. 그런데 위의 예들이 중세 한국어 문헌어에서는 'ㅕ'로 대응하기 때문에 중세 한국어 이전 시기에 'ㆌ'가 'ㅕ'로 합류하였음(정승철 1995:64)을 알 수 있다. 이로써 'ㆍ>ㅓ'의 변화는 두 단계에 걸쳐 실현되었음을 알 수 있다. 첫 단계는 중세 한국어 전기에 나타난 상향이중모음 'ㆌ'에서의 'ㆍ>ㅓ'의 변화이고 두 번째 단계는 '·>ᅳ', '·>ㅏ'의 말기 증상으로서의 單모음에서의 '·>ㅓ'의 변화이다.

이제까지의 논의를 종합하면, 단모음 '·'와 하향이중모음 'ᆡ'에서의 '·'는 어두음절에서 'ㅏ', 비어두음절에서 'ᅳ', 경우에 따라서는 'ㅓ'로 변화하였다. 상향이중모음 'ᆢ'에서의 '·'는 'ㅏ' 혹은 'ㅓ'로 변화하였다. 한편 '·>ㅓ'의 변화 시기에 있어서 상향이중모음 'ᆢ'에서의 '·'의 변화는 중세 한국어 시기 이전에 나타났고 單모음에서의 '·'의 변화는 '·>ㅏ'의 변화 시기 이후인 18세기 중엽 이후에 일어났다.

'·'는 환경에 따라서 변화할 수 있는 체계내의 위치가 이 지역어에서의 '·'의 위치가 되어야 한다. 이렇게 볼 때 '·'는 후설에 가까운 중설중모음에 놓이는 것이 가장 자연스럽다.[15] 이는 위에서 재구한 모음체계<체계 1>이 합당함을 입증해주는 것이라 할 수 있다.

모음체계에서 'ㅗ'의 비원순적 대립짝이면서 중설중모음이었던 '·'가 후설 저모음화함에 따라 모음체계상의 균형을 유지하기 위하여 'ㅓ'가 후설화되면서 원순적 대립관계가 '·:ㅗ'에서 'ㅓ:ㅗ'로 바뀌게 된다. '·'의 비음운화 이후 이 지역어의 모음체계는 <체계 2>와 같다.

---

15 중세 한국어의 모음체계에 대한 기존의 논의는 김성규(2009)를 참조할 수 있다.

〈체계 2〉

　〈체계 2〉는 'ㅣ'를 제외한 모든 모음이 후설계열의 모음이어서 매우 불안정하다. 이런 불안정성을 피하기 위해선 체계상의 균형이 요구되는데 그에 부응하여 나타난 현상이 이중모음 'ㅔ'[əj]와 'ㅐ'[aj]의 單모음화라 할 수 있다(이기문 1972).

1.1.2. 하향이중모음의 單모음화

1.1.2.1. 'ㅔ'[əj], 'ㅐ'[aj]의 單모음화

　중세 한국어 문헌어의 'ㅔ'[əj], 'ㅐ'[aj]는 單모음이 아니라 하향이중모음이었다(이숭녕 1949:25). 문헌어에서 이중모음 'ㅔ, ㅐ'의 單모음화는 하향 이중모음 'ㆎ'가 어두음절에서 하향이중모음 'ㅐ'[aj]와 마찬가지로 單모음 'ㅐ'로 합류한 사실에서 어두음절 'ㆍ>ㅏ'의 변화 이후 즉 'ㆍ'의 비음운화 이후인 18세기 말엽에 일어난 것(이기문 1972:123)[16]으로 보았다.

　만약 이 지역어의 單모음 'ㅔ, ㅐ'가 'j' 탈락을 보이거나, 또 한정첨사 '-이'[17]의 첨가에 의해 형성된 이중모음이 單모음 'ㅔ, ㅐ'를 이룬다

16 　그러나 김완진(1978:134, 주11)에 지적되어 있는 바와 같이 "지금까지 정설이 되어 온 것의 하나로 이중모음의 單모음화가 'ㆍ'의 소실 이후라는 생각도 재고되어야 할 것"으로 생각된다. 'ㆎ'의 單모음화가 반드시 'ㅔ, ㅐ'의 單모음화와 동시에 일어난 것은 아닐 수도 있기 때문이다.

면 과거에 'ㅔ, ㅐ'가 이 지역어에서 이중모음이었다고 말할 수 있다.

(9) ㄱ. 너이, 넛(넿<월석 2:4~5>, 四, 넷)

　　　서이, 섯(셓<석보 13:56>, 서<월석 10:119>, 三, 셋)

　　ㄴ. 이저-느[18], 어저-느(이제<두해-초 7:31>, 今, 이제)

17　독립체언에 결합하는 '-이'에 대해 小倉進平(1944:29, 538)은 주격조사가 아님을 지적하였고 곽충구(1994:77)은 선행명사의 자격을 매겨주는 한정적 기능을 갖는 '한정첨사'로 규정하였다. 이 논문에서는 곽충구(1994)와 마찬가지로 체언에 접미되는 '-이'를 '한정첨사'로 명명한다. 그런데 여기에서 한정첨사 '-이'에 대해서 좀 더 논할 필요가 있다. 그것은 체언어간과 결합하는 이 형태소가 이 지역어의 어휘 재구조화는 물론 공시적인 음운교체나 통시적인 음운변화에 깊숙이 관련되어 있어 이 형태소의 성격을 분명히 해둘 필요가 있기 때문이다. 이 형태소는 주격조사로 보이지만 주격의 위치가 아닌 환경에서 출현한다는 점, 개음절 어간에 통합되어 어간의 일부로 고정되었다는 점 등에서 주격조사 '-이'와는 사실상 그 성격을 달리한다(곽충구 1994:83). 한정첨사 '-이'는 개음절로 끝나는 체언과 결합할 때 개음절 어간이면 어간말 모음과 결합하여 어간의 일부로 흡수된다. 그것은 어간말 모음에 '-이'가 결합하여 이중모음의 單모음화가 일어난다. '가마(가마<월석 7:13>, 鍋, 가마)'가 '가매', '역서(曆書)'가 '역세', '녹두(綠豆)'가 '녹디(녹두+이>녹뒤>녹디)로 되는 예들이 그것이다. 반면 폐음절 어간과 결합하면 어간에 고정되어 하나의 단어처럼 쓰이고 어간에 조사가 연결되면 나타나지 않는다. '삼촌(三寸)'이 '삼추~이', '조(좋<두해-초 7:39>, 粟, 조)'가 '조이'로 나타나는 것은 한정첨사 '-이'가 어간에 고정되어 하나의 단어처럼 쓰이는 경우이고 '사람(人)'이 '사람이'로, '범(虎)'이 '범이'로, '죽(粥)'이 '죽이'로 나타나는 예들은 '-이'가 어간에 고정되지 않은 경우이다. 이는 대격조사 '-으/르(을/를)'가 결합할 경우에는 전자가 '삼추이르', '조이르'가 되는 반면 후자는 '사람으', '범으', '죽으'에서 보듯 '-이'가 나타나지 않는다는 것을 통해 알 수 있다. 체언어간에 '-이'가 결합하는 현상은 한국어 여러 방언에 존재한다. 육진 이외의 방언 중 특히 함경남도, 강원도, 경북과 같이 동해안을 끼고 있는 지역에서는 체언 어간말에 '-이'가 첨가되어 어간의 일부로 굳어진 예들이 다수 보인다(이상규 1983, 조현숙 1985). 또 제주도 방언에서도 '-이'의 첨가가 매우 활발한 것으로 보고되었다(정승철 1995:79). 하지만 이들 방언에 비해 동북방언의 경우는 '-이'의 첨가가 더욱 활발하다. 이 지역에서는 개음절뿐만 아니라 폐음절에서도 나타나고, 고유어에서뿐만 아니라 한자어에서도 나타나서 체언 어간말이 'i'인 경우를 제외하고는 한정첨사 '-이'와 결합하는 현상이 빈번하다고 할 수 있다.

18　조사 '-는'은 이 지역어에서 '-느'이다.

(10) ㄱ. 두레~(阼, 두렁)

　　ㄴ. 고도~에, 처~에(고동어<물명 2:4>, 鯖魚, 고등어)[19]

　　　　부~예, 부~에(붕어<사해-중, 하:52>, 부어<훈몽-초, 상:11>, 鮒
　　　　魚, 붕어)

　　　　소~예(松魚)

　　　　호~예(魟魚)[20]

　　　　은에(銀魚)

　　ㄷ. 동세(同壻)

　　　　문세(文書)

　　　　역세(曆書)

(9), (10)은 'ㅔ'가 과거에 하향이중모음이었음을 보여준다. (9ㄱ)은 문헌어의 '셓'이 '서이', '섯', '넿'이 '너이', '넛'으로 나타나는데 이는 'əj'의 'j'가 음절화하였거나 탈락을 경험한 것이다. (9ㄴ)의 '이저' 역시 'əj'의 'j'가 탈락한 것으로 보인다. (10)은 '-이'가 첨가된 후 이중모음이 單모음화하여 'ㅔ'로 축약한 것이다. 즉 'ㅓ'로 끝나는 체언에 '-이'가 결합하여 이중모음 'əj'가 된 다음 그것이 單모음 'ㅔ'[e]로 축약하였다. (10ㄱ)의 '두레'는 '두렁'에 '-이'가 첨가된 후 모음 사이에서 공명음 'ㅇ'[ŋ]의 탈락을 겪고 'əj'가 단모음 'ㅔ'로 축약되었다. (10ㄴ)은 한자어 '어(魚)'에 '-이'가 첨가되어 'əj>e'의 변화를 거쳐 單

19　소창진평(1994:312)는 함경남도에도 '고동에', '고둥에', '고도에', '고망에'가 나타남을 밝히고 있다.
20　김태균(1986:506)은 함북 학성지역어에도 '홍예(홍어)'가 나타남을 밝혔다.

모음 'ㅔ'로 축약된 후 다시 'ㅖ'로 바뀌었다. '-이'가 첨가된 '은에' (은어)가 '은예'로 되지 않은 것은 경구개 변이음 'ㄴ' 때문인 것으로 보인다. 그리고 (10ㄷ)은 한자어 '서(墻, 書)'에 '-이'가 첨가되어 형성 된 이중모음이 單모음 'ㅔ'로 축약되었다. 이로써 이 지역어의 'ㅔ'는 이전 시기 이중모음이었다는 것을 알 수 있다.

  (11) ㄱ. 다가리, 대가리(頭, 대가리)

    ㄴ. 고사~하다(苦生하다)

     암항어사(暗行御史)

  (12) ㄱ. 이매(니맣<석보 19:7>, 額, 이마)

     가매(가마<훈몽-초. 상:13>, 頭旋, 가마)

     지르매(기르마<두해-초 22:8>, 길마)

     눈보래(吹雪, 눈보라)

     임재(님쟣<석보 9:19>, 主, 임자)

    ㄴ. 초개집(草家집)

     석매(石馬)

     치새(致謝)[21]

     나새(螺絲)

  (13) ㄱ. 모재(帽子), 박재(雹子), 배재(笆子), 손재(孫子), 종재(種子),

---

21 '치새'는 다음과 같은 경우에 쓰인다: 일해두 치새 못 받는다.(일을 해도 칭찬을 못 받는다.), 먹을 꺼 줘두 치새 없다.(먹을 것을 줘도 칭찬을 안 한다.).

　탄재(毯子) cf. 즈<訓蒙字會 上:32>, 子, 자

　ㄴ. 제새(祭祀) cf. 스<訓蒙字會 下:10>, 祀, 사

　(11)~(13)은 현재 이 지역어의 'ㅐ'가 과거에 이중모음이었음을 보여주는 예들이다. (11)은 'ㅐ'가 하향이중모음 'aj'였음을 보여준다. (11ㄱ)은 고유어인 '대가리'가 '다가리'로 나타나 어두음절 위치의 'aj'의 'j'가 탈락한 것으로 볼 수 있다. 또 김태균(1986:428)에서 제시한 '자갈(鑣, 재갈)'의 예에서도 'j' 탈락을 확인할 수 있다. (11ㄴ)은 한자어 '고생하다', '암행어사'가 각각 '고사~하다', '암항어사'로 나타나 역시 'j' 탈락을 경험했음을 보여주고 있다.[22] (12)~(13)은 '-이'의 첨가에 의해 형성된 이중모음이 單모음 'ㅐ'로 축약된 것이다. (12)는 'ㅏ'로 끝나는 체언에 '-이'가 결합하여 'aj'가 된 다음 그것이 單모음화하여 'ㅐ'로 되었다. (12ㄱ)은 고유어의 예이고, (12ㄴ)은 한자어의 예이다. 여기에 김태균(1986:162)에서 제시한 '도매뱀(蜥, 도마뱀)'도 예로 추가될 수 있다. (13)은 동음(東音) '즈', '스'에 '-이'가 결합되어 'ʌj>aj>ɛ'와 같은 변화를 겪은 것으로 보인다.

　이상의 내용을 정리하면 單모음 'ㅔ, ㅐ'는 활음 'j'가 탈락한 모습을 보이고, 또 'ㅓ, ㅏ'에 '-이'가 첨가되어 'əj, aj'가 형성된 다음 그것이 單모음 'ㅔ, ㅐ'를 이루므로 'ㅔ, ㅐ'는 이전 시기 이중모음이었음을 알 수 있다.

22　정인호(2004)는 평북 용천어에 '고상~고생(苦生)'이 나타나는데 한자 '生(싱)'에서 '익'의 'j'가 탈락하고 난 뒤의 'ᄋ'가 '아'로 변화 모습을 보인 것이라고 하였다. 그리고 그 지역 화자들은 대체로 '고상'을 고형으로 인식하고 있다고 하였다. 여기에서도 'j'가 탈락할 수 있는 것은 'ㅣ'가 이중모음이었기 때문이다.

'ㅔ, ㅐ'는 이전 시기에는 이중모음이었지만 현재는 單모음이다. 이중모음의 單모음화는 움라우트현상에 의하여 그 존재가 입증되어 왔다(이승녕 1954a, 김완진 1963:76 등).

(14) ㄱ. 누데기(눕더기<박번, 상:36>, 裄, 누더기)

　　　뚜께비(두텁<훈민-원, 해례:24>, 蟾蜍, 두꺼비)

　　ㄴ. 데피-(덥히다) cf. 덥-<법화 2:242> 熱, 덥다

(15) ㄱ. 올채~이(올창<훈민-원, 해례:26>, 蝌蚪, 올챙이)

　　ㄴ. 재피-(자피-<원각. 상1-2:45>, 捕, 잡히다)

(14), (15)는 이중모음이 單모음화된 예들이다. (14)는 피동화음이 'ㅓ'인 예로, (14ㄱ)은 체언, (14ㄴ)은 용언이다. '누더기'가 '누데기', '뚜꺼비'가 '뚜께비', '더피다'가 '데피다'로 움라우트를 겪은 모습을 보여준다. (15)는 피동화음이 'ㅏ'인 예로, (15ㄱ)은 체언, (15ㄴ)은 용언인 예이다. '올창이'가 '올채~이', '자피다'가 '재피다'로 움라우트를 겪었다. 이러한 움라우트가 실현되었음을 보여주는 예들은 전설모음계열의 單모음을 가진 모음체계가 존재함을 말해준다(이기문 1972).

'ㅔ', 'ㅐ'의 單모음화 이후의 이 지역어의 모음체계를 보이면 아래와 같다. 이는 19세기 초엽의 한국어가 가지는 8모음체계와 일치한다.

ㅣ　　ㅡ　　ㅜ

ㅔ　　ㅓ　　ㅗ

ㅐ　　ㅏ

〈체계 3〉

1.1.2.2. 'ㅟ'[uj], 'ㅚ'[oj]의 單모음화

문헌어에서 'ㅟ'[uj], 'ㅚ'[oj]의 單모음화는 18세기 말엽에 이루어진 'ㅔ'[əj], 'ㅐ'[aj]의 單모음화보다 늦게 일어났다고 알려져 있다. 이는 19세기 후기 문헌에서 피동화음이 ㅜ, ㅗ인 움라우트의 예가 음절 두음의 음성적 조건에 제약을 가지고 나타나기 때문이다(이병근 1970). 부령 지역어도 單모음 'ㅟ'[ü], 'ㅚ'[ö]가 일정한 자음 아래에서만 나타나고(귀, (耳)), 또 피동화음이 'ㅜ', 'ㅗ'일 때의 움라우트의 예가 많지 않은 것으로 보아 'ㅟ'[uj], 'ㅚ'[oj]의 單모음화는 'ㅔ'[əj], 'ㅐ'[aj]의 單모음화보다 늦게 일어났을 것으로 짐작된다.[23]

'ㅟ'[uj], 'ㅚ'[oj]의 單모음화를 다루는 이 절에서는 자음이 선행하는 환경에서의 'ㅟ'[uj], 'ㅚ'[oj]의 실현양상을 통해 선행시기 이중모음이었던 'ㅟ'[uj], ㅚ[oj]가 單모음화했음을 살펴볼 것이다. 우선 아래와 같은 예들에서 'ㅟ', 'ㅚ'가 선행시기 이중모음이었음을 알 수 있다.[24]

---

23 이병근(1970:382)은 문헌어에서 'ㅟ'와 'ㅚ'의 單모음화도 일률적으로 일어난 것은 아닌 듯한데 'ㅟ'보다는 'ㅚ'가 單모음화의 과정을 더 일찍 경험하였을 듯하다고 하였다.

24 이병근(1970:378, 382)은 19세기 후기에 간행된 문헌은 '오', '우'의 움라우트인 '외', '위'를 드물게 보이는데 이때의 피동화음절의 두음이 'ㅈ, ㅊ' 등에 한정된다는 점에서 이 시기에 중부방언에는 아직도 單모음 'ㅚ, ㅟ'가 존재하지 않는다고 보았다. 또 현 단계로서는 19세기에 單모음 '외'와 '위'가 형성되었다고 단언할 아무

(16) 구신, 귀신(鬼神)

　　　두, 두에(둏<석보 19:10>, 後, 뒤)[25]

　　　쌀-두지, 두디(米監, 뒤주)

　　　두집-, 디집-(드위혀<능엄1:16>, 두위혀<법화 2:160>, 뒤혀<동

　　　　해, 하:1>, 反, 뒤집다)

　　　숩-, 쉽-(쉽<금삼 3:14>, 昜, 쉽다)[26]

　　　싸우(사회<석보 6:16>, 壻, 사위)

(17) ㄱ. 메지(며주<훈몽-초, 중:11>, 麴, 메주)

　　　싯두리(숫-돓<능엄 1:37>, 礪, 숫돌)

　　　낏낏하다(健, 꿋꿋하다)

　　　냉시(冷水)

　　　녹디(綠豆)

　　　사지(四柱)

　　　식기(食口)

　　　운시(運數)

　　　절기(臼, 절구)

　　　주디~이(嘴, 주둥이)

런 자료도 찾을 수 없다고 하여 'ㅟ'의 單모음화는 방언적 실현에서 보아 최근의 일
로 보았다. 최명옥(1989:761)은 서북방언에 관한 한, 이중모음 'uj', 'oj'의 單모음화
가 19세기 후기보다 앞선 시기에 일어난 것으로 보았다.

25 『練兵指南』(1612)에 뒤흐로(18a), 뒤희(1b), 뒤ᄒ로(22a), 뒤흘(10a), 뒤희(2b)와 함
　 께 두희(5a)가 나타나 'j'가 탈락한 모습을 보인다.

26 '쉽다(昜)'의 의미를 가지는 이 지역어의 어휘에는 '흻다'도 있다.

후치(楜, 후추)

ㄴ. 감티(감토<박번, 상:52>, 帽, 감투)

골미(골모<동해, 하:17. 역보 41>, 頂針子, 골무)

누기(누고<삼강, 충:7>, 誰, 누구)

동미(동모<신합, 하:38>, 伴, 동무)

몽디~이(몽동이<한청 4:37>, 棒, 몽둥이)

반디(반도<역보 17>, 澇網, 반두)

살기(슬고<훈몽-초, 상:6>, 杏, 살구)

새장기(댱고<사해-중, 하:34>, 鼓, 장구)

윤디(인도<동해, 하:17>, 熨斗, 인두)

작디(斫刀, 작두)

항디(鄕徒, 상여)

ㄷ. 멩지(명듀<신합, 상:25>, 明紬, 명주)

세시(셰슈<소해 2:3>, 洗手, 세수)

찰시(찰수수)   cf. (슈슈<훈몽-초, 상:6~7>, 黍, 수수)

토시(토슈<동해, 상:56. 역보 28>, 套手, 토수)

(16), (17)은 이 지역어의 'ㅟ'가 선행시기에 이중모음 [uj]였음을 보여주는 예들이다. (16)은 [uj]의 'j'가 탈락한 모습을 보인다. 또 김태균(1986:243)에서 제시한 '방구(방귀<훈몽-초, 상:15>, 방귀)'도 마찬가지의 예이다.[27] 이들은 모두 'ㅟ'가 이중모음 [uj]가 아니었다면 불

---

27 제보자는 '방귀', '방기'라고 하였다.

가능하다. (17)은 'ㅜ'로 끝나는 체언 어간에 '-이'가 첨가하여 이중모음 [uj]를 형성한 다음, [uj]가 축약하여 單모음 'ㅟ'를 이룬 모습을 보인다. (17ㄱ)의 '메지' 등은 'ㅜ'로 끝나는 체언 어간에 '-이'가 첨가하여 이중모음 [uj]를 형성한 다음, 이것이 單모음 'ㅟ'[ü]로 축약되고 그리고 뒤이어 單모음 [i]로 변한 것이다. 즉, '메주>메주이(uj)>메쥐(ü)>메지(i)'와 같은 변화과정을 겪은 것이다.[28] 여기에서 'ㅜ'로 끝나는 체언에 '-이'가 결합하여 單모음 'ㅟ'로 된 것은 單모음되기 전의 'ㅟ'가 이중모음이었음을 말해준다. (17ㄴ)의 '감티' 등은 'ㅗ'로 끝나는 체언이 비어두음절에서의 'ㅗ>ㅜ'의 변화와 '-이'의 결합에 의해 單모음으로의 축약 및 [i]로의 변화를 겪은 것이다. 여기에서 'ㅗ>ㅜ'의 변화와 한정첨사 '-이' 결합의 선후 순서가 문제된다. 만약 'ㅗ>ㅜ'의 변화가 선행하였다면 '감토(o)>감투(u)>감투이(uj)>감튀(ü)>감티(i)'와 같은 변화 과정을 겪은 것이고 '-이'의 결합이 선행하였다면 감토이(oj)>감투이(uj)>감튀(ü)>감티(i)'와 같은 변화를 겪은 것이다.[29] 그런데 제주도 방언에서는 '살고(爾)', '누고(誰)' 등과 같은 예가 각각 '솔궤'(현평효 1962, 정승철 1995), '누궤'(정승철 1995:83) 등으로 나타나 '살고', '누고'에 '-이'가 먼저 첨가된 모습을 보인다.[30] 따라서 제주도방언을 비교의 기준으로 한다면 부령지역어의 '-이'의 첨가는

---

28 'uj>ü>wi>i'와 같은 변화를 상정할 수도 있다. 이 논문에서는 곽충구(2003)의 논의에 따라 'ü>i'의 변화를 거친 것으로 보고자 한다.

29 한영균(1995:823)은 제2음절 아래에서의 'oj>uj'변화는 18세기경에 있었으리라 추정되는데 이는 'oj, uj'의 단모음화가 'oj>uj'보다 늦은 시기에 일어났음을 의미한다고 하였다.

30 제주도방언은 'oj>ö>we'와 같은 변화를 겪었다(정승철 1995).

'ㅗ>ㅜ'의 변화에 선행하였다고 할 수 있다. (17ㄷ)은 어간말 모음에
'-이'가 첨가되어 [juj]를 형성한 다음(ㅠ+ㅣ>ㆌ), 앞의 'j'가 탈락하여
[uj]가 되고 이것이 'ㅟ'[ü]로 축약된 후 單모음 [i]로 변한 것이다. 즉,
'juj>uj>ü>i'와 같은 변화를 겪은 것이다. 중세어 '명듀'는 '명지'로 나
타나 구개음화까지 겪은 모습을 보인다.

  (18) ㄱ. 도박, 데박(되<월석 9:7>, 升, 되)

      토비, 테비(堆肥, 퇴비)

    ㄴ. 세, 암#세(쇼<훈몽-초, 상:10>, 牛, 소)

      염세, 염세새끼(염쇼<훈몽-초, 상:10>, 山羊, 염소)

  (18)은 'ㅚ'가 선행시기 이중모음이었음을 보여준다. (18ㄱ)에서는
'되'가 '도'로(되박>도박), '퇴'가 '토'로(퇴비>토비)로 나타나는바,
이는 이전 시기에 이중모음이었던 'oj'에서 'j'가 탈락한 것으로 볼 수
있다. 만약 'ㅚ'가 單모음 [ö]였다면 '되>도, 퇴>토'와 같은 변화(즉
[ö]가 [o]로 바뀌는 변화)는 일어나기 어려웠을 것이다. (18ㄴ)은 '쇼'
에 '-이'가 첨가되어 쇠[sjoj]가 되고 그중 'joj'에서 앞의 'j'가 탈락하
여 [oj]가 된 다음 그것이 축약되어 [ö]가 되었다가 그것이 다시 [e]로
변한 모습을 보여준다. 즉, 쇼(sjo)>쇠(sjoj)>쇠(sö)>세(se)와 같이 이
중모음의 單모음화를 겪고 'ㅔ'로 변한 것이다.[31] 'oj'가 單모음으로
축약되었다는 것은 과거에 'ㅚ'가 이중모음이었음을 의미한다. 이

---

31 'oj>ö>we>e'와 같은 변화를 상정할 수도 있다. 이 논문에서는 곽충구(2003)의 입
  장을 따라 'ö>e'의 변화를 거친 것으로 보고자 한다.

65

로써 '귀'는 물론 '괴'가 선행 시기에 이중모음이었다는 것을 알 수 있다.

다음으로 '귀', '괴'의 單모음화에 대해 살펴보기로 하겠다. 동북방언은 '귀', '괴'가 單모음으로 존재하였다. 곽충구(2003:67)은 "함북 鏡城지역어를 조사 연구한 田島泰秀(1918), 함남, 함북 전역을 조사한 小倉進平(1927)에 의하면 조사 당시 동북방언(육진방언 제외)은 /귀/, /괴/를 보유한 10모음체계였다. 해방 이후 함남 북청지역어를 조사한 S.R. Ramsey(1978), 이기동(1993) 및 80년대 말에 실향민을 대상으로 한 조사에서도 대부분 10모음체계였다. 따라서 동북방언의 모음체계가 10모음체계였음은 분명하다"고 하였다. 즉 여러 연구에서 동북방언은 '귀', '괴'가 單모음으로 존재하였다고 본 것이다.[32] 정용호 (1988:84-86)도 마찬가지로 동북방언의 '귀', '괴'를 單모음으로 간주하였다. 그러나 單모음 '귀', '괴'는 단어의 첫머리에서나 모음과 모음 사이, 자음 뒤에서 발음되는 일이 없고 다음 세 가지의 음운론적 조건에 의해서만 실현될 수 있다고 하였다. 그 조건은 바로 움라우트가 될 때 (행복이>행뵉이, 묵이다>뮉이다), 한정첨사 '-이'가 첨가될 때 (쇼>쇠), 단추>단취), '자음+ㅛ', '자음+ㅠ'의 결합구조(교실>괴실, 규칙>귀칙)을 가질 때이다.

현재 부령지역어에는 일반적으로 單모음 [ü], [ö]가 실현되지 않고

---

32 그러나 사회과학출판사(2005:57, 59)는 "동북방언은 모음체계에 '괴'가 존재하지 않는다. 모음 '괴'는 'ㅐ'로 대응되는 것이 전형적인 현상이다. 동북방언에서는 '귀'가 'ㅣ'로 대응되는 외에 부분적인 단어의 경우에 '대비다'(뒤지다)와 같이 'ㅐ'로 대응되는 경우가 있는가 하면 자음 'ㄱ' 뒤에서 '귀'가 제대로 나타나는 경우도 있다"고 하였다.

자음이 선행하는 환경에서 單모음 'ㅟ'는 [i]로, 單모음 'ㅚ'는 [e]로 나타난다. 그러나 'ㄱ' 구개음화를 겪지 않은 한자어에 'ㅠ', 'ㅛ'가 결합하는 구조, 움라우트, 한정첨사 '-이'가 첨가될 때 나타나는 음운변화에 의해 선행시기 'ü', 'ö'가 존재했었다고 할 수 있다.

먼저 '자음+ㅠ', '자음+ㅛ'의 결합구조에서 單모음 'ㅟ', 'ㅚ'의 존재를 확인할 수 있다.

(19) ㄱ. 기율(規律)

기측(規則)

기저~(規定)

ㄴ. 지칫돌(쥬츄돌<역해, 상:17>, 礎石, 주춧돌)[33]

지저~하다(쥬졍ᄒ다<내훈-초 3:48>, 酒酊, 주정하다)

지전재(쥬젼ᄌ<훈몽-초, 중:6~7>, 酒煎子, 주전자)

감지(감쥬<동해, 상:60>, 醴酒, 감주)

ㄷ. 히가(休暇)

히식(休息)

히일(休日)

히양소(休養所)

(20) ㄱ. 메지(墓地)

멧자리, 못자리(墓자리)

---

33 김태균(1986:446)에는 '주춋-돌(주춧-돌)'이 나타난다.

메향산, 모향산(妙香山)

ㄴ. 뻬족하-, 뽀족하-(쏜죡ᄒᆞ-<박해, 상:35>, 쏻죡ᄒᆞ-<한청 5:22>, 尖, 뾰족하다)

ㄷ. 세게이(쇼경<내훈-초3:10>, 盲, 소경)

ㄹ. 제리(죠리<훈몽-초, 중:7>, 笊籬, 조리)

제끼(裌, 조끼)[34]

(19)는 'ㅠ'가 선행시기 單모음이었음을 나타내는 예들이다. 'ㅠ'가 'ㄱ', 'ㅈ', 'ㅎ' 아래에서 'ㅣ'[i]로 실현된다. (19ㄱ)은 선행자음이 'ㄱ', (19ㄴ)은 'ㅈ', (19ㄷ)은 'ㅎ'인 예이다. 'ㅠ'가 연구개음, 경구개변이음, 후음 아래에서 [i]로 나타나는데 이로부터 'ㅠ'는 'ju>uj>ü>i'와 같은 변화를 겪었음을 알 수 있다. (20)은 'ㅚ'가 선행시기 單모음이었음을 나타낸다. (20ㄱ~ㄹ)은 'ㅛ'가 각각 'ㅁ', 'ㅂ', 'ㅅ', 'ㅈ' 아래에서 [e]로 실현되는 예이다.[35] 'ㅛ'는 순자음과 경구개변이음 아래에서 'ㅔ'로 나타나는데 이는 'ㅛ'가 'jo>oj>ö>e'와 같은 변화를 겪은 것으로 보인다. 위와 같은 변화는 'ㅠ', 'ㅚ'의 單모음화를 인정하지 않고서는 이루어질 수 없다. 이와 같이 이중모음 'ㅠ', 'ㅛ'가 각각 [i], [e]로 실현됨으로써 이 지역어에 'ㅠ', 'ㅚ'가 單모음인 시기가 있었다는 것을 밝힐 수 있다.

또 움라우트에 의해서도 'ㅠ', 'ㅚ'가 單모음인 시기가 있었다는 것

---

34 어간말음이 이중모음 'ㅛ'임은 함북의 길주, 경흥, 경원, 종성, 회령에서 '죠끼'가 나타나는 것(김태균 1986:438)을 통해 알 수 있다.

35 정용호(1988:84)는 함북, 함남에서는 'ㄱ' 아래에서도 'ㅛ'가 'ㅚ'로 변화한다고 보고하며 '괴실(교실), 괴섭(교섭), 괴뫼하다(교묘하다)'와 같은 예를 들고 있다.

을 추정할 수 있다. 이 지역에는 '솔쏭이(솔방울)'가 '솔쩨이'로, '보기 싫다'가 '베기 싫다'로 '옮기다'가 '엥기다'로 '고기'가 '게기'로 나타나는데 이런 예들은 피동화음이 'ㅗ'일 때 움라우트를 겪은 것이다.[36] 이병근(1971:12)은 어떤 언어나 방언이 움라우트를 실현시킨다는 사실은 이미 그 언어나 방언이 전부모음계열과 후부모음계열을 그 하위체계로 가지고 있음을 의미하는 것으로 여길 수밖에 없다고 하였다. 이 지역어에도 움라우트가 존재하는 한 'ㅟ', 'ㅚ'의 單모음화는 인정될 수 있을 것이다. 그리고 어간말이 'ㅜ', 'ㅗ'로 끝나는 체언에 한정첨사 '-이'가 첨가되어 나타나는 음운현상에 근거하여서도 單모음 'ㅟ', 'ㅚ'의 존재를 밝힐 수 있다.

　(21) ㄱ. 메지(며주<훈몽-초, 중:11>, 麴, 메주)

　　　 ㄴ. 세, 세#새끼, 암#세, 세#고기(쇼<훈몽-초, 상:10>, 牛, 소)

　(21ㄱ)은 '며주'에 '-이'가 결합되어 '메지'로 된 것인데 '며주+-이>며쥐(uj)>며쥐(ü)>메지'와 같은 과정을 겪은 것으로 보인다. (21ㄴ)은 '쇼'에 '-이'가 결합하여 '세'가 된 것인데 '쇼+-이>쇠>쇠(oj)>쇠(ö)>세(e)'와 같은 음운과정을 겪은 것이다. 이로써 'ㅟ', 'ㅚ'가 선행시기에 單모음이었음을 알 수 있다.

　이상의 논의에서 부령지역어는 선행시기에 10모음체계를 갖고 있었다고 할 수 있다. 그 모음체계를 보이면 아래와 같다.

36　김태균(1986:307)에는 '욍기다(옮기다)'가 제시되어 있다. 곽충구(1994:294)는 부령에서 '보이다'가 '베운다'로 나타남을 밝히고 있다.

ㅣ	ㅟ	ㅡ	ㅜ
ㅔ	ㅚ	ㅓ	ㅗ
ㅐ		ㅏ	

〈체계 4〉

1.2. 2차 변화

1.2.1. 'ㅟ'[ü], 'ㅚ'[ö]의 변화

앞서 부령지역어에서 선행시기에 'ㅟ'[uj], 'ㅚ'[oj]가 單모음화하였음을 밝힌바 있다. 그러나 單모음 'ㅟ'[ü], 'ㅚ'[ö]는 현재 이 지역어에서 나타나지 않는다. 따라서 이 절에서는 자음이 선행하는 경우와 자음이 선행하지 않는 경우로 나누어 單모음 'ㅟ', 'ㅚ'가 어떻게 실현되고 있는가를 살펴보고자 한다. 먼저 자음이 선행하는 경우 單모음 'ㅟ', 'ㅚ'에 대한 이 지역어의 반사형을 보이면 아래와 같다.

(22) ㄱ. 기(귀<석보 6:28>, 耳, 귀)

　　　기뜸(內示, 귀띔)

　　　기엽-(尒, 귀엽다)

　　　까마기(가마괴<훈몽-초, 상:9>, 鳥, 까마귀)

　　　당내기(나괴<훈몽-초, 상:10>, 驢, 당나귀)

　　　방기(방귀<훈몽-초, 상:15>, 방괴<동해, 상:20>, 屁, 방귀)

　　　사기-(사괴-<훈몽-초, 하:7>, 交, 사귀다)

　　　손-자기(鐼, 자귀)

ㄴ. 니우치-(뉘읓다<석보 6:19>, 뉘우치다)

니(뉘)

한닐(한뉘, 平生, 한평생)

ㄷ. 디통수(後, 뒤통수)

발디축(발뒤축)

딧걸음(뒷걸음)

ㄹ. 시, 시파리(蠅卵, 쉬)

ㅁ. 지(쥐<용가 9:40. 88>, 鼠, 쥐)

지-(쥐-<능엄 1:108>, 握, 쥐다)

빨지(붉쥐<구간 6:68>, 蝙, 박쥐)

ㅂ. 치하-(醉, 취하다)

곰치(雄蔬, 곰취)

흥치(興趣)

ㅅ. 바키(바회<훈몽-초, 중:13>, 輪, 바퀴)

ㅇ. 티기-(炸, 튀기다)

(22)는 어두에서 자음을 가지는 예들로 이들에서는 單모음이었던 '귀'[ü]가 모두 [i]로 실현되고 있다. (22ㄱ)은 선행자음이 'ㄱ', (22ㄴ)은 'ㄴ', (22ㄷ)은 'ㄷ', (22ㄹ)은 'ㅅ', (22ㅁ)은 'ㅈ', (22ㅂ)은 'ㅊ', (22ㅅ)은 'ㅌ', (22ㅇ)은 'ㅌ'인 예이다. 이 지역어에서 과거의 單모음 '귀'[ü]는 어두음절에서든 비어두음절에서든 자음이 선행하는 경우에는 [i]로 실현되는 것이 일반적이다.

정용호(1988:83)도 동북방언에서 '귀'가 예외 없이 'ㅣ'로 실현되

었다고 하면서 '기중하다(귀중하다)', '기뚜래미(귀뚜라미)', '니(뉘)'
등과 같은 예를 제시하고 있다.[37] 사회과학출판사(2005)는 과거의 모
음 'ㅟ'가 서북방언에서는 'ㅟ'에 대응되고 동북방언에서는 'ㅣ'로 대
응된다고 하였다. 반면 육진방언은 單모음 'ㅟ'가 존재하지 않는다.[38]
곽충구(2003:71)은 1세기 전의 육진방언에는 [ü]가 경구개자음 아래
에서만 출현하여 그 분포가 편재되어 있고 최소대립쌍을 발견하기
어려우므로 하나의 음운 단위로 설정하지 않고 /ʉj/의 변이음으로 처
리하였다.

　　다음으로는 자음이 선행할 때의 單모음 'ㅚ'의 변화를 보기로 한
다. 자음의 음운론적 성격에 따라 나누어 제시한다.

(23) ㄱ. 께꼴새(꾀꼴새)

　　　 게상하-(怪常하다)

　　ㄴ. 데놈(되놈)

　　　 데-(ᄃᆑ-<용가 10:1. 98>, 化, 되다)

　　　 덴장(된댱<물명 3:10>, 醬, 된장)

　　　 떼꼬리(뒷고마리<두해-초 16:71>, 돗귀마리<구간 6:53~54>,

37　홑모음 'ㅟ'는 함경도 방언을 쓰는 사람들에게서 특히는 늙은 사람들에게서 'ㅣ'
　　로 실현된다고 하며 '이뼝'(위병), '이원장'(위원장), '이엄하다'(위험하다), '이생
　　사업'(위생사업) 등과 같은 예들을 들고 있다.
38　한영순(1967:274)는 육진에서 "'ㅚ'와 'ㅟ'는 음운으로서 존재하지 않는데 이들은
　　원순자음이지만 각각 모음 'ㅗ'와 'ㅜ'의 위치적 변종에 지나지 않는다."고 하였다.
　　"중부조선사투리의 모음 'ㅚ'에는 'ㅐ'를 대응시키고(왜국) 개별적인 경우에 모음
　　'ㅗ'나 'ㅐ'를 대응시키고 있기는 하나(토비:퇴비, 해이:회의) 전형적이 아니다"라
　　고 하였다. 또 "홑모음 'ㅟ'에는 겹모음 'ㅜㅣ'를 대응시키는 것이 기본이다."라고
　　하였다.

    쯩, 도꼬마리)

    고데다(고되다)

    데(되<월석 9:7>, 升, 되)

  ㄷ. 메(묗<석보 6:31~32>, 山, 산)

    메아리(뫼사리<월석 2:53>, 謙, 메아리)

    메초리(뫼초라기<동해, 하:35>, 뫼촐이<물명 1:2>, 뫼초리<한

      청 13:56>, 모츠라기<두해-초 20:26>, 鵪, 메추리)

  ㄹ. 세때(쇠<훈몽-초, 중:15>, 鐵, 쇠)[39]

    열세(開鐵, 열쇠)

  ㅁ. 제(죄<두해-초 23:19>, 罪, 죄)

    제롭-(죄롭다)[40]

    제송(罪悚)

  ㅂ. 체고(最高)

    체씨(崔氏)

  ㅅ. 테비, 토비(堆肥)

  ㅇ. 헤이(會議)

    헤령(會寧)

(23)은 자음이 선행하는 경우 單모음 'ㅚ'이었던 것이 'ㅔ'로 나타
남을 보여준다. (23ㄱ)은 선행자음이 'ㄱ' 계열, (23ㄴ)은 'ㄷ' 계열, (23

---

39 이 지역어에 나타나는 '부싯돌(부쉿돌<물보, 정당>, 火石, 부싯돌)'은 단음절어
    '쇠'의 모음과 전혀 다른 방향의 변화를 겪은 것으로 보인다.

40 '죄롭다'는 가슴이 아플 정도로 가엽고 불쌍하다는 뜻이다.

ㄷ)은 'ㅁ', (23ㄹ)은 'ㅅ', (23ㅁ)은 'ㅈ', (23ㅂ)은 'ㅊ', (23ㅅ)은 'ㅌ',
(23ㅇ)은 'ㅎ'인 예이다.

다음으로는 자음이 선행하지 않는 환경에서 'ㅟ', 'ㅚ'가 어떻게 실
현되는가를 보기로 한다. 어두에 나타나는 경우와 비어두에 나타나
는 경우로 나누어 제시한다.

(24) ㄱ. 위(胃)

위원장(委員長)

위하-(위ᄒᆞ-<석보 6:7>, 爲, 위하다)

위생(衛生)

ㄴ. 바이, 바잇돌(바회<석보 6:44>, 巖, 바위)

(24ㄱ)은 어두음절이 음절두음을 가지지 않는 예들인데, 중앙어에
서의 'ㅟ'가 이중모음 [wi]로 나타난다. (24ㄴ)은 비어두음절이 음절
두음을 가지지 않는 예들인데, 중앙어에서의 'ㅟ'가 [i]로 나타난다.

(25) ㄱ. 웬쪽(왼녁<세훈민 13>, 左, 왼쪽)

웨(외<두해-초 15:54>, 瓜, 오이)

웨가달(外-가닥, 외-가닥)

웨롭-(孤, 외롭다)

웨상(外商)

웨손자(外孫)

웨고집(외-고집)

웨지(外地)

웨국(外國)

웨출(外出)

웨가집, 왜가집(外家집)

ㄴ. 에우-, 에갈내-(외오다<월석 17:55>, 誦, 외우다)[41]

대에(對外)

(25)는 어두음절에서 자음이 선행하지 않을 때 중앙어의 'ㅚ'가 실현되는 예들이다. (25ㄱ)은 모두 [we]로 나타나지만 (25ㄴ)과 같이 [e]로 나타나는 경우도 존재한다.

이처럼 'ㅟ', 'ㅚ'가 單모음이라면 이중모음이었던 'uj', 'oj'가 單모음으로 변화하는 과정에 대한 해명이 필요하다. 즉, [uj]>[ü]와 [oj]>[ö]의 변화로 볼 것인지 아니면 [uj]>[wi]>[ü], [oj]>[we]>[ö]의 변화로 볼 것인가 하는 문제이다.

경북 월성지역어의 모음체계에 대한 통시적 연구를 시도한 최명옥(1982:84)는 이 방언의 어느 단계에서 하향 이중모음 'uj', 'oj'가 재구되며, 이것은 각각 'ü', 'ö'로 축약되었다가 다시 'wi', 'we'로 발달했음을 예증하고 있다. 이와 같은 'uj>ü>wi', 'oj>ö>we' 변화 공식은 고성방언의 모음사를 재구한 박창원(1983)과, 19세기 후기 서북방언의 모음체계의 변화를 고찰한 최임식(1984) 등에서도 적용되어 있다.

---

41 김태균(1986:390)에는 '외우다'가 제시되어 있다. 그 외에도 '외가매(왜솥), 외롭다(외롭다), 웨상(외상), 웨투(외투), 외할머이(외할머니), 왼손(왼손) 등의 자료도 제시되었다.

반면 최전승(1995)는 19세기 후기 전라방언의 자료들이 반영하고 있는 그 시기의 전라방언의 모음체계와 그 역동성을 검토하면서 'ㅟ'와 'ㅚ'의 單모음화 과정을 'uj>wi>ü', 'oj>we>ö'로 보았다. 곽충구(2003)도 함북방언의 'ㅟ', 'ㅚ'의 단모음화는 'uj>wi>ü', 'oj>we>ö'의 과정을 겪은 것으로 보았다. 이와 같이 기존의 여러 연구에서도 그 변화 방향에 대한 의견이 분분하며, 현재의 자료로만 가지고 이중모음 'uj', 'oj'가 단모음화 하는 과정에 대하여 판단하는 것은 불가능해 보인다. 따라서 이 논문에서는 불가피하게 'uj>……>ü', 'oj>……>ö'의 변화 과정을 상정한다.

또 이 지역에서는 'ㅚ'가 [wɛ] 혹은 [ɛ]로도 나타난다. 일반적으로 자음이 선행하지 않는 경우는 [wɛ]로, 자음이 선행하는 경우는 [ɛ]로 나타난다.

(26) ㄱ. 물왜(물외<물명5:14>, 黃瓜, 물외)

왜지(외얏<두해-초 15:20>, 李, 오얏)

왜가집, 웨가집(外家집)

ㄴ. 애-눈깔이(외-눈이)

(27) ㄱ. 개-(醱, 괴다)

ㄴ. 대-, 데-(爲, 되다)

ㄷ. 매옥씨(메옥수수), 매수끼(메수수), 매밀(메밀), 매밀묵(메밀묵) cf. 뫼<소해 4:12>, 山, 산

매뚜기, 매뚜기재비(묏도기<훈몽-초, 상:12>, 蚤, 메뚜기)

차매(ᄎᄆᆡ<구간 1:110>, 甘瓜, 참외)[42]

ㄹ. 배(븨<석보 13:52>, 布, 베), 배틀(베틀), 삼배(삼베), 배옷(베옷), 배초매(베치마)

ㅁ. 새지(쇠야지<두해-초 25:51>, 犢, 송아지)

적새, 불적새(섯쇠<역해, 하:13>, 鏃, 석쇠)

새-(過, 쇠다)

ㅂ. 재우-(摠, 죄다)

ㅅ. 해초리(회초리<類合下 50>, 楚, 회초리)

ㅇ. 쌔우-(쐬-<두해-초 20:32>, 蜇, 쏘이다)

ㅈ. 째우-(ᄧᆡ-<월석 2:51>, 晒, 쪼이다)

(26)은 'ㅚ'가 자음이 선행하지 않는 환경에서 [wɛ] 혹은 [ɛ]로 나타나는 예들이다. (26ㄱ)에서는 [wɛ], (25ㄴ)에서는 [ɛ]로 나타난다. (27)은 자음이 선행하는 경우에는 [ɛ]로 나타나는 모습을 보인다. (27ㄱ)은 선행자음이 'ㄱ', (27ㄴ)은 'ㄷ', (27ㄷ)은 'ㅁ', (27ㄹ)은 'ㅂ', (27ㅁ)은 'ㅅ', (27ㅂ)은 'ㅈ', (27ㅅ)은 'ㅎ', (27ㅇ)은 'ㅆ', (27ㅈ)은 'ㅉ'인 예이다. (27)에서 볼 수 있듯이 'ㅚ'는 선행하는 자음의 음운론적 성격에 관여하지 않고 어두음절에서든 비어두음절에서든 모두 'ㅐ'로 실현된다.

여기에서 'ㅚ'가 [wɛ], [ɛ]로 실현되는 것 또한 풀어야 할 과제이다. 'ㅔ:ㅐ', 'ㅙ:ㅞ' 대립이 남아 있는 방언에서 'ㅚ'가 이중모음으로 나타

---

42 방언 화자들은 이를 '춤#외'의 複合語로 인식한 것이 된다.

날 때는 '게'로 나타나는 것이 일반적이다. 이는 모음체계를 고려할 때 합리적인 변화로 볼 수 있다. 그런데 서북, 육진 등의 방언에서는 중앙어의 'ㅚ'가 'ㅙ'[wɛ]로 나타난다. 이에 대해 곽충구(2003:73)은 서북, 육진 지역에서는 /ㅈ/이 치조음으로 실현되는데, 설단적 치조음의 [-high]라는 혓몸 자질이 영향을 주어 고모음보다는 저모음으로 실현되는 것이 자연스럽기에 'ㅚ'가 [wɛ]로 실현되었다고 하였다.[43] 곽충구(2003)은 아울러 동북방언은 'ㅟ', 'ㅚ'가 각각 [i], [e]로 나타나고 육진방언은 'ㅟ', 'ㅚ'가 각각 [wi], [wɛ]로 나타난다고 하였다. 이 지역어의 'ㅟ', 'ㅚ'가 각각 [wi], [wɛ]로 나타나는 것은 육진 방언의 영향으로 보인다.

한편 이 지역어에 실현되고 있는 [wɛ(>ɛ)]를 [oj]>[wɛ]의 변화로 볼 것인가 [oj]>[ö]>[wɛ]의 변화로 볼 것인가 하는 문제가 제기된다. 움라우트를 겪어 형성된 단모음 'ㅚ'는 [wɛ]로 발음되는 경우가 없어 'ㅚ'가 [oj]>[wɛ]의 변화를 겪어 형성된 것으로 본다. 따라서 이 지역어는 이중모음이 단모음화되던 시기 이전에 중앙어의 'ㅚ'에 대응하여 [oj]>[wɛ]의 변화가 나타났다고 짐작할 수 있다.[44]

이로써 이 지역어의 單모음 'ㅟ', 'ㅚ'의 변화에 대해 살펴보았다.

---

43 그에 반해 평북 의주지역어를 다룬 한성우(2003:51)은 '오'가 [ɔ]로 발음되고 'ㅚ'가 음성적으로 [ɔj]여서 [ɔj]>[œ]>[wɛ]의 변화가 가능하다고 하였다.
44 평북 의주지역어의 모음체계의 변화를 다룬 최명옥(1987:69)는 이 지역어의 'uj', 'oj'가 'wi', 'wɛ'에 해당된다는 사실은 전시기의 이중모음 'uj', 'oj'가 이 지역어에 각각 'wi'와 'wɛ'로 변화되어 있음을 알려준다고 하였다. 그러나 'uj>wi', 'oj>wɛ'의 직접적인 변화로는 설명하기 어렵고 이중모음 'uj'와 'oj'의 單모음화 단계를 인정해야 한다고 하였다. 즉 'uj>ü>wi'와 'oj>ö>wɛ'와 같은 변화 과정을 인정한 것이다.

이 지역어의 單모음 'ᅱ', 'ᅬ'는 자음이 선행하는 환경에서 각각 [i], [e]로 실현되고, 자음이 선행하지 않는 환경에서 각각 [wi], [we]로 실현된다. 또 'ᅬ'는 [wɛ], [ɛ]로도 실현되었는데 이는 이중모음이었던 'oj'가 單모음 'ö'로 되기 전에 나타난 변화로 추정하였다.

1.2.2. 진행 중인 변화

각 방언의 모음체계는 그 방언이 보유하고 있는 모음 음성의 기능이나 분포를 고려하여 설정된다. 때문에 어떤 두 방언의 모음체계가 동일하더라도 개별 음소의 발화 표상이라 할 수 있는 음성적 실현은 다를 수 있다. 이러한 모음 음소의 음성적 실현은 방언차를 드러내면서 한편으로는 체계의 변화를 유발하는 잠재적 요인이 될 수 있다. 바꾸어 말하면 개별 음소의 변이음역 또는 음성간극의 차이는 모음체계의 변화 방향을 암시할 수 있다(곽충구 2003:61). 여기서는 음성(변이음역)에 의한 모음의 변화를 살피고 모음체계의 변화 방향을 제시하려 한다.

1.2.2.1. 'ᅳ'와 'ᅮ'

곽충구(2003:63-74)는 'ᅳ'와 'ᅮ'의 합류는 평남방언에서 이미 이루어졌는데 평북방언이 뒤늦게 평남방언과 같은 변화 대열에 합류하고 있으며 동북방언도 역시 그러한 변화를 겪고 있다고 하였다.[45] 즉 동북방언은 연구개음 뒤에서 'ᅳ>ᅮ'의 변화가 일어서 '끄-(消)>

---

45 조선 각 지역 모음체계는 평남방언이 그 변화를 주도하고 있다고 하였다.

꾸-, 크-(大)>쿠-, 그리-(劃)>구리-, 금(線)>굼'과 같은 예들이 나타난
다는 것이다. 이 지역에도 '一>ㅜ'의 변화가 존재한다.

    (28) ㄱ. 가꿀르(갓ᄀ로<능엄 10:56>, 倒, 거꾸로)

          ㄴ. 둛-(둛-<법화 6:154>, 뚧-<두해-중 5:5>, 掘, 뚫다)

            지둘구-(기들우-<두해-초 20:24>, 待, 기다리다)

          ㄷ. 절루뱅이(跛, 절름발이)

            서루, 서르(서르<석보6:12>, 相, 서로)

            가루, 가르(ᄀ른<두해-초 16:62>, 橫, 가로)

            바루, 바르, 똑바루, 똑바르(바른<석보 6:20>, 直, 바로)

    (28)은 중앙어의 '一'가 이 지역어에서 'ㅜ'로 대응하는 예인데 선
행하는 자음에 따라 살펴보면 아래와 같다. (28ㄱ)은 연구개음 'ㄱ'
아래에서 '一'가 'ㅜ'로 된 것이다. 이 지역어의 '가꿀로'는 'ㆍ'가 비
어두음절 위치에서 '一'로 된 후 다시 'ㅜ'로 변한 것으로 보인다. (28
ㄴ)은 치음 'ㄷ' 아래에서 '一'가 'ㅜ'로 변한 것이다. (28ㄷ)은 치음
'ㄹ' 아래에서 '一'가 'ㅜ'로 변한 것이다. '가루', '바루'는 문헌어의
'ㆍ'가 비어두음절 위치에서 '一'로의 변화를 거친 후 'ㅜ'로 변한 것
으로 보인다. 김태균(1986:413)에는 '하누바지(입천장)'이 나타나는
데 이는 '하늘받이'와 같은 형태에서 변화를 겪은 것이라고 본다면
'一>ㅜ'의 변화를 겪었음을 알 수 있다.
    한편 이 지역에서도 'ㅜ>一'의 변화를 보이는 예들이 있다.[46] '거드
-, 거드매(거두-<월석 서:24>, 收, 거두다)', '쓰-(수-<내훈-초 3:46>, 쑤

다, 造粥)’, ‘늠, 눔(눔<월석 10:27~28>, 者, 눔)’⁴⁷, ‘쯔그러뜨리-(쭈그러뜨리다)’, ‘물드레박(罐, 두레박)’, ‘다드배채(大頭白菜, 다두배채)’, ‘늡-(눕-<두해-초 15:9, 臥, 눕다)’, ‘측(番, 축)’ 등과 같은 것이 바로 그것이다. ‘ㅡ’와 ‘ㅜ’는 아직 이 지역어에서 최소대립쌍을 갖고 있지만 위의 예들에서 ‘ㅡ’와 ‘ㅜ’의 대립이 약화되어 있음을 알 수 있다.⁴⁸

1.2.2.2. ‘ㅓ’와 ‘ㅗ’

중부방언의 ‘ㅓ:ㅗ’는 원순성의 대립을 이루면서 변별된다. 그러나 서북방언에서는 ‘ㅗ’의 저설화와 뒤이은 ‘ㅓ’의 후설화로 ‘ㅓ’와 ‘ㅗ’가 합류되었다(곽충구 2003). 평남방언에서 발생하여 평북방언에까지 확대된(곽충구 2003) ‘ㅓ’와 ‘ㅗ’의 합류는 극히 최근의 일로 간주된다(한영순 1967, 한성우 2003).

함북방언의 ‘ㅗ’는 중부방언의 ‘ㅗ’에 비해 원순성이 약하며 서북방언처럼 저설화되어 있다. 다만 ‘ㅓ’는 중부방언의 그것보다는 좀 더 전설 쪽에서 그리고 고모음 위치에서 조음된다. 따라서 ‘ㅗ’가 저설화되었다고 해서 그것이 ‘ㅓ’의 조음역과 일치한 것은 아니다. 그렇기 때문에 ‘ㅓ’와 ‘ㅗ’는 변별된다.⁴⁹ 이는 ‘ㅓ’와 ‘ㅗ’가 최소 대립쌍

---

46 함북방언에서는 눈(眼, 雪)>는, 식구>식그, 꿀>끌(곽충구 2003:68)과 같이 ‘ㅡ>ㅜ’ 변화와 반대방향인 ‘ㅜ>ㅡ’의 변화가 나타나는데 강순경(2001)은 이를 과도교정으로 보고 ‘ㅡ’가 ‘ㅜ’로 변화하는 단계에서 나타나는 현상이라 하였다.

47 제보자는 ‘늠’은 아이가 귀여울 때 ‘그늠이 귀엽다’, 나쁜 사람에 대해서는 ‘놈/눔’을 쓴다고 하였다.

48 곽충구(2003:68)은 이는 장차 ‘ㅡ’와 ‘ㅜ’가 합류할 것을 예고하는 것이라고 하였다.

49 곽충구(2003:69)는 이는 장차 ‘ㅓ’와 ‘ㅗ’의 조음역이 겹쳐질 것임을 예고하는 것이라고 하였다.

을 갖고 있는 데에서도 확인이 가능하다. 이 지역어에서는 다만 부분적으로 'ㅓ>ㅗ'의 변화를 관찰할 수 있다.

> (29) 쏠-, 쌀-, 썰-(사흘-<월석-중 21:43>, 쓰흘- 쓰흐-<한청12:29>, 切, 썰다)
>
> 호비-, 허비-, 귀호비개(허위다<월곡 162>, 剜, 허비다)
>
> 우붕(우웡<구간 1:106>, 牛蒡, 우엉)
>
> 보숲(보섶, 보습)

(29)는 'ㅓ>ㅗ'의 변화로 볼 수 있는 예들이다. '보숲'은 '보섶>보섶>보숲'의 변화를 겪은 것으로 추정한다. 이 지역어에는 'ㅗ>ㅓ'의 변화를 보이는 예도 존재하는데 '너부리, 노부리(노을)', '조연하다(조용하다)'가 그것이다.

이상으로 진행 중인 변화에 대해 살펴보았다. 이 지역어는 'ㅔ'와 'ㅐ'가 비어두에서 변별력이 약하고, 'ㅡ>ㅜ의 변화, 'ㅓ>ㅗ'의 변화가 존재함을 알 수 있었다. 따라서 아래와 같은 모음체계를 얻어낼 수 있다.

$$
\begin{array}{cc}
ㅣ & ㅡ/ㅜ \\
ㅔ & ㅓ/ㅗ \\
ㅐ & ㅏ
\end{array}
$$

〈체계 5〉

이 체계는 이 지역어에서 '一'와 'ㅜ'의 변이음역이 가까워 서로간의 변화가 진행되고 있음을 나타난다. 그리고 'ㅗ'의 원순성의 약화로 'ㅓ'와 'ㅗ'가 원순성이 아닌 혀의 전후 위치로 변별되기 때문에 서로 혼동하여 쓰이는 현상이 있음을 말한다.

2. 상향이중모음의 변화

부령지역어의 이중모음은 'j'계와 'w'계 두 종류가 있는바, 이 절에서는 j계 상향이중모음과 w계 상향이중모음이 이 지역어에서 어떻게 실현되고 있는가를 밝히고자 한다.

2.1. j계 이중모음

부령지역어의 이중모음의 실현은 다른 방언과 마찬가지로 음절구성과 밀접한 관련을 가지는바 자음을 두음으로 가지지 않은 음절에서 이중모음이 가장 잘 실현되고 그 외의 음절에서는 이중모음이 單모음화한다. 이 지역어의 j계 이중모음 'ㅑ, ㅕ, ㅛ, ㅠ, ㅖ, ㅒ'에 대해 각각 살펴보기로 한다.

 (30) ㄱ. 야질(賴皮, 떼쟁이)

   야심(野心)

   얕-(녙-<석보 19:8>, 淺, 옅다)

　　ㄴ. 상투(샹토<소해 2:2>, 샹투<훈몽-초, 중:12>, 冠, 상투)

　　　　조상(조샹<소해 6:40>, 祖上, 조상)

　　　　자래(쟈래<두해-초 16:55>, 鼈, 자라)

　　　　장(쟝<훈몽-초, 중:10>, 醬, 장)

　　　　창자(챵즈<노번, 하:38>, 腸, 창자)

　　ㄷ. 행나무(香나무)

　　　　행기(香氣)

　　　　행불(香佛)

　　(30)은 중앙어에서 이중모음 'ㅑ'를 갖고 있던 예들이 이 지역어에서 실현되는 모습을 보여준다. (30ㄱ)은 중앙어에서 이중모음 'ㅑ'를 갖고 있던 예들이 음절 두음으로 자음을 가지지 않을 때 그대로 실현됨을 보여준다. (30ㄴ)은 문헌어에서 'ㅅ, ㅈ, ㅊ' 등과 같은 구개변이음과의 결합에서 'ㅑ'를 유지하였던 예들이 'j'가 탈락한 형태로 나타남을 보여준다. 그리고 (30ㄷ)은 'ㅎ' 아래에서 중앙어에서 'ㅑ'를 갖고 있던 예들이 'ㅐ'로 單모음화했음을 보여준다.

　　(31) ㄱ. 열-(열-<월곡 178>, 開, 열다)

　　　　　연(鳶, 연)

　　　　　열(뜰게<금삼 2:60>, 膽, 쓸개)

　　　　　염지(韮, 부추)

　　　ㄴ. 서답(셰답<역보 44>, 澣, 빨래)

　　　　　섬(셤<훈민-원, 해례:25>, 島, 섬)

저물-(져믈-<두해-초 8:66>, 暮, 저물다)

젖(졋<능엄 7:17>, 乳, 젖)

천천히(천천히-<월곡 120>, 慢, 천천히)

저낙(져녁<역해, 상:2. 동해, 상:2>, 夕, 저녁)

지렁(醬, 지령)[50]

ㄷ. 겡치(景致)

겡사나-(慶事나다)

메느리(婦, 며느리)

멕쌔기, 멕사리(搾, 멱살)

베락(벼락<훈몽-초, 상:1>, 霹, 벼락)

솜뻑(솘벽<월석 10:45>, 拍手, 손뼉)

남펜(남편<소해 6:74>, 夫, 남편)

펜지(便紙)

헬관(血管)

헹제(兄弟)

(31)은 문헌어에서 'ㅕ'를 유지했던 어형들이 이 지역에서 실현되는 모습을 보인 것이다. (31ㄱ)의 '열-' 등은 자음이 선행하지 않는 환경에서 이중모음 'ㅕ'가 그대로 실현됨을 보여준다. (31ㄴ)은 문헌어에서 'ㅅ, ㅈ, ㅊ, ㄴ, ㄹ'과 같은 [-grave] 자음과의 결합에서 'ㅕ'를 유지하였던 예들이 'j'가 탈락한 형태로 나타남을 보여준다. (31ㄷ)은

---

50 '간장'의 방언으로, 『北關路程錄』에는 '지렁'으로 나타난다.

'ㅕ>ㅖ'로 되는 현상이 'ㄱ, ㅁ, ㅂ, ㅍ, ㅎ'과 같은 [+grave] 자음 아래에서 활발히 일어났음을 보여준다.

한편 '여름(夏)', '여자(女)', '열사(烈士)' 등과 같이 어두에 자음이 선행하지 않는 경우에는 'ㅕ>ㅖ'의 변화가 일어나지 않았다. 단 어두에 자음이 선행하지 않는 경우라도 2음절 위치에서는 'ㅕ>ㅖ'의 축약이 일어난 것을 볼 수 있다. '쉐미, 세미(鬚髥, 수염)(수염>수여미>수에미>쉐미>세미)', '멕(藿, 미역)(미역>미엑>멕>멕)'이 바로 그것인데 모두 'ㅕ>ㅖ'의 변화 후 앞 모음과 축약되었다.

(32) ㄱ. 요(욯<월곡 117>, 褥, 요)

　　　　욕(辱)

　　　　용타(용하다)

　　　　요강(뇨강<물보, 궤안>, 尿缸, 요강)[51]

　　ㄴ. 쪼꼬맣-(죠고마<석보 9:44>, 小, 작다)

　　　　쪼꼼(죠곰<언두, 상:66>, 僅, 조금)

　　　　쪽제피(죡접이<왜어, 하:23>, 죡져비<탕액 1:58>, 猶, 족제비)

　　　　초(쵸<법화, 서:22>, 燭, 초)

　　　　초매, 치마(치마<월석 10:24>, 힝ᄌ쵸마<훈몽-초, 중:7>, 裳, 치마)

　　　　비로(肥料)

　　　　치로(治療)

ㄷ. 호자, 효자(孝子)

모(苗)

포주박, 표주박(瓢, 표주박)

포고버섯(표고<훈몽-초, 상:7>, 薰, 표고버섯)

뽀두라지(痤, 뾰두라지)

ㄹ. 메향산, 모향산(妙香山)

뻬족하-, 뽀족하-(쏀쪽ᄒ-<박해, 상:35>, 쏀쪽ᄒ-<한청 5:22>,
尖, 뾰족하다)

(32)는 문헌어에서 이중모음 'ㅛ'를 유지했던 예들이 현재 이 지역
에서 실현되는 모습을 보인 것이다. (32ㄱ)은 자음이 선행하지 않는
환경에서 'ㅛ'가 나타남을 보인다. (32ㄴ)은 'ㅈ, ㅊ, ㄹ'과 같은
[-grave] 자음 아래에서 'j'가 탈락함을 보여준다. (32ㄷ)은 구개변이
음을 제외한 다른 자음 아래에서도 'j'가 탈락됨을 보인다. (32ㄹ)은
순자음 아래에서 'ㅛ'가 'ㅚ'[ö]로 실현된 후 [ö>e]로의 변화를 겪은
모습을 보인다.[52]

(33) ㄱ. 유하-(留하다)

유리(琉璃)

ㄴ. 수박(슈박<노번, 하:38>, 西瓜, 수박)

---

[52] 정용호(1988:83)은 동북방언에서 임의의 자음이 겹모음 'ㅛ'와 결합할 때 모음변
화가 일어나면서 'ㅛ>ㅚ(ö)'의 변화현상이 일어난다고 하였으나 본 조사에서는
순자음 아래에서만 발견되었다.

숭뉴~(슉닝<탕액 1:18>, 숭늉)

죽(죽<능엄 8:97>, 粥, 죽)

시누~(樣, 시늉)

서루(書類)

ㄷ. 기율(規律)

히양소(休養所)

(33)은 문헌에서 이중모음 'ㅠ'를 갖고 있던 예들이 현재 이 지역어에서 실현되는 모습을 보인 것이다. (33ㄱ)은 자음이 선행하지 않는 환경에서 'ㅠ'가 그대로 실현됨을 보이고 (33ㄴ)은 'ㅅ, ㅈ, ㄴ, ㄹ'과 같은 자음 아래에서 실현되던 'ㅠ'가 'j'의 탈락을 보인다. (33ㄷ)은 'ㄱ, ㅎ'과 같은 자음 아래에서 'ㅠ'가 'ㆌ'[ü]로 실현된 후 [ü>i]로의 변화를 겪은 모습을 보인다.

(34) ㄱ. 옛날(녜<월곡 105>, 昔, 옛날)

예순(예슌<노번, 하:11>, 여쉰<능엄 2:6>, 六十, 예순)

ㄴ. 세간(셰간<번소 9:22>, 家具, 세간)

제(제ᄒᆞ-<훈몽-초, 하:5>, 祭, 제)

으네(은혜<박번, 상:43>, 恩惠, 은혜)

ㄷ. 헤아리-(혜아리-<법화 3:198>, 헤아리다)

(34)는 문헌어에서 'ㅖ'를 갖고 있던 예들이다. (34ㄱ)은 자음이 선행하지 않는 환경에서 문헌어의 'ㅖ'가 그대로 나타나는 예이고 (34

ㄴ)은 'ㅅ, ㅈ, ㄴ'와 같은 경구개변이음 아래에서 'j'가 탈락한 예이며
(34ㄷ)은 후음 아래에서 'j'가 탈락한 예이다.

(35) ㄱ. 애기(니야기<역보 3. 동해, 상:24>, 古話, 이야기)

애자이, 애장간(冶匠, 야장)

구애(구냥, 孔, 구멍)

고애(괴<능엄 8:122>, 猫, 고양이)[53]

ㄴ. 금봉애

해동애

무진애

(35)는 'ㅐ'가 이 지역어에서 나타나는 예들이다. (35ㄱ)의 '애기'는
'니야기>니애기>내:기>애기'와 같은 음운 변화를 겪은 것이고 '구
애'는 '구냥'에 '-이'가 첨가되어 '구냥+이>구내>구애'의 변화를 겪
은 모습을 보인다. 그리고 '고애'는 '고냥'에 '-이'가 첨가되어 '고냥+
이>고내>고애'와 같은 변화를 겪은 것이다. (35ㄴ)은 '금봉', '해동',
'무진'이라는 인명에 여자 '여(女)'가 결합되고 다시 '-이'가 결합하
여 모음 축약을 겪어 이루어 진 것으로 생각된다. 즉 '금봉+여+-이>
금봉예~금봉애'와 같은 변화 과정을 겪은 것이다. 한편 김태균
(1986:43)에는 '감장애'가[54] 나온다.

이로써 j계 이중모음은 선행하는 자음의 음운 부류에 따라 일정한

---

53 『北關路程錄』에 '곤냥'이 나타난다.
54 피부색이 까만 여자를 일컫는 말이다.

제약을 가지고 실현됨을 알 수 있다. 자음이 선행하지 않는 환경에서는 일반적으로 이중모음이 유지된다. 자음이 선행할 때는 'j'가 [palatal]의 음소여서 구개음화된 'ㅅ, ㅆ, ㅈ, ㅉ, ㅊ, ㄴ, ㄹ' 아래에서는 그대로 실현되지 못하고 활음 'j'가 탈락한 형태로 실현되었다. 그런데 j계 이중모음은 경구개변이음뿐만 아니라 순자음, 연구개음 및 후음 아래에서도 그 분포가 제한되어 單모음화하는 경향이 있다.[55] 따라서 이 지역어에서 j계 상향이중모음은 자음이 선행하는 환경에서 單모음으로 실현되는 경향이 있으며 이런 경향은 이 지역어의 특징이라고 결론지을 수 있다.

2.2. w계 이중모음

이 지역어에는 'ㅘ, ㅝ, ㅙ, ㅞ, ㅟ'와 같은 w계 이중모음이 있다. 자음이 선행하지 않는 경우와 자음이 선행하는 경우로 나누어 그 양상을 살펴보기로 한다.

    (36) ㄱ. 와(소를 멈추게 하는 소리)

          왕(王)

      ㄴ. 가자(菓子)

          가학(科學)

---

55 정용호(1988:98)은 동북방언에서 '재료(材料), 학교(學校), 노력(努力), 겨울(秋)'과 같은 단어들도 각각 '재로, 핵꼬, 노럭, 절'로 單모음화된다고 하였다. 그러나 이 논문의 제보자는 위의 단어들에 대해서는 單모음화를 실현시키지 않았다.

강주리(筐, 광주리)

가도하게(過度하게)

가식(過食)

강란(狂亂)

자석(座席)

학실하-(確實하다)

하기(火氣)

여가이(旅館)

사가(沙果)

(37) ㄱ. 원래, 워낙(原來)

원씨(怨讐)

원시경(遠視鏡)

씨원하-(싀훤ᄒ다<내훈-초 1:17>, 爽, 시원하다)

ㄴ. 건세(權勢)

건하-(勸하다)

건초~(拳銃)

머(므엇<소해 5:99>, 何, 무엇)

대궁걸(大宮闕)

(38) ㄱ. 왜놈(倭人, 왜놈)

ㄴ. 개씸하-(괘씸하다)

갠찮-(空然, 괜찮다), 갠히(괜히)

91

해때보(햇보)

대지(豚, 돼지), 멧대지(獾, 묏돼지)

꼭깨(鎬, 곡괭이)

통캐하-(痛快하다)

(39) 게, 게짝(櫃, 궤)

게벤(詭辯)

이레(닐웨<석보 9:31>, 七, 이레)

(40) ㄱ. 위생(衛生)

위험하-(危險하다)

ㄴ. 뒤깐(변소) cf. 뒿<석보 19:10>, 後

기-오비개, 기-우비개, 기-호비개(귀-이개)

기채(耳垢, 귀지)

끼뚜라미, 끼뚜래미(귓돌와미<두해-초 20:47>, 귓돌아미<두

해-초 7:36>, 蟋, 귀뚜라미)

(36)~(40)은 중앙어의 w계 이중모음이 이 지역에서 실현되는 모
습을 보인 것이다. (36)은 '놔', (37)은 '궈', (38)은 '놰', (39)는 '궤', (40)
은 '귀'의 예이다. (36ㄱ), (37ㄱ), (38ㄱ), (40ㄱ)은 자음이 선행하지 않
은 경우이고 (36ㄴ), (37ㄴ), (38ㄴ), (39), (40ㄴ)은 자음이 선행하는 경
우이다. 위의 예에서 알 수 있듯이 자음이 선행하지 않는 경우에는
이중모음이 실현되고 자음이 선행하는 경우는 음절 구성에 관계없

이 모두 'w'가 탈락한다. 이로써 w계 이중모음은 자음이 선행하지 않는 경우에만 그 존재가 확인되며 자음 아래에서는 탈락하는 것이 일반적이라고 결론지을 수 있다.

3. 원순모음화

본 절에서 다루어지는 원순모음화는 순자음에 의한 원순모음화와 원순모음에 의한 원순모음화를 포함한다.[56] 원순모음화를 순자음에 의한 것과 원순모음에 의한 것으로 나누고 다시 역행 원순모음화와 순행 원순모음화로 나누어 살펴보기로 한다.

3.1. 순자음에 의한 원순모음화

순자음 아래의 비원순모음 'ㆍ', 'ㅡ'가 각각 원순모음 'ㅗ', 'ㅜ'로 변화하는 현상은 한국어학 초창기 언어지리학의 영역에서 주요 관심사로 부각된 이후 원순성을 상관 징표로 하는 모음들의 대립관계를 파악하거나 모음체계의 변화를 기술함에 있어서 중요한 논거의 하나로 다루어졌다. 그리하여 한국어 음운사뿐만 아니라 한국어 방언 연구에 있어서도 이 음운현상은 모음체계와의 유기적 관련 하에

---

56 한편 최명옥(1982:33)은 남해안지역어가 순자음아래서 경험한 'ㆍ>ㅗ'의 변화는 근대 한국어에서 발생된 원순모음화 규칙과 관련된 것이 아니라, 그보다 훨씬 이전에 발생된 원순모음이나 순자음에 의한 동화에 말미암은 것이라고 한 바 있다.

서 꾸준히 그리고 깊이 있게 논의되어 왔다(김완진 1963, 이병근 1970, 최전승 1986, 백두현 1992b, 곽충구 1994, 정승철 1995). 먼저 순자음에 의한 '·>ㅗ'의 원순모음화부터 보기로 한다.[57]

백두현(1992b:351)은 '·>ㅗ'의 변화는 상당히 광범위한 지역에 걸쳐 일어났던 주요 변화로서, 원순모음화 '·>ㅗ'의 중심 지역은 전남과 경남, 그리고 함북의 육진 지역이고 경북의 내륙 지방, 평북, 함남, 황해도 지역도 상당한 세력을 갖고 이 변화가 적용되었다고 하였다.[58] 한편 곽충구(1994:265)는 함북의 경원, 온성, 회령, 종성과 함남의 혜산, 삼수, 갑산, 장진 등에서 원순모음화 '·>ㅗ'의 변화가 비교적 왕성하게 전개되었다고 기술하고 있다. 전학석(1996:108)은 경흥을[59] 제외한 육진방언은 순자음 아래에서 '·>ㅗ'의 현상이 나타났다고 하였다. 여기에서 육진 지역은 원순모음화 '·>ㅗ'의 중심지역이고, 그 진행 정도에 따라 다시 두 지역으로 나뉜다는 것을 알 수 있다. 하나는 원순모음화 '·>ㅗ'의 변화가 매우 왕성하게 진행된 경원, 온성, 회령, 종성이고 다른 하나는 원순모음화 '·>ㅗ'의 변화가 소극적인 경흥, 부령이다. 회령, 온성, 종성은 원순모음화 '·>ㅗ'의 진원지라고 할 수 있는바 이 지역에서는 원순모음화 '·>ㅗ'의 변화가 활발

---

57 백두현(1992b:350-351)은 '·'가 'ㅗ'로 되는 원순화현상의 초기 예들은 동화주인 순자음이 피동화주 '·'에 후행하는 환경에서 먼저 발생하였다고 한다. 그러한 예들로 '말ᄉᆞᆷ>말솜(初刊本 朴通事諺解, 小學諺解)', 'ᄉᆞ매>소매(東國新續三綱行實圖)'와 嶺南版文獻에 나타나는 '사ᄅᆞᆷ>사롬, 아ᄉᆞᆷ>아옴, ᄆᆞ ᄋᆞᆷ>ᄆᆞ옴' 등을 들었다.

58 비 '·>ㅗ' 방언권은 서울과 경기도를 중심으로 한 중부 지역이고 '·>ㅗ' 방언권은 전남, 평안도 및 황해도 일부 지역, 경남, 함경도 및 기타 소수 지역이라고 하였다.

59 경흥방언을 '·>ㅗ' 방언권과 비 '·>ㅗ' 방언권 사이에 놓인 전이지역이라고 보았다.

히 진행되었다. 이 원순모음화 규칙은 회령, 온성, 종성을 중심으로
동부와 남부로 그 개신파를 확신시켰을 것이다. 부령 지역은 남부와
북부로부터 서로 다른 개신파의 영향을 받은 접촉지역으로서 바로
인접해 있는 회령에서 오는 'ㆍ>ㅗ'의 개신규칙의 영향을 받았을 것
으로 예상된다.[60] 부령 지역은 비록 북쪽에서 오는 개신규칙의 영향
에서 자유로울 수는 없었으나 그 영향은 강력하지 못했다. 그것은
두 가지 원인에 의해서다. 하나는 지리적으로 회령과 부령사이에 높
은 산맥이 있어 두 지역을 차단하고 있었기 때문이고 다른 하나는
언어 사용자들이 규범적인 언어를 의식적으로 지향하고 있었기 때
문이다.

부령지역어는 'ㆍ>ㅗ'의 변화에 대해 소극적이었는바 아래와 같은
예들은 원순모음화를 겪지 않았다.

(41) ㄱ. 마디(ᄆᆞ디<월석 2:56>, 節, 마디)

마을, 마실 가다(ᄆᆞᅀᆞᆶ<월석 17:45>, 里, 마을)

마지(ᄆᆞᆮ<월석 2:5>, 伯, 맏이)

맏아바이(ᄆᆞᆮ<월석 2:5~6>, 맏)

말(ᄆᆞᆯ<석보 9:15>, 馬, 말)

---

60 백두현(1992b:341)은 원순화 'ㆍ>ㅗ'는 원순화 'ㅡ>ㅜ'보다 시기적으로 늦게 일어
   났으며 특히 중부방언에서 'ㆍ>ㅗ'는 17세기 후기 비어두 환경에 미약하게 존재
   했으나 더 이상 확대 발전되지 못하였다고 한다. 'ㆍ>ㅗ'의 변화가 17세기 후기에
   생겨났고, 어두음절에서의 'ㆍ>ㅏ'의 변화가 18세기 중기에 생겨났다고 할 때
   'ㆍ>ㅗ'의 변화가 더 고형임을 알 수 있다. 즉 중부방언에서는 'ㆍ>ㅗ'의 변화가 미
   약하게 존재하다가 어두음절에서의 'ㆍ>ㅏ'의 변화에 밀려 일부 어형에만 국한되
   어 더 이상 발전하기 못한 것으로 보인다.

　　　　바람(ᄇᆞᄅᆞᆷ<월곡 102>, 風, 바람)

　　　　파리(ᄇᆞᆶ<월곡 192>, 肱, 팔)

　　　　파리(ᄑᆞ리<훈몽-초, 상:11>, 蠅, 파리)

　　　　파리채(ᄑᆞ리채<박해, 중:55>, 파리채)

　　　　패끼(ᄑᆞᇀ<구방, 하:21>, 赤小豆, 팥)

　ㄴ. 말르-(ᄆᆞᄅᆞ-<훈몽-초, 하:6>, 乾, 마르다)

　　　　말-(ᄆᆞᆯ-<능엄 4:110>, 捲, 말다)

　　　　맑-(ᄆᆞᆰ-<석보 9:4>, 淸, 맑다)

　　　　맨지-(ᄆᆞᆫ지<법화 6:31>, ᄆᆞ니-<월석 21:133>, 撫, 만지다)

　　　　발르-(ᄇᆞᄅᆞ-<석보 6:38>, 塗, 바르다)

　　　　밝-(ᄇᆞᆰ-<석보 9:35>, 明, 밝다)

　　　　빨-(ᄲᆞᆯ-<월곡 28>, 吸, 빨다)

　　　　팔-(ᄑᆞᆯ-<두해-초 20:9>, 賣, 팔다)

　　(41)은 순자음 하의 'ᆞ>ㅗ'의 변화를 경험하지 않은 예들로 (41ㄱ)은 체언, (41ㄴ)은 용언이다. 이는 이 지역어가 순자음 아래에서의 'ᆞ>ㅗ' 변화의 중심지가 아니라는 것을 말해준다. 부령은 비록 순자음 아래에서의 'ᆞ>ㅗ'의 변화 중심지는 아니지만 일부 단어에 한해서는 순자음과 인접한[61] 환경에서 'ᆞ>ㅗ'의 변화를 보였다.

　　(42) 꼼치우-(ᄀᆞ초-<석보 9:20>, ᄀᆞ초-<내훈-초, 2하:16>, 隱, 감추다)

61　김태균(1986:259)에서 제시한 '보섭'과 같은 예도 참조할 수 있다.

호분자, 하분자(ㅎᄫᅀᅡ<용가 5:31.35>, ㅎᄋᆞᆫᅀᅡ<내훈-초, 2 하:17>,

孤, 혼자)

소매, 사매, 팔사매(ᄉᆞᄆᆡ<법화 1:31>, 袖, 소매)

초매, 치마(치마<월석 10:24>, 裙, 치마)

꼬좁-(哲, 꼬집다)

곰만(今, 금방) cf. *ᄀᆞᆷ만[62]

(43) 볼(불<석보 6:21>, 件, 벌)

봅-(ᄇᆞᆲ-<석보 6:34>, 踏, 밟다)

(42), (43)은 순자음에 의한 'ㆍ>ㅗ'의 변화이다. (42)는 후행하는 순자음에 의한 'ㆍ>ㅗ'의 변화를 보인 예이고 (43)은 선행하는 순자음에 의한 'ㆍ>ㅗ'의 변화를 보인 예들이다. 순자음 뒤에서 'ㆍ>ㅗ'의 변화를 보인 어형은 '볼'과 '봅다' 뿐이다.[63]

'봅다', '꼼치우다'는 함경도의 넓은 지역에 쓰인다고 보고되었다[64]. 'ㅎᄫᅀᅡ'의 'ㅎ'는 뒤에 오는 순자음 'ㅸ'에 의해 '호'로 된 것으로 보인다(ㅎᄫᅀᅡ>호분자). '치마'는 김태균(1986:473)에서 '차매'(경원), '챠매'(종성), '처마'(웅기, 온성), 처매(경원)으로 나타나 '*ᄎᆞ마'

---

62 '곰만'이 함경도 넓은 지역에 분포함과 더불어, 함남·평북에는 '금만'이 나타난다. 이들을 종합했을 때 *ᄀᆞᆷ만'을 재구할 수 있으리라 생각한다.

63 곽충구(1994:268)은 육진 경흥지역어에서 순자음 뒤에서의 'ㆍ>ㅗ'의 변화가 비어두음절 'ㆍ>ㅡ'와 어두음절 'ㆍ>ㅏ'의 중간 시기에 발생하였다고 보았다.

64 봅-: 함북, 강동, 육진(황대화 1986 부록), 학성, 명천, 경성(김태균 1986)
곰치-: 함경(정용호 1988), 꼼추다: 함북(정용호 1988), 곰치우다: 성진, 청진, 무산(김태균 1986)

를 재구할 수 있으며 '꼬집다'는 경홍에서 '꼬잡다'로 나타나 *꼬즙다'를 재구할 수 있을 듯하다. 이 지역어의 '호분자'와 '하분자', '소매'와 '사매'는 순자음에 의한 'ㆍ>ㅗ' 형과 어두음절에서의 'ㆍ>ㅏ'형이 공존하는 모습을 보인다. 이로써 'ㆍ'가 존재하던 시기에 후설모음 'ㆍ'와 'ㅗ'가 원순적 자질에 의하여 자연부류를 이루고 있었다는 사실을 확인하게 된다.

아래에 순자음에 의한 'ㅡ>ㅜ'의 원순모음화를 보기로 한다. 순자음 'ㅂ, ㅍ, ㅁ' 아래 'ㅡ' 모음이 원순자질의 동화를 입어 'ㅜ'로 바뀌는 원순모음화 현상은 17세기 한국어에 등장하기 시작하여 말엽의 『譯語類解』에는 어느 정도 완성 단계에 이르렀다(최전승 1986: 230).

(44) ㄱ. 무지개(므지개<용가 7:1.50>, 虹, 무지개)

문뜩(믄득<월석 2:51>, 忽, 문뜩)

물(믈<훈민-원, 해례:25>, 水, 물)

불(블<훈몽-초, 하:15>, 火, 불)

뿌리(쓸<석보 13:53>, 角, 뿔)

풀(플<월석 2:72>, 草, 풀)

풀(플<능엄 9:100>, 膠, 풀)

ㄴ. 고물(고믈<집람, 박 통사 집람, 상:3~4>, 고물)

그물(그믈<훈몽-초, 중:8-9>, 網, 그물)

스물(스믈<법화 2:58>, 二十, 스물)

여물(여믈<박번, 상:21>, 蒭, 여물)

허믈(허믈<석보 9:4>, 痕, 허물)

(45) ㄱ. 무던하-(므던하-<석보 11:28>, 振, 무던하다)

부풀-(부플-<내훈·초, 서:5>, 膨, 부풀다)[65]

붙-(븥-<세훈민 12>, 附, 붙다)

ㄴ. 더불-(더블-<석보 6:2>, 與, 더불다)

드물-(드믈-<금삼 2:3>, 稀, 드물다)

버무리-(버므리-<박번 상:22>, 攪, 버무리다)

베풀-(베프-<두해·초 9:27>, 施, 베풀다)[66]

여물-(여믈-<내훈·초 8:19>, 實, 여물다)

(44)는 체언의 예이고 (45)는 용언의 예이다. (44ㄱ), (45ㄱ)은 어두 음절의 예이고 (44ㄴ), (45ㄴ)은 비어두음절의 예이다. 순자음에 의한 '—>ㅜ'의 변화는 체언과 용언에서 어두음절이든 비어두음절이든 관계없이 일어났음을 보여준다. 여기에서 후설모음 '—'와 'ㅜ'가 원순 적 자질에 의하여 자연부류를 이루고 있다는 사실을 확인하게 된다.

중부방언은 이중모음을 구성하는 '—'가 순자음 아래서도 'ㅜ'로 변하지 않는다(최명옥 1982:52). 그러나 이중모음을 구성하는 '—'가 순자음 아래에서 'ㅜ'로 원순모음화되는 예가 서북·서남·동남의 일부 방언들에서는 나타난다. 이에 대해 이 지역어는 어떤 모습을 보이는 지를 살펴보기로 한다.

---

65 '부풀-'은 '붚+-을'의 구성으로 보인다.

66 '베풀'은 '베프+-을'의 구성으로 보인다.

(46) ㄱ. 나비(나뵈<훈몽-초, 상:11>, 蝶, 나비)

호미(호믜<훈민-원, 해례:25>, 鋤, 호미)

고비(고븨<두해-초 7:3>, 岵, 고비)

말미(말믜<두해-초 7:14>, 말믜<두해-중 13:11>, 由, 말미)

ㄴ. 거미(거믜<훈몽-초, 상:11>, 蜘, 거미)

너비(너븨<월석 8:11~12>, 幅, 너비)

(46)에서 볼 수 있듯이 이 지역어어의 'ᆡ'는 'ᆡ>ᅴ>ㅣ'의 변화를 겪었다. 곽충구(1994:72)는 20세기 초 육진방언을 반영한 문헌의 '거믜', '너븨', '싀어미' 등과 같은 예에 근거하여 'ᅴ'의 존재를 밝히고 이중모음 [ij]는 'ij>i'의 길을 걸었다고 하였다. 그리고 시기상으로는 이중모음 'ij'가 20세기에 들어서서 單모음화를 향하여 부단히 변화해왔다고 증언하였다. 또 곽충구 외(2008:23)은 현재 육진방언에서는 [ï]가 실현되는데 [ï]는 [i]와 [ɨ]의 중간 정도에서 조음되는 음이라 하였다. 부령지역어의 하향이중모음 'ᅴ'도 음절 위치나 선행하는 음소의 음운론적 성격과는 관계없이 'ᅴ>ㅣ'의 변화를 겪었다 (밉-(믭-<박해, 중:56>, 憎), 피-(픠-<두해-초 10:7>, 開), 미끄럽-(믯그럽-<두해-초 25:41>, 滑) 등).⁶⁷ 다만 부분적으로 'ᅴ>ㅡ'의 모습을 나타내는

---

67 이 외에도 부령지역어에 나타나는 'ᅴ>ㅣ'의 변화 예들을 보이면 다음과 같다. 키(킈:<석보 6:44>, 个子, 키), 기러기(그려기<훈몽-초, 상:15>, 雁, 기러기), 띠(씌<월석 8:99>, 帶, 띠), 띠끌(쁴글<박해, 중:43>,塵, 티끌), 기-(긔-<월석 1:11>, 匍匐), 시쿠-(싀-<두해-초 15:21>, 酸), 씨우-(싀이<내훈-초, 서:7>, 씌우다), 띠우-(쁴우-<두해-초 16:13>, 띄우다); 거미(거믜<훈몽-초, 상:11>, 蜘), 장기(쟝긔<훈몽-초, 중:9>, 將棋), 어디(어듸<몽산, 13>, 어디), 드디-(드듸-<월곡, 19>, 디디다), 지키-(딕희-<석보, 9:12>, 지키다), 어기-(어긔-<월석 17:52>, 어기다), 성기-(성긔-<석보 19:6

예들도 존재하고(으지(依支), 가스집(싀-아비<두해-초 8:67>, 가시집), 가스어마이(싀-어미<두해-초 8:67>, 시어머니), 기쁨(귀띰), 으젓하다(의젓하다) 등)[68], 또 일부는 'ㅟ'가 'ㅔ'로 변화하기도 하였다(무게(므긔<구방, 상:38>, 重), 그저께(그젓긔<박해, 하:2>, 前前日), 두께(두틔<구방, 상:71>, 둗긔<구간 1:72>, 厚) 등). 따라서 (46ㄱ, ㄴ)도 마찬가지로 '나뷔>나븨>나비', '거믜>거미'와 같은 과정을 통해 어간말이 'ㅣ'로 나타났다고 할 수 있다.

여기에서 '나비', '거미' 등은 서북·서남 방언 및 동남 일부 방언의 그것들과 비교할 때 비어두음절 위치에서 'ㅣ~ㅜ'의 모음 대응을 보여준다. 어간말이 'ㅣ'형을 보이는 방언은 중부, 동북, 육진, 제주 방언이 대표적이고 어간말이 'ㅜ'형을 보이는 방언은 서북, 동남, 서남 방언이 대표적이다. 이 지역어의 '나비, 호미, 고비, 말미, 거미, 너비' 등의 어간말 'ㅣ'형은 서북 및 동남 방언에서 '나부, 호무, 고부, 말무, 거무, 너부' 등과 같이 어간말이 'ㅜ'형으로 나타난다. 이러한 어간말 'ㅣ~ㅜ' 모음 대응에 참여하는 어휘들은 역사적으로 'ㆎ', 'ㅢ'와 같은 이중모음을 갖고 있었다. (46ㄱ)은 이중모음 'ㆎ'를 가졌던 경우이고 (46ㄴ)은 역사적으로 이중모음 'ㅢ'를 가졌던 경우이다. 방언에 따

~ㄱ>, 성기다), 이기-(이긔-<석보 6:26>, 이기다), 부비-(부븨<구방, 상:87>, 비비다), 거이(거싀<원각, 석:84>, 거의); 이문(疑問, 의문), 이워이(의원<훈몽-초, 중:2>, 醫員, 의원), 이자(倚子, 의자), 이무(義務, 의무), 이용군(義勇軍, 의용군), 이복(의복<박번, 상:57>, 衣服, 의복), 이심(의심<번소 8:35>, 疑心, 의심), 히소(稀少, 희소), 히망(希望, 희망), 겔이(決意, 결의), 헤이(會議, 회의), 주이(主義, 주의), 토이(討議, 토의), 동이(同意, 동의), 유히(遊戲, 유희), 히극(喜劇, 희극), 예이(례의<주여씨 6>, 禮義) 등.

68 곽충구(1982:52)는 이는 핵모음 'i'와 전설 쪽에 이웃한 'i'로 경과하는 과정에서 'j'의 불안정성에 말미암은 것이라고 하였다.

라 어간말이 'ㅣ'혹은 'ㅜ'로 분화한 현상에 대해 최전승(1986:233)은 분화의 기점이 근대 한국어에서 일어난 원순모음화 규칙이 소유하고 있는 규칙 환경에서의 상이에 기인한 것이라고 하였다.

한편, 최임식(1984:104)는 19세기 후기 서북 방언 자료에 출현하는 '말뮈~말무'(由)와 같은 교체를 지적하며, 이러한 사실은 이 방언에서 순자음 아래 'ㅢ'도 원순모음화가 적용된 것이라고 하였다. 최전승(1986:237)도 'ㅜ'형을 보이는 방언은 이중모음을 구성하는 'ㅡ'가 순자음 아래에서 'ㅜ'로 변하는 규칙을 배정하여 각각의 통시적 형성 과정을 해명할 수 있다고 하였다. 즉 'ㅜ'형을 보이는 동남, 서남, 서북 방언에서는 비어두음절의 'ㅢ'와 같은 이중모음의 핵모음 'ㅡ'가 순자음 아래서 'ㅜ'로 바뀌는 원순모음화 현상과 'uj>u'와 같은 유형의 off-glide 'j'의 탈락을 수행한 것이라고 하였다. 즉 'ㅜ'형 방언은 (46ㄱ)의 '나븨'에 대해 '나비>나븨>나뷔[uj]>나부'와 같은 과정을 겪고 (46ㄴ)의 '거믜'에 대해서는 '거믜>거뮈[uj]>거무'와 같은 과정을 겪었다는 것이다.[69] 그러나 중부방언이나 동북방언, 육진방언과 제

---

69 서북방언 및 남부방언에서는 '모기'가 '모구'로 나타나는데 이에 대해 허웅(1965:465)는 중세 한국어의 '모기'로부터 선행음절의 원순모음 'ㅗ'에 의한 동화 현상(모기>모괴)을 거쳐 이루어진 것으로 보았다. 경북 월성지역어를 다룬 최명옥(1982:53)에서는 월성어의 '나부'는 '나비'에서 '·>ㅗ'의 원순모음화가 적용되어 '나뵈'로 된 후 '나뷔>나부'의 형성과정을 겪은 것으로 보았다. 이들은 동화현상으로 근대 한국어에서 발생된 원순모음화 현상과는 엄격히 구별된다고 하였다. 평북 용천지역어를 다룬 정인호(2006:64)는 양순자음 또는 원순모음이 선행하면 원순모음화('의>외' 또는 '의>위')가 먼저 일어난 후에 뒤이은 변화('외>위>우' 또는 '위>우')를 경험하여 '우'로 실현된다고 하고 모구(모기, 蚊), 조루(죠리, 笊), 호무(호미, 鋤), 나부(나비, 蝶)와 같은 예들을 들고 있다. 즉 이들 논의는 순자음 아래에서 '·>ㅗ'의 변화가 먼저 적용된다고 하여 '·>ㅡ'의 변화가 먼저 적용된다고 한 논의와는 구별된다.

주도방언에서는 이중모음 'ㅢ'의 핵모음 'ㅡ'가 'ㅜ'로 원순화되지 못하고 탈락하여 'ㅢ'가 'ㅣ'로 單모음화하였다.

(47) ㄱ. 푸-(프-<역보 46>, 汲, 푸다)

ㄴ. 지뿌-(깃브-<석보 13:7>, 喜, 기쁘다)

나뿌-(낟븐-<석보 9:5>, 나쁘다)

바뿌-(밧브-<월석 10:20~21>, 忙, 바쁘다)

ㄷ. 아푸-(*앓-+*-브-, 알프-<훈몽-초, 중:16>, 痛, 아프다)

고푸-(*곯-+*-브-, 골프-<월석 8:95>, 飢, 고프다)

슬푸-(*슳-+*-브-, 슬프-<두해-초 7:3>, 哀, 슬프다)

(47)은 형태소 경계에 인접한 음절의 순자음 아래에서 'ㅡ>ㅜ'의 원순모음화가 실현된 예이다. (47ㄱ)의 용언어간 '푸-'는 통시적으로 '프'가 원순모음화를 겪었음을 보여준다. (47ㄴ, ㄷ)에서 형용사 파생접미사 '-브/브-'도 이 지역어에서 원순모음화되어 단일 형태소 어간과 같은 모습을 보인다. 그러나 (47ㄱ)의 '푸-'는 부사형 어미 '-어/아X'와 통합할 때 활용형 '퍼'로 나타나는데 '퍼'는 '푸+어→퍼'와 같은 공시적 결합과정에 의해 만들어졌다고 보기 힘들다. 따라서 활용형 '퍼'는 이러한 변화를 겪기 이전인 '프-'의 상태에서 만들어진 것이며 '프-'가 '푸-'로 변한 이후에도 여전히 그 이전의 '프+어'의 결합양상을 유지하고 있는 것(김성규 1989:162)으로 보아야 한다. (47ㄴ, ㄷ)도 같은 관점에서 볼 수 있다. 즉 '지쁘+어→지뻐, 나쁘+아→나빠, 바쁘+아→바빠, 아프+아→아파, 고프+아→고파, 슬프+어→슬퍼'와

같은 공시적 결합과정에 의해 만들어 진 것이다. 여기에서 이 예들은 기저층위에서는 원순모음화를 겪은 것이 아니라는 것을 알 수 있다.

3.2. 원순모음에 의한 원순모음화

원순모음에 의한 '·>ㅗ'의 변화가 나타나려면 원순모음 'ㅗ'의 동화력이 강해야 한다. 곽충구(1994:258)은 육진방언에서 비어두음절의 모음 'ㅗ'가 'ㅜ'로 변화하지 않은 경우가 있는데 이는 'ㅗ'가 강한 동화력을 지니고 있기 때문이라고 하고 이는 한국어 방언의 보편적 현상이라 하였다.[70] 이 지역어도 '소곰(소곰<두해-초 7:34>, 鹽)', '오좀(오좀<능엄 8:99>, 尿)', '고롬(고롬<능엄 8:99>, 고름)', '쪼꼼(죠곰<언두 상:66>, 조금)', '도독(偸, 도둑)'과 같은 어형들이 그대로 실현되어 원순모음 'ㅗ'의 동화력이 강함을 보여준다.[71]

(48) ㄱ. 고솜하-(고亽-<구간 2:67>, 고소-<역해, 상:53, 동해, 상:61, 한청 12:58>, 香, 고소하다)

오놀, 오널, 오늘(오늘<석보 6:28>, 今, 오늘)

오소리(오亽리<훈몽-초, 상:10>, 獾, 오소리)

고도리(澤, 고드름)

ㄴ. 도투-, 다투-(ᄃᆞ토-<석보 6:7>, 도토-<두해-중 25:48>, 爭, 다투

---

70 곽충구(1994:273-274)는 원순모음에 의한 원순모음화를 선행하는 원순모음 'ㅜ'에 의하여 후행하는 'ㅡ'가 동화를 입는 것에 한정시켰다. 따라서 이 현상은 '·'의 비음운화 이후에 일어난다고 하였다.
71 이 지역에는 '오금(오곰<훈몽-초, 상:14>, 오금)'이 나타난다.

다), 도투막질

농구-(ᄂᆞᆫ호-<석보 19:6>, 난호-<석보 13:37>, 分, 나누다)

(48)은 원순모음에 의한 'ㆍ>ㅗ'의 변화 예이다.[72] (48ㄱ)은 선행하는 원순모음에 의한 'ㆍ>ㅗ'의 변화이고 (48ㄴ)은 후행하는 원순모음에 의한 'ㆍ>ㅗ'의 변화이다. (48ㄱ)의 '고도리'는 다른 방언에서 '고더럼', '고자리', '고드름'으로 나타나 '*고ᄃᆞ리'를 재구할 수 있기 때문에 '*고ᄃᆞ리'의 'ㆍ'가 'ㅗ'로 변화를 겪은 것으로 볼 수 있다. (48ㄴ)에서 '다투다', '도투다'가 공존하지만 파생어인 '도투막질'에 대해서 '다투막질'을 쓰지 않는다. 또 『練兵指南』(1612)에는 '分'의 의미를 가진 어사가 'ᄂᆞᆫ호-'와 '논호-'의 두 가지 어형으로 나타난다[73]. 이는 'ㆍ>ㅏ'의 변화에 앞서 'ㆍ>ㅗ'의 변화가 선행하였음을 말해준다. 실제로 제보자도 '다투다'에 비해 '도투다'를, '나누다'에 비해 '농구다'를 고형으로 생각하고 있었다.

(49) ㄱ. 조손(朝鮮)

도소실(圖書室)

소쪽새(소쩍새)

소쪽소쪽, 새쪽새쪽(소쩍소쩍)

모소리, 모서리(矩, 모서리)

---

72 최전승(1975:51-54)는 선행하는 원순모음에 의한 모음 'ㆍ'의 동화현상과 후행하는 원순모음에 의한 모음 'ㆍ'의 동화현상은 15·16세기 한국어에서 일반적으로 나타난다고 하고 '노ᄅᆞ>노로', 'ᄀᆞ올>고올'과 같은 예를 들고 있다.

73 홍윤표(1993:299)는 'ᄂᆞᆫ호'가 '논호'로 되는 현상은 음운도치 현상으로 보았다.

토소~(土城)[74]

ㄴ. 조고리, 저고리(져구리<역해, 상:45>, 져고리<역보 28>, 襦, 저
고리)

(49ㄱ)은 'ㅓ'가 선행하는 'ㅗ'에 동화된 예이고 (49ㄴ)은 'ㅓ'가 후
행하는 'ㅗ'에 동화된 예이다. 이와 같은 'ㅓ>ㅗ'의 변화는 'ㅓ'와 'ㅗ'
가 대립짝임을 말해준다. 아래의 (50)은 'ㅡ'가 앞의 원순모음 'ㅜ'에
의해 동화된 예이다.

(50) 구둘(구듫<박번, 상:76>, 坑, 구들)
두두리-(두드리-<석보-중 11:21, 월석-중 21:218>, 敲, 두드리다)
붙둘-(붙들다)
구술(구슬<월석 1:15>, 珠, 구슬)
푸루-(靑, 푸르다)
움추리-(瘷, 움츠리다)[75]

이상과 같이 이 지역어의 원순모음화 현상에 대해 기술하였다. 이
지역은 순자음에 의한 '·>ㅗ'의 변화의 중심지는 아니지만 회령, 종
성에서 온 개신의 영향을 받아 '·>ㅗ'의 변화가 존재한다. 이 지역은
순자음뿐만 아니라 원순모음 'ㅗ'에 의해서도 '·>ㅗ'의 변화가 나타
나는데 이는 'ㅗ'의 동화력이 강하기 때문이다. '·'가 'ㅗ'로 변한다

---

74 토성(土城)은 흙으로 쌓은 담을 일컫는다.
75 김태균(1986:397)에는 '움추리다'가 나온다.

는 것은 두 모음이 대립관계이며 자연부류를 이루고 있다는 것을 말한다. 'ᆞ'가 비음운화하면서 'ㅗ'는 'ㅓ'와 대립짝을 가지게 되었다. 그리고 순자음과 모음 'ㅜ'에 의한 'ㅡ>ㅜ'의 변화도 나타나게 되었다.

4. 모음조화

모음조화(母音調和)는 본래 같은 부류의 모음들끼리 서로 어울리는 동화현상이다. 즉 단어의 첫 모음과 그것에 뒤따르는 모음이 성격을 같이하여 동일한 부류의 모음들끼리 서로 어울리게 되는 현상이다. 이때 함께 어울리게 되는 모음들은 음운론적으로 하나의 부류를 이룬다.

이러한 모음조화에 대하여 15세기의 문헌어는 비교적 엄격한 모습을 보여준다. 당시에는 한국어가 형태소 내부에서, 또 어떤 경우에는 형태소 경계를 넘나들면서 같은 부류의 모음들끼리 어울리려는 경향을 강하게 드러내었다. 15세기의 문헌어를 살펴보면 형태소 내부 또는 경계에서 'ㅏ, ㅗ, ㆍ'의 양성모음은 양성모음끼리, 'ㅓ, ㅜ, ㅡ'의 음성모음은 음성모음끼리 어울려 배열되었다. 당시 'ㅣ'는 중립모음이었다.

그러나 모음조화는 비어두음절에서의 'ㆍ>ㅡ', 'ㅗ>ㅜ'의 변화나 單모음 'ㅔ, ㅐ, ㅟ, ㅚ'의 출현 등 모음체계상의 여러 변화를 겪으면서 그 힘이 점점 작아져 현대 한국어에서는 모음조화가 '-어/아X'로 시작하는 어미 정도에서만 그 명맥을 유지하게 되었다. 모음조화의 잔영으로 남아 있는 어미 '-어/아X'의 결합에서 일반적으로 'ㅏ, ㅗ'가 한 부류를 이루고 나머지 單모음들이 한 부류를 이룬다.[76] 'ㅏ'는 평순 후설 저모음이고 'ㅗ'는 원순 후설 중모음이어서, 두 單모음은 후설모음이라는 데에서만 공통적이다. 하지만 후설모음에는 'ㅏ'와 'ㅗ'뿐만 아니라 'ㅡ, ㅓ, ㅜ'도 포함된다. 이는 'ㅏ, ㅗ'를 다른 모음들과 구별할 수 있게 하는 음성적 특질이 존재하지 않음을 의미한다. 즉 'ㅏ, ㅗ'의 공통점, 또는 'ㅏ, ㅗ'를 제외한 나머지 모음들의 공통점을 찾을 수가 없는 것이다. 따라서 모음조화는 이미 그 세력이 약해져서 모음조화에 참여하는 모음 부류들을 음운론적으로 규정할 수 없다. 이로써 현대 한국어에는 동화현상으로서의 모음조화가 존재하지 않는다는 것을 알 수 있다. 또 양성모음과 음성모음이라는 용어도 현대 한국어에서는 성립하지 않는다는 것을 알 수 있다(김성규·정승철 2005).[77]

현대 부령지역어에서 모음조화를 보여준다고 할 수 있는 경우는 형태소 내부에서는 내적변화에 의한 파생이 있으며 형태소 경계에서는 부사형 어미 '-어/아X'의 결합[78], 파생접미사 '-어/아X' 등이 있

---

76 모음으로 시작되는 접미사들이 모두 모음조화의 지배를 받던 중세 한국어와는 달리 비어두음절의 'ㆍ>ㅡ' 변화로 모든 조사와 '-으/으'계 활용어미들이 모음조화의 지배에서 벗어나게 되어 현대 한국어에서는 부사형 어미 '-어/아X'에 국한하여 모음조화가 그 명맥을 유지하고 있다(김완진 1971: 117-130).

77 공시적 관점에서 현대 부령지역어의 모음조화를 인정하지 않지만 이 논문에서는 기술의 편의상 '모음조화', '양성모음', '음성모음'이라는 용어를 사용하기로 한다.

78 여기에서 부사형 어미를 '-어/아X'로 표기한 것은 이 어미가 이 지역에서 종결어미로 쓰이지 않음을 뜻하는 것으로 '앗/엇/엿'이나 '앗댓/엇댓/엿댓'으로 쓰이는

다. 지금부터 내적변화에 의한 파생, 부사형 어미 '-어/아X'의 결합, '-어/아X'의 대립을 보여주는 파생 접미사로 나누어 현대 부령지역어의 모음조화 잔영을 살펴보도록 하겠다.

현대 한국어에서 형태소 내부에서 모음조화를 보여준다고 할 수 있는 경우는 모음교체에 의해 이루어지는 내적변화에 의한 파생(송철의 2008:15)이다. 내적변화에 의한 파생은 색채형용사나 반복복합어의 형성에 관여하는데 부령지역어에서도 색채형용사나 반복복합어에 한하여 내적 변화에 의한 파생어가 나타난다.

> (51) ㄱ. 까맣-(까맣-), 빨갛-(빨갛-), 파랗-(파랗-)
>
> 노랗-(노랗-), 하얗-(하얗-), 보얗-(보얗-), 말갛-(말갛-)
>
> ㄴ. 꺼멓-(꺼멓-), 뻘겋-(뻘겋-), 퍼렇-(퍼렇-)
>
> 누렇-(누렇-), 허옇-(허옇-), 부옇-(부옇-), 멀겋-(멀겋-)

> (52) ㄱ. 꼬볼꼬볼(꾸불꾸불), 꼬록꼬록(꼬르륵 꼬르륵), 호똘호똘(호
>
> 똘호똘),바락바락(바락바락),말랑말랑(말랑말랑),조롱조롱
>
> (조롱조롱), 고로고로(고루고루), 송곳송곳(곤지곤지), 알짱
>
> 말짱(아는 듯 모르는 듯)
>
> ㄴ. 꾸불꾸불(꾸불꾸불), 불룽불룽(펄펄), 헐떡헐떡(헐떡헐떡), 벌
>
> 렁벌렁(펄펄), 뜨끈뜨끈(뜨끈뜨끈), 울뚝불뚝(울퉁불퉁)
>
> ㄷ. 살금살금(살금살금), 한들한들(한들한들), 다름다름(조롱조

경우까지 포함한다(채옥자 2002:113).

롱), 노근노근(나른나른), 오물오물(오물오물), 깡충깡충(깡
충깡충), 조물조물(조몰락조몰락)

(51)은 색채형용사의 경우인데 모음조화의 대립에 의하여 내적파
생이 이루어진다. (51ㄱ)은 양성모음의 조화를 유지하는 예이고 (51
ㄴ)은 음성모음의 조화를 유지하는 예이다. 즉 양성모음은 양성모음
끼리. 음성모음은 음성모음끼리 어울린다. (52)는 반복복합어의 경
우인데 (52ㄱ)은 양성모음의 조화를 유지하는 예이고 (52ㄴ)은 음성
모음의 조화를 유지하는 예이다. (52ㄱ), (52ㄴ)의 예들은 대개 모음
대립에 의한 대립짝을 가지고 있다. (52ㄱ)의 '꼬볼꼬볼', '꼬록꼬록',
'호똘호똘', '바락바락', '말랑말랑', '조롱조롱', '고로고로'의 대립짝
은 각각 '꾸불꾸불', '꾸룩꾸룩', '후뚤후뚤', '버럭버럭', '믈렁믈렁',
'주룽주룽', '고루고루'이다. 마찬가지로 (52ㄴ)의 '불룽불룽(펄펄)',
'헐떡헐떡(헐떡헐떡)', '벌렁벌렁(펄펄)', '뜨끈뜨끈(뜨끈뜨끈)', '울
뚝불뚝(울퉁불퉁)'의 대립짝은 각각 '볼롱볼롱', '할딱할딱', '발랑발
랑', '따끈따끈'이다. (52ㄷ)은 모음조화의 대립에 따른 모음의 교체
가 기본 어기 제1음절에만 한정되며 제2음절은 '-으X'계, '-우X'계로
통일되어 있어 형태소 내부에서의 모음조화가 유지되지 않는다. 이
는 비어두음절에서의 '·>ㅡ'의 변화와 'ㅗ>ㅜ'의 변화에 의한 것으
로 생각된다. 위의 예에서 (52ㄷ)의 경우를 제외하고는 'ㅏ, ㅗ'가 한
모음 부류를 이루고 'ㅓ, ㅜ'가 한 모음 부류를 이루어 어울린다는 것
을 알 수 있다. 이는 모음조화 계열상의 양성모음과 음성모음의 모음
대립을 보여주고 있다

형태소 경계에서 모음조화를 보이는 예들을 살펴보기로 한다. 형태소 경계에서는 부사형 어미 '-어/아X'와 파생접미사 '-어/아X'가 결합되는 경우에 모음조화의 잔영를 보여주는데 먼저 부사형 어미 '-어/아X'의 경우를 살펴보기로 한다.

모음조화의 한 잔존형으로 남아 있는 부사형 어미 '-어/아X'의 결합은 어간의 음절수와 어간말음절의 음운론적 성격과 관련된다. 여기에서 어간말음절의 음운론적 성격이라 함은 그 어간이 개음절인가 폐음절인가 하는 것과 어간말 음절 모음의 음운론적 성격을 가리킨다. 이 지역어에서의 부사형 어미 '-어/아X'의 결합은 일반적으로 어간말음절의 말자음의 유무와 상관없이 주로 어간말음절의 모음의 종류에 따라 그 양상을 달리하며 일부는 음절수의 차이에 따라 그 교체되는 양상이 다르게 나타난다.

그러므로 이 논문에서는 우선 용언을 1음절 어간과 2음절 이상의 어간으로 분류하고 다시 부사형 어미 '-아X'와 결합하는 어간, 부사형 어미 '-어X'와 결합하는 어간으로 나누어 고찰한다.

모음체계에서 기술하였듯이 이 지역어의 이중모음은 선행자음을 가지지 않는 환경에서는 실현이 가능하지만 자음을 두음으로 하는 위치에서는 일반적으로 실현되지 않고 單모음으로 실현된다. 따라서 음절말 모음으로 단순모음 'ㅣ, ㅡ, ㅜ, ㅗ, ㅏ, ㅐ, ㅓ, ㅔ'를 가진 용언 어간을 논의 대상으로 한다. 그 중 'ㅏ, ㅗ, ㅐ'와 'ㅣ, ㅓ, ㅔ'는 단순한 양상을 보이고 있지만, 'ㅡ, ㅜ'는 다소 복잡한 양상을 보이는데 그 원인을 분석하려 한다. 부사형 어미 '-어/아X' 중 어느 하나를 기저형으로 잡지 않고 '-어X'와 '-아X'가 모두 기저에 존재하며 환경에 따라 선택된다고 생각한다. 그것은 '-어X'와 '-아X' 중 어느 하나를 기저형으로 잡을 만큼 당위성이 보이지 않기 때문이다.

(53) ㄱ. 가(가-+-아, 行, 가), 자(자-+-아, 睡, 자)

막아(막-+아, 防, 막아), 안아(안-+-아, 包, 안아)

닫아(닫-+-아, 閉, 닫아), 살아(살-+-아, 居, 살아)

감아(감-+-아, 洗, 감아), 잣아(잣-+-아, 紡, 잣아)

낮아(낮-+-아, 低, 낮아), 낳아(낳-+-아서, 産, 낳아)

ㄴ. 봐(보-+-아, 看, 봐), 와(오-+-아, 來, 와)

골라(골-+-아, 選, 골라), 녹아(녹-+-아, 解氷, 녹아)

좋아(좋-+-아, 好, 좋아), 옳아(옳-+-아, 可, 옳아)

ㄷ. 깨:(깨-+-아, 醒, 깨어), 내:(내-+-아, 出, 내어)

맺아(맺-+-아, 結, 맺어), 뺏아(뺏-+-아, 奪, 뺏어)

(53)은 어간이 1음절인 경우로 부사형 어미 '-아X'와 결합한다. (53ㄱ)은 어간 모음이 'ㅏ', (53ㄴ)은 어간 모음이 'ㅗ', (53ㄷ)은 어간 모음이 'ㅐ'인 경우이다. (53ㄷ)에서 어간말 자음이 없는 경우에는 '-어/아X'가 'ㅐ'로 완전순행동화되기 때문에[79] 부사형 어미 '-아X'가 결합되는지 '-어X'가 결합되는지 판단이 불가하다. 그러나 어간말이 자음을 갖고 있을 때의 현상을 통해 부사형 어미 '-아X'가 결합된다고 추정할 수 있다. 여기에서 부사형 어미 '-아X'와 결합하는 이들 어간

---

79 '깨다'가 '깨앴다~깼:다'. '깨:서'로 나타나기 때문에 완전순행동화로 보기로 한다.

모음은 모두 양성모음이라는 데 공통점이 있다.

중부방언은 (53ㄴ)과 부사형 어미 '-어/아X'의 결합에서 어미가 '-어X'로 통일되는 경향이 우세한다. 예를 들어 중부방언은 '맺다'가 부사형 어미 '-어/아X'와 결합할 때 '맺어'로 나타난다. 하신영(2003:36)은 중부지역과 남부지역의 '맺-'과 부사형 어미 '-어/아X' 결합 현상에 대한 분포를 보여주는바 '-아X'가 통합되는 지역은 경남이 유일하다고 하였다. 그리고 평양지역어를 다룬 이금화(2007: 162)와 함남 삼수지역어를 다룬 김춘자(2008:141)은 '맺-'이 '-아X'와 결합한다고 보고하였다. 이로써 '-어X'로 통일되는 경향은 중부에서 시작하여 남부와 북부에로 확산되었다고 추정할 수 있다. 이때 경남은 아직 그 개신의 영향이 소극적이고 동북, 서북 방언은 아직 그 영향을 받지 못하였다.[80]

(54) ㄱ. 저서(지-+-어, 負, 져서)

　　　쪄서(찌-+-어, 蒸, 쪄서)

　　　페(피-+-어, 開, 피어)

　　　게(기-+-어, 爬, 기어)

　　　익어(익-+-어, 熟, 익어), 밀어(밀-+-어, 推, 밀어)

　　　짖어(짖-+-어, 吠, 짖어), 믿어(믿-+-어, 信, 믿어)

　　ㄴ. 서(서-+-어, 立, 서)

80　최명옥(1982:50)은 동남방언과 향가의 자료를 고찰한 결과 고대 한국어 시기에는 부사형 어미가 '-아X'이었으며 이 어미는 원래 모음조화를 모르던 것이었는데, 나중에 중부방언에서 형태소 내부에서의 모음조화가 형태소 경계로 확대되면서 모음조화를 지키게 되었음을 주장하였다.

꺾어(꺾-+-어, 折, 꺾어), 털어(털+어, 揮, 털어)

넘어(넘-+-어, 越, 넘어), 없어(없-+-어, 無, 없어)

젓어(젓-+-어, 漕, 저어), 넣어(넣-+-어, 入, 넣어)

ㄷ. 꿔(꾸-+-어, 借, 꾸어)

저(주-+-어, 給, 주어)

눅어(눅-+-어, 廉, 눅어), 울어(울-+-어, 哭, 울어)

묶어(묶-+-어, 束, 묶어), 묻어(묻-+-어, 埋, 묻어)

줏어(줏-+-어, 拾, 주워) cf. (줏-<금삼 4:18>, 拾, 줍다)

ㄹ. 써(쓰-+-어, 苦, 써)

커(크-+-어, 大, 커)

늘어(늘-+-어, 增, 늘어), 늦어(늦-+-어, 晩, 늦어)

늙어(늙-+-어, 老, 늙어), 긁어(긁-+-어, 搔, 긁어)

뜯어(뜯-+-어, 採, 뜯어)

ㅁ. 베:(베-+-어, 切, 베어)

떼:(떼-+-어, 隔, 떼어)

헤:(헤-+-어, 算, 세어)

(54)는 1음절 어간 모음이 부사형 어미 '-어X'와 결합하는 예들이다 (54ㄱ)은 어간 모음이 'ㅣ', (54ㄴ)은 어간 모음이 'ㅓ', (54ㄷ)은 어간 모음이 'ㅜ', (54ㄹ)은 어간 모음이 'ㅡ', (54ㅁ)은 어간 모음이 'ㅔ'인 경우이다. (54ㅁ)과 같이 개음절 어간의 경우는 완전순행동화되고 폐음절 어간의 예는 없기 때문에 부사형 어미 '-아X'가 결합되는지 '-어X'가 결합되는지 판단이 불가하다. 모음 'ㅐ'로 끝나는 어간이 부

사형 어미 '-아X'와 결합하고 'ㅐ'와 'ㅔ'가 모음조화에 의한 대립짝을 이룬다고 생각하여 모음 'ㅔ'로 끝나는 어간은 부사형 어미 '-어X'와 결합되는 것으로 보기로 한다. 여기에서 부사형 어미 '-어X'와 결합하는 이들은 모두 음성모음이라는 데 공통점이 있다. 결국 어간이 1음절인 예를 통해 'ㅏ, ㅗ, ㅐ', 'ㅣ, ㅓ, ㅜ, ㅡ, ㅔ'가 각각 한 부류를 이룬다는 것을 알 수 있다.

아래에 용언어간이 2음절 이상의 경우일 때 부사형 '-어/아X'와의 결합양상을 살펴보기로 하겠다.

(55) ㄱ. 놀라(놀라-+-아, 놀라, 驚) cf. 놀라-<석보 6:32>, 놀래다
　　　오라-(오라-+-아, 오라, 久) cf. 오라-<용가 9:35. 84>, 오래다
　　　깨닳아(깨닳-+-아, 깨닳아, 覺)
　　　비싸(비싸-+-아, 貴, 비싸)
　　　모자라(모자라-+-아, 모자라, 不足)
　　　지나(지나-+-아, 過, 지나) cf. 디나-<석보 6:8>, 지나다
　　ㄴ. 돌바(돌보-+-아, 돌바, 看)
　　ㄷ. 문대(문대-+아, 문다지어, 撫)
　　　지대(지대-+아, 기대어, 依)

(55)는 2음절 이상의 어간이 부사형 어미 '-아X'와 결합하는 예들이다. (55ㄱ)은 어간말 모음이 'ㅏ', (55ㄴ)은 어간말 모음이 'ㅗ', (55ㄷ)은 어간말 모음이 'ㅐ'인 경우이다.

(56) 잡헤(잡히-+-어, 捕, 잡혀)

　　　고에(고이-+-어, 浸, 고여)

　　　먹헤(먹히-+-어, 吃, 먹혀)

　(56)은 어간말 모음이 'ㅣ'인 경우로 부사형 어미 '-어X'와 결합하는 경우이다. 어간이 2음절 이상이고 어간말 모음이 'ㅓ, ㅔ'인 경우도 부사형 어미 '-어X'와 결합될 것이 예상되나 해당 예가 존재하지 않는다. 이로써 어간이 2음절 이상일 때에는 어간말 음절이 'ㅏ, ㅗ, ㅐ'인 경우에는 부사형 어미 '-아X'와 결합하고, 어간말 음절 모음이 'ㅣ'인 경우에는 부사형 어미 '-어X'와 결합한다는 것을 알 수 있다.

　계속하여 음절말 모음으로 'ㅡ', 'ㅜ'를 가진 2음절 이상의 용언어간이 부사형 어미 '-어/아X'와 결합하는 양상을 살펴보겠다.

(57) ㄱ. 나빠(나쁘-+-아, 坏, 나빠)　cf. 낟ᄇᆞ-<석보 9:5>, 나쁘다

　　　몰라(몰르+-아, 不知, 몰라) cf. 모ᄅᆞ-<석보 6:8>, 모르다

　　　말라(말르-+-아, 乾, 말라)　cf. ᄆᆞᄅᆞ-<훈몽-초, 하:9>, 마르다

　　　가늘아, 가늘어(가늘-+-아, 細, 가늘어)

　　　　cf. ᄀᆞᄂᆞᆯ-<월석 2:40>, 가늘다

　　　다듬아, 다듬어(다듬-+-아, 整理, 다듬어)

　　　　cf. 다ᄃᆞᆷ-<월석2:28~29>, 다듬다

　　　맨들아(만들+어, 造, 만들어)

　　　　cf. ᄆᆡᇰᄃᆞᆯ-<번소 10:6>, 밍ᄃᆞᆯ-<소해 6:72>, 만들다

　　　다슬아(다슬-+-아, 磨, 닳아)

ㄴ. 바까(바꾸-+-아, 換, 바꿔)   cf. 밧고-<능엄 8:131>, 易, 바구다

맞차(맞추-+-아, 맞춰)

   cf. 마초-<월석, 어제 월인석보 서: 7>, 맞추다

갖차(갖추-+-아, 具, 갖춰)   cf. ᄀ초-<두해-초 7:25>, 갖추다

도타서(도투+아, 다퉈)

   cf. ᄃ토-<석보 6:7>, 도토다<두해-중 25:48>, 다투다)

감차(감추-+-아, 隱, 감춰)

cf. ᄀᆷ초-<내훈-초, 2하:16>, ᄀ초-<두해-초 7:25>)

가다(가두-+-아, 拘, 가둬)   cf. 가도-<월석 1:28>, 가두다

가물아(가물-+-어, 旱, 가물어)

   cf. ᄀ믈-<월석 10:84>, ᄀ믈-<노해-초, 상:47>, 가물다)

(58) ㄱ. 눌러(눌르+어, 壓, 눌러)   cf. 누르-<월석 1:42~43>, 누르다

기뻐(기쁘-+-어, 喜, 기뻐)   cf. 깃브-<석보 13:7>, 기쁘다

비틀어(비틀-+-어, 捻, 비틀어)

   cf. 뷔틀-<구방, 상:32~33>, 비틀다

문질러(문질르-+-어, 撫, 문지러)

   cf. 믄디르-<신합, 하:35>, 문지르다

흘러(흘르-+-어, 流, 흘러)   cf. 흐르-<두해-초 8:37>, 흐르다

불러(부르-+-어, 呼, 불러)   cf. 브르-<월석 8:100>, 부르다

ㄴ. 찌불어(찌불-+-어, 傾, 기울어) cf. 기울-<두해-초 22:46>, 기울다

거두(거두-+-어, 收, 거둬)

   cf. 거두-<월석, 어제 월인석보 서:24>, 거두다

멈처(멈추+-어, 停, 멈춰)   cf. 머추<용가 7:26. 54>, 멈추다

　(57)은 어간말 모음 '一', 'ㅜ'를 가진 용언 어간이 부사형 어미 '-아X'와 결합한 경우이고 (58)은 어간말 모음 '一', 'ㅜ'를 가진 용언 어간이 부사형 어미 '-어X'와 결합한 경우이다. 이들은 어간말 모음이 동일하지만 부사형 어미 '-어/아X'의 결합은 상이하다. 그러한 원인은 (57)은 어간말 모음에 선행하는 모음이 양성모음이고 (58)은 어간말 모음에 선행하는 모음이 음성모음이라는 점에서 찾을 수 있다.

　한편 김봉국(2004)는 어간말 모음 '一', 'ㅜ'를 가진 용언이 부사형 어미 '-어/아X'의 교체에 비관여적이라는 이유로 '一', 'ㅜ'를 중립모음이라고 간주하였다. 그러나 '一'와 'ㅜ'의 이전 시기로 거슬러 올라가 통시적인 입장에서 바라볼 때 "중립성"은 해결된다. 어간말 모음 '一' 중의 일부는 선행시기 비어두음절 위치에서 '·>一'의 변화를 겪어 이루어진 것이고, 어간말 모음 'ㅜ' 중의 일부 역시 비어두음절 위치에서 'ㅗ>ㅜ'의 변화를 겪어 이루어진 것이다. 모음조화를 엄격히 지키고 있었던 선행 시기에 비어두음절 위치의 '一'는 '·' 혹은 '一'이었을 것이며, 비어두음절 위치의 'ㅜ' 역시 'ㅗ' 혹은 'ㅜ'이었을 것이다. 바꾸어 말하자면 현재 '一'로 나타나는 것 중에는 선대형이 '·'였던 것이 있을 수 있으며, 현재 'ㅜ'를 나타내는 것 중에는 선대형이 'ㅗ'였던 것이 있을 수 있는 것이다. 이러한 추정은 (57), (58)의 선대형을 문헌어에서 살필 때 그 타당성이 입증된다. (57ㄱ)은 현재의 어간말 모음이 비록 '一'이지만 그 선대형은 '·'이고, (57ㄴ)은 현재의 어간말 모음이 비록 'ㅜ'이지만 그 선대형은 'ㅗ'이다. 이에 비

해 (58ㄱ)은 현재도 선대도 어간말 모음이 모두 'ㅡ'이고 (58ㄴ) 역시 현재도 선대도 어간말 모음이 모두 'ㅜ'이다. 즉 현재 부령지역어의 어간말 모음이 'ㅡ'나 'ㅜ'와 같은 음성모음일지라도 그 선대형이 'ㆍ'나 'ㅗ'와 같은 양성모음이었던 경우는 부사형 어미 '-아X'가 결합하는 것이다.

(59) 배와(배우-+-아, 學, 배워)　cf. 비호-<내훈-초 3:64>, 學, 배우다

　　싸와(싸우-+-아, 吵, 싸워)

　　　　　　　　　cf. 싸호-<용가 9:39. 87>, 사호-<두해-초 22:4>

　　깨와(깨우-+-아, 깨워)　cf. 끼오-<두해-초 15:26>, 깨우다

　　채와(채우-+-아, 채워)　cf. 치오-<월석 17:47>, 채우다

　　피와(피우-+-아, 炊, 피워)　cf. 피오-<역해, 상:13>, 피우다

　　세와(세우-+-아, 立, 세워)　cf. 셰오-<소해 2:29>, 세우다

　　내리와(내리우-+아, 降, 내리와)

　　물기와(물기우-+아, 咬, 물려)

　　삿갈기와(헷갈리우-+아, 迷, 헷갈리워)

(59)는 어간말 음절이 피사동의 '-우'인 경우로 언제나 부사형 어미 '-아X'와 결합한다. 그것은 '-우'의 선대형이 '-오'이기 때문이다. 이로써 어간말 모음이 'ㅡ'와 'ㅜ'인 예들은 'ㆍ>ㅡ', 'ㅗ>ㅜ'의 변화가 있기 전의 교체 양상을 그대로 유지하고 있다는 것을 알 수 있다.

소위 표준어에서의 'ㅂ'불규칙 용언 어간과 부사형 어미 '-어/아X'의 결합양상을 제시하여 보인다. 용언 어간이 1음절인 경우와 2음절

이상인 경우로 나누어 살펴본다.

(60) ㄱ. 잡아(잡+아, 捕, 잡아)

　　　ㄴ. 돕아(돕+아, 助, 도와)

　　　　　곱아(곱+아, 麗, 고와)

　　　　　꼽아(꼽+아, 揷, 꽂아)[81]　cf. 곳-<두해-초 24:8>, 꽂다

　　　ㄷ. 칩아(칩+아, 寒, 추워)

(61) ㄱ. 덥어(덥+어, 熱, 더워)

　　　ㄴ. 눕어(눕+어, 躺, 눕어)

　　　ㄷ. 밉어(밉+어, 醜, 미워)

　　　　　깁어(깁+어, 補, 깁어)

(60), (61)은 어간이 1음절인 경우로 (60)은 부사형 어미 '-아X'와 결합하는 경우이고 (61)은 부사형 어미 '-어X'와 결합하는 경우이다. (60ㄱ)은 어간 모음이 'ㅏ', (60ㄴ)은 어간 모음이 'ㅗ'이다. 부사형 어미 '-아X'와 결합하는 모음이 양성모음이라는 것을 알 수 있다. 여기서 (60ㄷ)은 '-아'를 취하는데 이는 2음절 이상의 'ㅂ'불규칙 용언에서는 절대적으로 '-아'를 선택하는 규칙의 확대(채옥자 2002:124, 김춘자2008:145)로 볼 수 있다.[82] (61ㄱ)은 어간모음이 'ㅓ', (61ㄴ)은 어

81　중앙어의 '꽂-(揷)'이 이 지역어에서는 '꼽-'으로 재구조화되었다. 아래와 같은 활용형들을 제시할 수 있다. 꼽아[꼬바], 꼽으니[꼬브니], 꼽고[꼭꼬], 꼽는[꼼는] 등.

82　채옥자(2002:124)는 '덥다'가 '더버서, 더바서'와 같이 수의적인 선택을 하고 있음을 보여 주었다. 동북방언을 사용하는 필자 세대에는 "칩다"와 "덥다" 뿐만 아니

간모음이 'ㅜ', (61ㄷ)은 어간모음이 'ㅣ'인 경우이다. 부사형 어미 '-어X'와 결합하는 모음이 모두 양성모음이 아니라는 것을 알 수 있다.

(62) 아깝아(아깝+아, 惜, 아까워)

가랍아(가렵+아, 痒, 가려워)

고맙아(고맙+아, 謝, 고마워)

그립아(그립+아, 想, 그리워)

승겁아(승겁+아, 淡, 싱거워)

어둡아(어둡+아, 暗, 어두워)

깐지럽아(깐지럽+아, 痒, 간지러워)

시끄럽아(시끄럽+아, 鬧, 시끄러워)

(62)는 어간이 2음절 이상인 경우로 어간말 모음에 관계없이 부사형 어미 '-아X'와 결합한다. 용언 어간이 1음절일 경우에는 일반적으로 모음조화를 따르나 2음절 이상인 경우에는 '-아X'와 결합한다는 것을 알 수 있다.

부사형 어미 '-어/아X'의 교체를 통하여 다음과 같은 내용을 알 수 있다. 어간이 1음절인 용언은 중앙어에서 'ㅂ' 불규칙을 보이는 일부 예를 제외하고는 부사형 어미 '-어/아X'의 결합에서 어간 음절모음이 'ㅏ, ㅗ, ㅐ'이면 어미 '-아X'가 결합하고 어간 음절모음이 'ㅣ, ㅡ,

---

라 "밉다"에 대해서도 수의적인 선택을 하며 "칩다", "덥다", "밉다"에 대해 부사형 어미 '-아X'를 선택하는 것이 오히려 더 자연스럽게 느껴진다. 이는 'ㅂ 불규칙' 어간들에 대해 부사형 어미 '-아X'가 그 세력을 확대하고 있음을 보여준다.

ㅓ, ㅜ, ㅔ'이면 어미 '-어X'가 결합한다.

어간이 2음절인 용언은 어간말 음절 모음이 'ㅏ, ㅗ, ㅐ'이면 어미 '-아X'가 결합하고 어간말 음절 모음이 'ㅣ'이면 어미 '-어X'가 결합한다. 어간말 모음이 'ㅡ, ㅜ'인 경우(피사동의 '-우' 제외)는 선행 음절 모음의 종류에 따라 결정된다. 그러나 선행음절 모음의 종류에 따라 결정되는 경우에도 항상 선행음절 모음이 'ㅏ, ㅗ, ㅐ'이면 어미 '-아X'가 선택되고 'ㅣ, ㅓ, ㅜ, ㅡ' 이면 어미 '-어X'가 선택된다. 통시적인 입장에서 볼 때 어간말 음절의 모음에 의해 교체된다고 할 수 있다. 이는 용언의 활용에서 부사형 어미 '-어/아X'의 결합은 형태음소론적 교체가 여전히 과거의 기제 속에 묶여 있다는 것을 시사한다.[83] 그러나 이 지역어의 부사형 어미 '-어/아X' 교체는 모음부류들의 완전한 조화적 질서라고 보기 어렵고 모음조화의 잔재로 파악해야 한다.

또 현대 한국어에서 모음으로 시작하는 파생접미사들(주로 '-어/아X'계)은 이전 시기에 존재했던 모음조화 규칙을 철저히 따르는바(이병근 1976:135, 송철의 1977:34-37, 정승철 1995:129) 이는 이 지역어에서도 마찬가지이다. 이 지역어에 나타나는 '-어/아X'계 파생접미사로는 명사파생의 '-아지/어지', '-애/에', '-압/업' ,'-앟/엏' 등이 있다. 이 외에도 이 지역어에는 파생접미사가 모음 대립형을 갖지 않은 것들이 존재한다. 모음으로 시작하는 파생접미사로 꼬락사니(꼴+*악사니, 꼬락서니), 지럭지(질-+*-억지, 길이) 등이 있어 파생접미사

---

83 곽충구(1994:121)은 '아→어'의 추세가 있다고 하고 채옥자(2002:127)은 일부 중부 방언에 보이는 '아→어'의 추세가 없다고 하였다. 'ㅂ'불규칙 용언이 부사형 어미 '-어/아X'와 결합하는 경우에는 '-아'와의 결합이 우세한다. 이로 보아서는 '아'의 추세가 커질 것으로 예상된다.

'*악사니', '*억지'를 추가할 수 있다. 한편 멍어리(멍+-어리, 멍울), 잔더리(잔등+-어리, 등)에서 파생접미사 '*-어리'가 추출된다. 그러나 파생접미사 '*악사니', '*억지' '*-어리'의 모음대립형인 '*억사니', '*악지', '*-아리'가 나타나지 않는다. 다음은 모음 대립형을 갖고 있는 파생접미사들이다.

(63) ㄱ. 더데(*덛+에, 더데)

　　　 다대(*닫+애, 더데)

　　 ㄴ. 조만지(*좀+-아지, 주머니)

　　　 주먼지(*줌+-어지, 주머니)

(63ㄱ)은 '*덛/*닫'에 파생접미사 '-애/에'가 각각 결합한 것으로 생각된다. (63ㄴ)의 '조만지', '주먼지'는 '*좀/*줌'에서 명사파생의 접미사 '-아지/어지'와 각각 결합하고 다시 'ㄴ'이 첨가된 것으로 이해된다. 또 이 지역어에 쓰이는 '나마지'는 동사 어간 '남-'에 명사 파생접미사 '-아지'가 결합한 것이고, '모가지', '손목아지', '발목아지'는 각각 명사 '목', '손목', '발목'에 '-아지'가 결합한 것으로 보인다.

(64) ㄱ. 아깝-(아끼-+-압-, 아깝다)

　　　 반갑-(*반기-+-압-, 반갑다)

　　　 보드랍-(*보들-+-압-, 보드랍다)

　　　　　　　　　　　 cf. (보ᄃ랍-<석보 13:12>, 보드랍다)

　　　 가랍-(*갈-+-압-, 가렵다)

마랍-(*믈-+-압-, 마렵다)   cf. 믈보기<월석 1:26>, 용변하기

따갑-(*딱-+-압-, 따갑다)[84] cf. 딱다(따갑다)

ㄴ. 즐겁-(즐기-+-업-, 즐겁다)

미끄럽-(미끌-+-업-, 미끄럽다)

어츠럽-(*어질-+-업-, 어지럽다)

부드럽-(*부들-+-업-, 부드럽다)

시끄럽-(시끌-+-업-, 시끄럽다)

(64)는 형용사 파생 접미사 '-압/업'이 결합된 파생어이다. (64ㄱ)은 '-압'이 결합된 예이고 (64ㄴ)은 '-업'이 결합된 예이다. 이들 파생접미사에 대한 예들은 이전 시기 이 지역어에서 형태소 경계에서의 모음조화가 엄격히 유지되었음을 알려준다. 즉 어간 모음이 양성모음 'ㅏ, ㅗ'인 경우에는 '-아X'계, 어간의 모음이 음성모음 'ㅓ, ㅜ'인 경우에는 '-어X'계가 결합하여 모음조화에 따른 '-아/어X'의 교체를 보여준다.

문헌자료를 가지지 않은 부령지역어에서 이전 시기의 모음조화가 어떠한 모습을 보였는지는 분명하지 않다. 그러나 위에서 내적변화에 의한 파생, 부사형 어미 '-어/아X'의 결합 및 파생접미사 '아/어X'를 통해 이 지역어의 모음조화가 잔영으로 남아 있음을 밝혔다. 따라서 이 논문에서는 이전 시기의 부령지역어의 모음조화가 문헌어와 마찬가지로 엄격했던 것으로 추정한다.[85] 그런데 부령지역어에는 모

---

84 함경도의 성진, 명천, 온성에서는 '따갑다'의 방언형으로 '딱다'가 쓰인다(김태균 1986:179).

음조화가 지켜지지 않은 형태들이 다수 존재하여 공시적으로는 모음조화가 인정될 수 없는바 그것은 이제까지 부령지역어에 있어 왔던 여러 음운변화가 관여하여 모음조화의 붕괴를 이끌었기 때문이다. 아래에 모음조화를 어기고 있는 형태들이 어떠한 음운변화에 의하여 생성된 것인지를 살펴보고자 한다.[86]

(65) 다스(다숫<월곡 7>, 五, 다섯)

　　하늘(하ᄂᆞᆯ<원각, 서:29>, 天, 하늘)

　　마늘(마ᄂᆞᆯ<구방, 하:80>, 蒜, 마늘)

　　바늘(바ᄂᆞᆯ<용가 7:16. 52>, 바늘), 도깨비바늘, 바늘강주리(바늘광
　　　주리)

　　(흙을) 바르-(ᄇᆞᄅᆞ-<석보 6:38>, 바르다)

　　다르-(다ᄅᆞ-<두해-초 23:38>, 異, 다르다)

　　다스리-(다ᄉᆞ리-<월석 8:90>, 治, 다스리다)

　　아즈마이(아ᄌᆞ미<용가 10:15. 99>, 아주머니)

　　아즈바님(아ᄌᆞ바님<능엄, 발:3>, 아주버님)

85　문헌어에서의 모음조화는 형태소 내부에서, 또는 한정된 조건 아래 어휘형태소와 문법형태소의 결합에서 '·, ㅏ, ㅗ' 등의 양성모음 계열의 모음은 양성모음 계열의 모음끼리, 'ㅡ, ㅓ, ㅜ' 등의 음성모음 계열의 모음은 음성모음 계열의 모음끼리 연결되는 모음연결 제약을 의미한다(김완진 1971:117-130). 여기서 한정된 조건이라 함은 "해당 접미사 형태소의 이형태 가운데 적어도 하나 이상이 모음으로 시작할 경우"에 그 형태소의 "제1음절"에 한하여 모음조화가 허락됨을 가리킨다.

86　복합어 또는 한자어나 외래어의 경우에는 모음조화의 질서를 따르지 않는 것이 일반적이므로 특별한 경우가 아니면 이 절의 논의에서는 제외한다.

(66) 가물-(ᄀ물-<월석 10:84>, 투, 가물다)

　　아물-(암굴-<월석 10:31>, 아몰-<두해-중 1:49>, 아물다)

　(65), (66)은 비어두음절에서 '·'의 변화를 겪은 예들이다. 부령 지역에서 비어두음절의 '·'는 양성모음 계열의 모음이 음성모음 계열의 모음으로 바뀌는 '·>ㅡ'의 변화를 겪었는바 이는 모음조화 계열상의 변화를 보인 것이므로 모음조화의 붕괴를 가져왔다. (65)는 비어두음절이 '·>ㅡ'의 변화를 겪은 것이고 (66)은 '·>ㅡ'의 변화 이후 순자음아래 'ㅡ>ㅜ'의 원순모음화를 겪었다.

(67) 아홉(아홉<석보 6:3>, 九, 아홉)

　　자구기(자곡<월석-중 21:102>, 痕, 자국)

　　하품(하외욤<구방. 상:79>, 하품)

　　베리기(벼록<훈몽-초, 상:12>, 벼룩)

　　나무문(나모<월석 117>, 木, 사립문)

　　달구(달고<소해 4:3~4>, 달구)

　　배뿌기(빗복<월석 2:57~58>, 배꼽)

　　바구니(바고니<두해-초 16:71>, 筐, 바구니)

(68) 자치(자최<월석 1:6>, 迹, 자취)

　　바키(박회<왜어, 하:19>, 바퀴)

　　사마기(사마괴<법화 2:15~16>, 사마귀)

(67), (68)은 부령지역어에서 비어두음절의 'ㅗ>ㅜ'의 변화를 겪어 형태소 내부의 모음조화가 지켜지지 않은 형태들이다. (68)은 비어 두음절의 'ㅗ>ㅜ'의 변화를 겪어 비어두음절의 'ㅚ'[oj]가 'ㅟ'[uj]로 변한 후 활음이 탈락하였다.

중앙어는 근대 한국어에 이르러 비어두음절에서 'ㅗ>ㅜ'의 변화를 겪었다(이기문 1972, 전광현 1975). 중앙어에서 'ㅗ>ㅜ'의 변화는 18세기 후기에 시작되어 현대 한국어에서는 거의 완성된 것으로 보이는데 이 지역어는 비어두음절에서 'ㅗ>ㅜ'의 변화를 일으키지 않는 예들이 존재한다. '소곰(소곰<두해-초 7:34>, 鹽, 소금)', '오좀(오좀<능엄 8:99>, 尿, 오줌)', '고롬(고롬<능엄 8:99>, 膿, 고름)', '쪼꼼(죠곰<언두 상:66>, 僅, 조금)', '도독(賊, 도둑)', '산봉오리(보오리<월석>, 峰, 봉우리)', '노롬(노롬<한청6:60>, 賭, 노름)', '모도(모도<능엄 2:49>, 모두)'와 같은 예들이다.[87] 여기에서 'ㅗ>ㅜ'의 변화가 저지된 형태들이 갖고 있는 공통점은 선행모음이 모두 'ㅗ'라는 데 있다. 이는 'ㅗ'가 강한 동화력을 지니고 있기 때문이다(곽충구 1994:258). 그런데 '고숨-도치(고솜돝<구간 2:98>, 蝟, 고슴도치)'과 같은 예들은 선행모음이 'ㅗ'임에도 불구하고 'ㅗ>ㅜ'의 변화를 겪은 것을 보면 부령지역어에서 비어두음절 'ㅗ>ㅜ'의 변화가 점차 확대되어 가고 있는 듯하다. 비어두음절 'ㅗ>ㅜ'의 변화도 역시 모음조화의 계열상 양성모음을 음성모음으로 변화시킨 것이므로 모음조화의 붕괴를 일으켰다. 이러한 사실에 근거하여 선행시기 이 지역어는 양성모음

---

87 '오금(오곰<훈몽-초, 상:14>, 오금), 보름(보롬<월곡 31>, 보름)'은 '오곰', '보롬' 으로 실현되지 않는다.

'·, ㅗ, ㅏ'는 양성모음끼리 어울리고, 음성모음 'ㅡ, ㅜ, ㅓ'는 음성모음끼리 어울리며 'ㅣ'는 중립모음이었다는 것을 알 수 있다. 따라서 이 지역어의 선행시기에는 모음조화가 존재했으며 그것은 어간의 제1음절에 따른 순행동화이었다고 결론지을 수 있다.

어두음절의 '·>ㅏ'의 변화와 비어두음절의 'ㅗ>ㅜ'의 변화가 모음조화의 붕괴를 초래한 외에 또한 모음 'ㅏ'와 'ㅓ'의 교체도 모음조화의 붕괴를 이끈 원인으로 볼 수 있다.

> (69) 거마리(거머리<훈몽-초, 상:12>, 蛭, 거머리)
>
> 데깍, 데까닥(卽, 제꺽, 제꺼덕)
>
> 깝질(겁질<삼강, 충:14>, 皮, 껍질)

(69)는 이전 시기 부령지역어에 'ㅏ'와 'ㅓ'의 모음교체가 있었음을 보여준다. 'ㅏ'와 'ㅓ'의 교체는 모음조화의 조정을 일으켰다. 조정의 방향이 모음조화를 유지하는 쪽이든 그렇지 않은 쪽이든 'ㅏ'와 'ㅓ'의 모음교체는 양성모음과 음성모음 사이의 교체이므로 이러한 교체는 곧 모음조화의 붕괴를 의미해 주는 것이다(정승철 1995). 또 김완진(1971: 127-129)에서 지적된 것처럼 어휘형태소 사이에서는 모음조화가 불가투성을 보이는 것이 중세 한국어 문헌어의 현실이다. 부령지역어에서도 한자어나 어휘형태소의 결합에서 모음조화가 붕괴된 모습을 보이고 있다. '무지개(므지게<용가 7:1. 50>, 虹, 무지개)', '그림재(그림제<월석 2:62>, 影子, 그림자)', '쌍가풀(쌍꺼풀)', '눈싸부래(속눈썹)'등의 예가 바로 그것이다.

5. 움라우트

이숭녕(1935)에서 움라우트[88]에 대한 대체적인 기제가 밝혀진 이후, 이 현상은 한국어 음운 연구의 중요한 과제로 등장하였다. 그리하여 이 음운현상에 대한 논의는 중앙어에서 방언으로 확대되고 동시에 통시적 연구와 공시적 연구가 병행됨은 물론 각 이론 체계의 수용과 함께 그 기제 전반에 대한 정밀화 작업이 끊임없이 이어져 왔다. 그 결과 이 음운현상에 있어서의 동화주[89], 피동화주[90], 개재자음의 제약 등과 같은 음운론적 조건은 물론 형태론적인 제약까지도 밝혀지게 되었다. 뿐만 아니라 음운체계의 변화나 음운체계와 음운규칙의 유기적 관련성에 대한 논의에서 중요한 논거로서 다루어지기도 하고 또 언어지리학의 한 영역으로까지 확대됨으로써 이 음운현상은 한국어 음운론의 중요한 관심사가 되었다(곽충구 1994:121-122).

---

88 피동화주인 후부 계열의 모음들과 동화주 'i', 'j' 사이에 일정한 개재자음이 놓일 때 후부 계열의 모음이 전부 계열의 모음으로 변화하는 음운현상을 움라우트(Umlaut)라 한다. 움라우트의 동화주는 'i', 'j' 뿐이며, 움라우트는 이들 동화주에 의한 역행동화만이 인정될 수 있다(최명옥 1989:18). 한국어의 움라우트는 기본적으로 명사와 동사의 형태소 내부와 주격이나 계사 '이'가 통합되는 형태소 경계에서 일어났다(최명옥 1989:35).

89 동화주에 대한 제약으로, 맨 먼저 이 현상을 다룬 이숭녕(1935:108)은 움라우트의 동화주가 'i'와 'j'임을 밝혔다. 그러나 도수희(1981:9)는 충남방언의 예를 통하여, 비록 소극적일지 모르나 방언에 따라서 모든 전설모음이 동화주가 될 수 있다는 견해를 제시하였다. 모든 전설모음을 동화주로 본다면 이 지역에서는 '챈채이(춘츠니<박번, 상:23~24>, 찬찬히), 쨈내비(잔나비), 잼재리(잠자리), 헤재비(허수아비)' 등과 같은 예들이 포함될 것이나 이 논문에서는 동화주를 'i', 'j'에 한정하여 다룬다.

90 김완진(1963:78)에서는 모든 후설모음이 피동화주가 되지마는 'ㅡ, ㅜ'가 피동화주일 때는 이 현상이 약화된다고 하였다. 이 견해는 현재까지 인정되고 있다.

움라우트 현상에 대한 관찰과 그것에 대한 대체적 기술은 함경북도의 경성(鏡城)지역어를 다룬 田島泰秀(1918:63-65)에서 시작되었다.[91] 한국어의 움라우트는 'i→i, u→ü, ə→e, o→ö, a→ɛ'와 같은 5종류의 형식이 있으며 그 가운데서 'a→ɛ, ə→e'가 가장 자유로이 실현되는 것들이며, 'o→ö, u→ü, i→i' 등이 차례로 순서를 잇는다(최명옥 1989). 피동화주에 대해 이 순서는 이중모음의 單모음화라고 하는 사적 현상과 깊은 관련을 맺고 있는 것이라고 밝혀진 바 있다(김완진 1963, 이병근 1970, 이병근 1971b). 부령지역에서도 이러한 사적 과정은 한국어사와 그 궤를 같이 하는 것으로 여겨진다.

움라우트는 동화주와 피동화주사이에 일정한 자음이 개재될 것을 전제조건으로 하는데 그 개재자음이 [+grave] 자음이어야 한다는 것은 움라우트의 일반적인 제약이다.[92] 그러나 김영배(1985)는 평안도방언의 경우에 개재자음의 제약을 벗어난 예들을 그 유형별로 검토하고, 평안도방언의 단일 형태소 내에서는 개재자음에 대한 제약이 설정될 수 없다는 결론을 내렸다. 곽충구(1986:101)은 푸찔로의 『로

---

91 당시의 경성(鏡城)방언에 형태소 경계에서 주격조사 '-이'가 연결 될 때 실현되는 움라우트 현상을 기술하고, 이러한 현상은 아래의 '-이'음 ('야, 요, 유'도 포함하여)이 윗 음절의 '아, 어, 오, 우, 으'의 모음에 영향을 주는 일종의 규칙 밑에서 수행된다고 하였다(국유→귁유 등등). 또한 동화주와 피동화음 사이에 개재하는 자음의 유형을 'ㄱ, ㅁ, ㅂ, ㅇ, ㅋ, ㅍ, ㅎ'에 국한시킨 다음, 그 반면에 'ㄴ, ㄹ, ㅅ, ㅊ' 등의 자음이 개재될 때에는 이 법칙은 실현될 수 없다고 하였다. '사람이 간다→사램이 간다, 감이 있다→갬이 있다. 덕이 높다→덱이 높다, 좋이라 한다→쬥이라 한다. 월급이요→월굅이요, 국이 없다→귁이 없다' 등.

92 최명옥(1989:22)는 움라우트를 가능하게 하는 개재자음의 음운론적 조건은 조음시에 'i, j' 앞에서 [αhigh, αback]의 자질을 가지는 것이라고 하였다. 그러나 김진우(1973:276)에서 지적된바와 같이, 설정성 자음들이 이 현상을 저지시키는 어떤 보편적인 음성학적 이유는 찾을 수 없다.

한ᄌᆞ뎐』과 20세기 초의 함북 북부방언 자료인『노한회화』에서 개재
자음 'ㄹ, ㅈ'에서도 움라우트가 이루어진 어형이 다수 관찰된다는
사실을 지적하였다.[93] 또 최전승(1989)는 남부와 북부방언에서 산발
적으로 확인되는 개재자음의 제약을 무시한 어형들을 음성 변화의
파장의 원리에 의하여 그리고 형태소마다 개별적으로 적용되는 어
휘 확산의 개념에 의하여 이해하려고 하였다. 부령지역어의 움라우
트 현상을 논하는 이 절에서는 위의 선행연구들에 주목하여 이 음운
현상에 관여하는 개재자음 제약이 주된 논의 대상이 된다.

5.1. 형태소 내부

부령지역어의 형태소 내부의 움라우트를 살펴보고자 한다. 피동
화주가 'ㅓ', 'ㅏ'인 경우의 움라우트를 개재자음을 고려하여 제시한
다.

(70) ㄱ. 꾸레기(包, 꾸러미)

검부제기(검부저기)

두드레기(두드리기<훈몽-초, 중:16>, 두드러기)

지제기(기저귀)

구데기(구더기<선집, 상:35>, 蛆, 구더기)

ㄴ. 토배기(토박이)

---

93 '유리>위리, 유지>위지, 과실>괘실' 등과 같은 예들이 바로 그것이다.

골째기(峽, 골짜기)

핵교(學校)

저매기(두루마기)

(71) ㄱ. 구레~이(구렁이<구간 6:54>, 大蛇, 구렁이)

　　 ㄴ. 지패막때기, 지패~이(집팡이<역보 44>, 지팡이)

　　　　 정개~이(脛, 정강이)

　　　　 잠배~이(잠방이)

　　　　 점재~(점장이)

(72) ㄱ. 에미(어미<석보 6:1>, 娘, 어미)

　　 ㄴ. 가재미(가잠이<물명 2:4>, 鰈, 가자미)

(73) ㄱ. 뎀비-(덤비다)

　　　　 예비-, 여비-(여위다<월곡 62>, 瘦, 여위다)

　　 ㄴ. 애비(아비<월석 17:21>, 父, 아버지)

　　　　 오래비(오라비<두해-초 8:65>, 兄弟, 오라비)

　　　　 챔비시(츰빗<훈몽-초, 중:8>, 梳, 참빗)

　　　　 재비(自費)

　　　　 채비(差備)

(74) 챙피하다(猖披하다)

　　 챙평(蒼坪)[94]

(70)~(74)는 개재자음이 [+grave] 자음인 예들이다. (70)은 개재자음이 'ㄱ'일 때 움라우트가 실현된 예들이다. (70ㄱ)은 피동화주가 'ㅓ'인 경우이고, (70ㄴ)은 피동화주가 'ㅏ'인 경우이다. (71)은 개재자음이 'ㅇ'[ŋ]인 예들이다. (71ㄱ)은 피동화주가 'ㅓ'인 경우이고 (71ㄴ)은 피동화주가 'ㅏ'인 경우이다. (72)는 개재자음이 'ㅁ'인 예들이다. (72ㄱ)은 피동화주가 'ㅓ' (72ㄴ)은 피동화주가 'ㅏ'인 경우이다. (73)은 개재자음이 'ㅂ'인 예들이다. (73ㄱ)은 피동화주가 'ㅓ' (73ㄴ)은 피동화주가 'ㅏ'인 경우이다. (74)는 개재자음이 'ㅍ'이고 피동화주가 'ㅏ'인 경우이다. 이와 같이 개재자음이 'ㄱ', 'ㅇ'[ŋ], 'ㅁ', 'ㅂ', 'ㅍ' 등과 같은 [+grave] 자음인 경우에는 움라우트가 잘 일어난다.

김완진(1971:106-107)은 한자어는 각자가 하나의 어간과 같은 기능을 가지므로, 다시 말하면 각자 사이에 단어경계(#)가 있으므로, 움라우트가 일어나지 않으나 형성된 단어가 언중에게 단일어간으로 인식되면 그것들은 형태론적 제약에서 벗어남을 밝혔다. 이 지역어에도 언중이 단일어간으로 인식하는 '학교(學校)', '자비(自費)', '창피(猖披)', '창평(蒼坪)'과 같은 예들은 '핵교', '재비', '챙피', '챙평'과 같이 움라우트가 일어났다.

(75) ㄱ. 잼재리(준자리<두해-초 7:2>, 잠자리)
　　　대래미(다리-<두해-초 25:50>, 다리다)
　　　채레(ᄎ례<두해-초 10:13>, 序, 차례)

94　지명(地名).

　　ㄴ. 셀기떡(雪饎, 설기)

　(76) ㄱ. 매렵-, 마랍-(마렵다)

　　　　대리-(熨, 다리다)

　　　　채리-(차리-<석보 13:46>, 饌, 차리다)

　　ㄴ. 제리-(麻, 저리다)

　　(75), (76)은 개재자음이 'ㄹ'인 예이다. (75ㄱ), (76ㄱ)은 피동화주가 'ㅏ'인 경우이고 (75ㄴ), (76ㄴ)은 피동화주가 'ㅓ'인 경우이다. (75)는 체언인 경우이고 (76)은 용언인 경우이다. 이 지역에서는 서술어뿐만 아니라 체언에 한하여서도 불완전하기는 하지마는 움라우트를 가능하게 하여 움라우트가 확대된 일면을 보여주고 있다. 최명옥(1989:26)은 'ㄹ'은 'i, j' 앞에서 [-high, -back]의 자질을 가진 것, 즉 탄설음 [ɾ]로 ('ㄹ'은 모음 사이나 'ㅎ' 앞에서 탄설음으로 발음된다) 실현될 경우에는 서술어에 한하여, 불완전하기는 하지마는 움라우트를 가능하게 한다고 하였다.

　　(77) 덴지-(더디-<월곡 64>, 投, 던지다)

　　(77)은 선행시기 개재자음이 'ㄷ'이었던 예이다. 개재자음을 'ㅈ'으로 보지 않고 'ㄷ'으로 보는 이유는 곽충구(1994:87)에서 '더디-'가 움라우트를 겪은 형 '데디기'가 나타나기 때문이다. 이 지역의 '덴지다'는 '더디다'가 움라우트를 겪어 '데디다'로 된 후 구개음화와 'ㄴ' 첨

가를 겪어 '덴지다'로 나타난 것으로 보인다. 문헌어에서는 'ㄷ' 구개
음화가 15세기말부터 나타나고(홍윤표 1985:146) 움라우트가 17세기
초부터 나타난다(전광현 1967:89). 여기에 서남과 동북방언에서는 16
세기말에 'ㄷ' 구개음화가 완성되어 있었을 것(안병희 1978:199)이라
는 지금까지의 연구 결과를 종합하면 'ㄷ' 구개음화가 움라우트보다
먼저 실현되어야 할 것이나 이 예는 움라우트가 'ㄷ' 구개음화에 선
행하였음을 말해 준다. 이로써 이 지역어에서는 'ㄷ' 구개음화가 늦
게 실현되었음을 알 수 있다. 한편 형태소 경계에서는 아직 구개음화
가 실현되지 않고 형태소 내부에서도 'ㄷ' 구개음화가 실현되지 않은
예들이 존재하는 사실이 이를 뒷받침해준다.

(78) ㄱ. 재치기(자치기)

　　　맨지-, 만지-(ᄆᆞ지-<법화 6:31>, 만지다)

　　　새치, 새치군(奢侈, 사치)

　　ㄴ. -에치, 10원에치(-어치)

(78)은 개재자음이 'ㅈ, ㅊ'인 예이다. (78ㄱ)은 피동화주가 'ㅏ'인
예이고 (78ㄴ)은 피동화주가 'ㅓ'인 예이다.

이렇듯 피동화주가 'ㅓ', 'ㅏ'일 때의 움라우트 현상에 대하여 개재
자음을 고려하여 살펴보았다. 피동화주가 'ㅗ', 'ㅜ'일 때의 움라우트
현상은 활발히 일어나지 않음으로 단모음 'ㅟ', 'ㅚ'를 다루는 자리에
서 서술한 정도에 그친다. 이 지역어를 놓고 볼 때 움라우트의 개재
자음을 [+grave]에 한정시키는 것은 문제가 있어 보인다. 김진우

(1972:276)에서 지적된 바와 같이, 설정성 자음들이 이 현상을 저지 시키는 어떤 보편적인 음성학적 이유를 찾을 수 없다. 또 알타이 여러 언어에 등장하는 움라우트의 예들에서는 한국에서와 같은 설정성 자음에 대한 제약은 존재하지 않는다. 개재자음의 제약을 설정하지 않으면 동일한 [-grave] 개재자음을 갖고 있으면서도 움라우트를 수행하지 않는 많은 형태들의 존재로 문제가 된다(최명옥 1989)는 이유로 '새치, 값에치(값어치), 덴지다(던지다)' 등을 움라우트 실현형으로 인정하지 않으려는 입장은 이 현상의 규칙성과 개재자음의 음성적 제약을 과도하게 강조한 것으로 생각된다(최전승 1990:103).

(79) ㄱ. 메기-(머기-<석보 9:36>, 먹이다)

배키-(바키-<월석 2:57>, 박히다)

매키-(마키다<금삼 4:32>, 阻, 막히다)

애끼-(아끼-<법화 4:153>, 惜, 아끼다)

ㄴ. 개끼-, 가치-(가티-<월석 3:17>, 囚, 갇히다)

대끼-, 다치-(다티-<두해-중 5:37>, 關, 닫히다)

세끼-(섯기-<칠대 14>, 雜, 섞이다)

베끼-(脫, 벗기다)

배끼-, 배뀌-(밧고-<능엄 8:131>, 換, 바뀌다)

깨끼-(갓기-<두해-초 3:66>, 削, 깎이다)

쟁기-(줌기-<두해-초 15:8>, 浸, 잠기다)[95]

---

95 김태균(1986:422)에는 '쟁기다'가 나온다.

갱기-(沐, 감기다) cf. 굼다<석보 9:22~23>, 감다

제끼-(젖기다, 젖히다)

매끼-(맛기-<고시조 227-8>, 委, 맡기다)

(79)는 용언 어간에 각각 사동과 피동의 접사가 연결된 예이다. 이 지역에서는 동사의 사동과 피동의 형성에서 접사 '-이-, -히-'를 쓰는 대신 '-기'를 쓰는 것이 일반적이다. (79ㄱ)의 예들은 개재자음이 모두 [+grave]이다. (79ㄴ)은 비록 개재자음이 중자음인 'ㄷㄱ', 'ㅅㄱ', 'ㅁㄱ', 'ㅈㄱ', 'ㅌㄱ' 등으로 [-grave]의 자질을 갖고 있지만 움라우트가 실현된다.[96] 이에 대해 김완진(1971:108-109)는 개재자음에 대한 음운론적 제약을 새로운 관점에서 관찰한 바 있다. 그 제약이란 형태 음소적 어형이 음운론적 어형으로 전화되는 과정에서 가해지는 음운론적 제약이다. 움라우트를 불가능하게 하는 자음들이 형태 음소의 수준에서는 존재하여도 음운적 실현에서 나타나지 않을 때는 움라우트가 가능하나 음운의 수준에까지 유지되어 있는 경우에는 움라우트가 불가능하게 된다는 것이다. 즉 /pəskita/→ /pek'ita/→ [pek'ida], /katkita/→/kɛk'ita/→[kɛk'ida]와 같이 음운적 실현에서 개재자음 'ㅅ'이 나타나지 않는다. 따라서 이들 개재자음은 형태음소의 수준에서

---

96 이병근(1971b:9)는 음운론적 제약을 공시론적으로 관찰할 때에 나타나는 형태음소론적 제약을 제외한다면, 공시적으로나 통시적으로나 지속적 자질에 의한 음운론적 제약이 무엇보다도 강력히 작용하는 듯하다고 하고 이 지속적 자질에 의한 제약은 지금까지 흔히 'ㅅ, ㅈ, ㅊ, ㄴ, ㄹ' 등과 이들을 포함하는 중자음들이 동화주와 피동화주 사이에 개재하는 것으로 대변되었다고 하였다. 지속적 자질은 동화주도 갖고 있는데 이러한 공통된 자질의 결합을 기피하는 현상은 일반적이기 때문이라는 것이다. 'ㄴ, ㄹ'이 구개변이음을 가질 때에는 움라우트가 제약된다.

는 존재하나 음운적 실현에 나타나지 않은 것으로 움라우트의 제약을 어기지 않게 된다.

5.2. 형태소 경계

통시적으로 살핀 형태소 내부에서의 움라우트 현상이 용언에서조차 그 제약을 어기면서 점차 확대하는 양상을 보였듯이 형태소 경계를 사이에 두었을 때에도 이 현상은 활발하게 일어난다. 중부방언에서는 흔히 명사파생접미사 '-이'와 주격 '-이'는 움라우트의 동화주로서 기능을 갖지 못하고 있다.[97] 그러나 이 지역에서는 명사파생접미사 '-이'와 주격 '-이'가 선행자음이 [+grave]의 자질이라면 이를 실현하고 있는 것이다. 이는 움라우트의 실현에 있어서 형태론적 제약은 방언에 따라 다르다는 사실을 알 수 있다. 아래의 예를 보기로 한다.

(80) 고기재비(고기잡+이)

앞재비(앞잡+이)

---

[97] 김완진(1963:76-77)에서는 어미 '-기'에 의하여 형성된 명사형이나 단어경계에서는 원칙적으로 움라우트가 불가능하다고 하였으며 김완진(1971:106-107)에서는 움라우트는 어휘형태소에서 가장 자유스러우며 어휘형태소와 문법형태소가 결합될 때는 일정한 제약 아래에서만 가능하다고 하였다. 즉 명사형 어미 '이'나 피동 사동어미 '이, 히, 기'가 결합되면 움라우트가 가능하지만 주격 '-이'나 명사형 어미 '-기', 부사형 어미 '-이, -히'가 결합되면 불가능하다고 하였다. 그리고 한자어는 각자가 하나의 어간과 같은 기능을 가지므로 결코 움라우트가 일어나지 않는다고 하였다.

길재비(길잡+이)

손재비(손잡+이)

헤재비(허잡+이, 허수아비)

(81) ㄱ. 때미(汗, 땀+-이) cf. 쑴<훈몽-초, 상:15>, 땀

　　　�째미(包, 쌈+-이)

　　ㄴ. 장재기(樵, 장작+-이)

　　　태기(顎, 탁+-이, 턱)

　　　물레가래기(물레가락+-이)

　　　물햄배기(물함박+-이, 이남박)

　　　쌔기(芽, 싹+-이)

　　　시재기(開始, 시작+-이)

　　ㄷ. 게비(怯+-이)

　　　베비(法+-이)[98]

　　　혈애비(血壓+-이)

(80)은 명사파생접미사 '-이'가 결합한 예이고, (81)은 주격 '-이'가 결합한 것이다. (80)은 개재자음이 'ㅂ', (81ㄱ)은 개재자음이 'ㅁ', (81ㄴ)은 개재자음이 'ㄱ', (81ㄷ)은 개재자음이 'ㅂ'인 경우이다.

이로써 형태소 내부와 형태소 경계를 나누어 움라우트가 실현되는 양상을 살펴보았다. 이 지역에는 형태소 내부에서 개재자음의 제

98　밥이(밥+-이)는 움라우트가 실현되지 않는다. 이는 음운변화가 모든 단어에 적용되는 것이 아니라는 것을 말한다.

약을 위반하는 예들이 다수 존재하는데 이는 이 현상이 어느 시기에
는 개재자음의 제약을 무시하고 광범히 전개된 현상이라는 것을 짐
작하게 한다.[99] 현대 한국어의 지역 방언에서 평안방언은 움라우트
현상의 폭넓은 적용 상태를 보여주고 또 함북 鏡城과 北靑도 움라우
트가 생산적인 모습을 보이며 부령지역어도 움라우트가 생산적이라
는 이 사실은 남부방언 중심의 단일 기원보다는 일정한 역사적 시기
에 남부와 북부에서 독자적으로 출발하여 중부방언으로 확산되어
왔다는 가설에 힘을 실어준다.

---

99 이병근(1971b)는 대체로 중부방언이나 경상도방언에서는 개재자음이 [-grave]이
라는 제약을 위반하는 경향이 적지만 서남방언에서는 그 제약을 위반하는 예가
많은 것을 들어 이 현상의 확대 폭이 커지는 것으로 판단하였다. 또 동북방언도 제
약을 위반하는 예들이 많은 것으로 보아 통시적인 움라우트의 영역은 보다 이른
시기에 확대되었던 것으로 추정하였다.

제3장

자음의 변화

현대 한국어에서 각 방언간의 음운체계를 비교할 때 모음체계의 차이에 비하여 자음체계의 차이는 거의 없다고 할 수 있다. 다만 서북, 동북 방언은 'ㅈ, ㅊ, ㅉ'가 경구개음이 아닌 치음으로 다른 방언들과 다소 차이를 보인다. 부령지역어가 전 단계에 어떠한 자음체계를 가졌었는가 하는 문제는 이 지역어가 선대에 'ㅸ', 'ㅿ', 'ㅇ'[ɦ] 등 유성마찰음을 가지고 있었는가와 같은 문제를 규명함으로써 어느 정도 해명이 가능할 것이다.

함경도방언의 자음의 통시적 변화는 유성마찰음의 변화와 구개음화를 제외하면 음운사적인 관심을 덜 받아왔다. 이 장에서는 부령지역어의 자음변화 중에서 어중자음, 구개음화를 포함하여 'ㄴ', 'ㅇ'[ɦ]의 탈락과 'ㄴ'첨가, 어간말 자음의 변화, 특수 교체 어간에 대해 기술한다.

1. 어중자음

후기 중세 한국어는 마찰음이 공명음을 가지고 있었다. 적어도 15세기 중반까지는 자음체계상으로 마찰음에서 공명음 'ᄫ', 'ᅀ', 'ㅇ'[ɦ]가 한 계열을 이루고 있었던 것이다. 이들은 모두 어두에 나타날 수 없었으며 공명음과 공명음 사이에서만 출현할 수 있었다(이기문 1972, 정승철 1997:425). 부령지역어는 일반적으로 'ᄫ', 'ᅀ', 'ㅇ'[ɦ]의 반사형으로 'ㅂ', 'ㅅ', 'ㄱ'이 나타난다. 이 절에서는 이 지역어의 어중자음 'ㅂ', 'ㅅ', 'ㄱ'에 대해 고찰하고자 한다.

1.1. 'ㅂ'

훈민정음 제자해는 'ᄫ'을 '脣乍合而喉聲多也(입술이 거의 닿고 목구멍 소리가 많다)'라고 규정하였다. 그 음가는 양순 유성 마찰음 [β]로 추정(이숭녕, 1954b)하였으며 분포는 모음간, 'ㄹ' 또는 'ᅀ'과 모음사이였다(이기문 1972). 문헌어에서는 대체로 'ᄫ>w'의 변화(이기문 1972:40-46)를 겪었던 것으로 여겨진다. 그런데 중세어의 'ᄫ'에 대해 이 지역어는 'ㅂ'으로의 대응을 보이는 것이 일반적이다.

(1) ㄱ. 찌불-(月斜 得二吉卜格大<朝鮮館譯語>, 기울-<두해-초 22:46>, 傾, 기울다)

이붓(隣舍 以本直<朝鮮館譯語>, 이웃<두해-초 15:5>, 이웃)

예비-(瘦 耶必大<朝鮮館譯語>, 여위-<월곡 62>, 瘦, 여위다)

　　누비(妹 餒必<朝鮮館譯語>, 누위<두해-초 23:46>, 누의<두해-
　　　초 8:28>, 妹, 누이)

　　새비(蝦蟹 洒必格以<朝鮮館譯語>, 사비<훈민-원, 해례:25>, 蝦,
　　　새우)

ㄴ. 하분자, 호분자(ᄒᆞᄫᆞᆫ자<용가 5:31.35>, ᄒᆞ온자<내훈-초, 2 하:
　　17>, 孤, 혼자)

　(1)은 형태소 내부에서 문헌어에 존재했던 'ᄫ'과 이 지역어의 'ㅂ'
이 대응하는 예이다.[1] (1ㄱ)은『朝鮮館譯語』에서 'ᄫ'과 관련된 예과 그
에 대응되는 부령지역어의 예를 보인 것이고 (1ㄴ)은『朝鮮館譯語』이
후에 간행된 문헌어의 'ᄫ'과 대응되는 부령지역어의 예를 보인 것이
다. (1ㄱ)은『朝鮮館譯語』가 기록되던 시기에 'ᄫ'을 가졌던 것으로 추
정되는 단어(이기문 1972)들이다. 그러나 이 단어들은 그 후의 문헌
에서 '가ᄫᆡᆮ', '사비'를 제외하고는 모두 'ᄫ'의 흔적을 보이지 않는
다. 따라서 이기문(2003:141)은 15세기 중엽이 음소 'ᄫ'이 잔존한 최
후의 순간이었으며 'ᄫ'이 문헌에는 산발적으로 1450년까지 존속한
것으로 보았다.

(2)　ㄱ. 말밤(말밤<월석 21:80>, 蒺藜, 마름)

　　　글빨(글발<용가 4:24. 26>, 文, 글월)

　　ㄴ. 우뿌-(웃ᄇᆞ-<월곡 176>, 可笑, 우습다)

1　이 논문의『三國遺事』,『鷄林類事』,『鄕藥救急方』,『朝鮮館譯語』의 예는 이기문
　(1972)의 것을 재인용한 것이다.

치비(치븨<석보 9:9>, 치위<능엄 8:82>, 寒, 추위)

더비(더븨<석보 9:9>, 더위<두해-초 8:9>, 暑, 더위)

(3) 돕-, 돕아, 돕으무(돕-<월석 17:30>, 扶, 도와)

칩-, 칩아, 칩으무(칩-<월석 9:23>, 寒, 추워)

곱-, 곱아, 곱으무(곱-<월석 7:10>, 고보미<월석 7:11>, 麗, 고와)

덥-, 덥어, 덥으무(덥-<석보 6:46>, 暑, 더워)

굽-, 굽어, 굽으무(굽-<월석-중 21:54>, 炙, 구워)

눕-, 눕어, 눕으무(눕-<월석-중 21:43>, 躺, 누워)

밉-, 밉어, 밉으무(밉-<석보 9:17>, 憎, 미워)

즐겁-, 즐겁아, 즐겁으무(즐겁-<석보 9:6>, 喜, 즐거워)

더럽-, 더럽아, 더럽으무(더럽-<월석 9:24>, 더러-<석보 13:33>, 汚, 더러워)

사납-, 사납아, 사납으무(사오납-<석보 9:6~7>, 사오납-<월석 2:4~5>, 凶, 사나워)

가찹-, 가찹아, 가찹으무(갓갑-<석보 6:23>, 갓갑-<법화 4:49>, 近, 가까워)

두껍-, 두껍아, 두껍으무(둗겁-<월석 2:57-58>, 둗겁-<월석-21:19>, 厚, 두꺼워)

보드랍-, 보드랍아, 보드랍으무(보드랍-<석보 13:40>, 軟, 보드라워)

어렵-, 어렵아, 어렵으무(어렵-<석보 6:11>, 難, 어려워)

무겁-, 무겁아, 무겁으무(므겁-<두해-초 8:27>, 므겁-<월곡 142>, 重, 무거워)

어둡-, 어둡아, 어둡으무(어둡-<두해-초 9:38>, 어둟-<용가 5:930>,

暗, 어두워)

웨롭-, 웨롭아, 웨롭으무(외롭-<두해-초 22:53>, 외ᄅ빙-<월석

9:22>, 孤, 외로워)

무겁-, 무겁아, 무겁으무(므겁-<월곡 142>, 重, 무거워)

아깝-, 아깝아, 아깝으무(앗갑-<석보 9:11>, 앗갑-<속삼, 충:5>, 惜,

아까워)

(2), (3)은 형태소 경계에서 문헌어에 존재했던 'ㅸ'과 이 지역어의 'ㅂ'이 대응한 경우이다. (2ㄱ)은 'ㅸ'이 복합어에 나타난 경우이고, (2ㄴ)은 'ㅸ'이 파생어에 나타난 경우이다. (3)은 어간말 자음이 'ㅸ'인 용언 어간들이 이 지역에서 각각 'ㅂ'으로 실현되었음을 보여준다. 즉 부령지역어는 소위 'ㅂ' 불규칙에 해당되는 모든 단어들에 한해 'ㅂ'으로의 대응을 보였다.

위의 예들을 통해서 문헌어에서 'ㅸ'를 가지고 있는 예들이 이 지역어에는 규칙적으로 'ㅸ:ㅂ'의 대응을 보인다는 것을 알 수 있다. 이러한 사실에 기초하면 선행 단계 부령지역어의 자음체계에는 'ㅸ'이 존재하지 않았다고 말할 수 있다. 따라서 이 지역어의 유성마찰음 'ㅸ'의 존재 여부가 문제가 된다. 'ㅸ'의 존재 여부에 대해 두 가지 가설을 제기할 수 있는데 하나는 이 지역어는 원래 'ㅸ'을 갖고 있지 않는다고 생각하여 탈락형들을 중앙어의 것을 차용한 어형으로 보는 것이다. 다른 하나는 이 지역어에 'ㅂ', 'ㅸ'이 모두 존재하였는데 'Ø' 형만 그 선대형이 'ㅸ'인 것으로 보아 'ㅸ'이 독자적으로 수행된

'ᄫ>w'로의 변화를 부분적으로 경험했다고 보는 것이다.

한국어의 유성마찰음 'ᄫ'의 존재 여부에 대해서는 여러 논의가 있어 왔다. 이숭녕(1958:213)은 고려 초기 또는 신라시대에는 'ᄫ'이 없었으며 'ᄫ'은 고려 중기부터 이조초기까지의 사이에 중앙어에서 발생했는데 모음간 위치에서 [*ㅂ>[ᄫ]의 변화를 입고 발달되었다고 하였다.[2] 한편 경상, 함경도방언은 [*ㅂ>[ㅂ]의 과정을 밟았다고 하였다. 그리고 Ramsey(1978:32-49)도 함경남도 북청지역어를 다룬 논의에서 후기 중세어의 'ᄫ'은 그 분포가 매우 제한되어 있으며 'ㅂ'과 상보적 분포를 이룬다는 점과 후기 중세어 'ᄫ'에 대하여 'ㅂ'으로 대응한다는 점에서 고대 한국어를 위하여 유성마찰음들을 재구할 필요가 없다고 하였다.

이와는 달리 이기문(1972)는 중세어의 'ㅂ:ᄫ'의 구별은 고대에도 있었는데 대체로 15세기 후반에는 'ᄫ'이 완전히 'w'로 변화한 것으로 보인다고 하였다. 또 최명옥(1978b)는 동남방언이 후기 중세어의 'ᄫ'에 대하여 대부분 'ㅂ'으로 대응을 보이는 것이 사실이기는 하지만 자료를 더 면밀히 검토할 때 이 방언에는 후기 중세어 'ᄫ'에 대하여 'ㅂ'으로 대응되지 않는 상당한 어사들이 있으며 그들 예외를 합리적으로 설명하려면 동남방언이 선행 시기에 'ᄫ'을 가지고 있었다고 하지 않으면 안 된다고 하였다.[3]

---

2 정용호(1988:72)는 옛날에 'ㅂ'로 실현되던 것이 함경도, 경상도방언에서는 모음과 모음사이 유향자음과 모음사이에서 'ㅂ'를 그래도 유지하고 반대로 평안도, 경기 충청방언에서는 무성자음 'ㅂ' 이 'ᄫ'로 유성화하여 'ᄫ'로 실현되었다고 하였다. 그러면서 'ㅂ'과 'ᄫ'의 관계는 무성음이 공명음화 될 수 있어도 그 반대의 경우는 불가능하다고 하며 'ㅂ>ᄫ'의 변화만이 성립될 수 있다고 하였다.

이 지역어의 'ㅸ'의 존재 여부에 대해서는 'ㅸ>w'를 보인 어형들이 실마리를 제공해 줄 수 있을 것으로 보인다. 이 지역어에는 다음과 같은 'ㅸ>w'형이 존재한다.

(4) ㄱ. 가운데(江心 把刺戞噴得<朝鮮館譯語>, 가본딕<월석 14:80>, 가온딕<훈몽-초, 하:15>, 中, 가운데) cf. 복판

두울(二日途孛<鷄林類事>, 두을<두해-초 17:10>, 둟<월석 10:32>, 二, 둘)

수울(酒日酥孛<鷄林類事>, 수울<두해-초8:28>, 수을<석보 9:37>, 술<월석-중 21:124>, 酒, 술)

저울(秤日雌孛<鷄林類事>, 저울<법화 7:120>, 秤, 저울)

대래미(多里甫伊 多里甫里<鄕藥救急方>, 다리우리<훈몽-초 중:7>, 熨, 다리미)

ㄴ. 가리우-(ㄱ리ㅸ-<월석 18:39>, 掩, 가리우다)

대-, 데-(ㄷ뵐-<용가 10:1.98>, ㄷ외-<석보 9:15-16>, 爲, 되다)

시골(스ㄱ볼<용가 5:31.35>, 스ㄱ올<금삼 3:37>, 스골<구간 1:103>, 村, 시골)

서울(셔볼<용가 5:40.37>, 京, 서울)

---

3 최명옥(1978)은 동남방언의 'ㅸ'의 반사형이 'ㅂ'으로 나타나지 않고 'Ø'으로 나타나는 예('ㄷ뵐-→대-')를 논거로 'ㅸ'이 신라시대 때부터 존재하였으며 나중에 'ㅸ'가 'ㅂ'에 합류되었다고 하였다. 극히 일부의 단어가 중세 중앙어에서 발생한 'ㅸ>w'의 변화를 입은 것을 고려하면, 그와 같은 합류가 일어난 시기는 중앙어에서 'ㅸ'의 약화가 일어났던 시기보다 다소 빨랐을 것으로 추정하였다. 또 중앙어의 '돕-'에 해당하는 이 방언형은 동남방언 전체를 통하여 거의 전부 '도우-'로 재구조화되었다고 한다. 즉 '돕-'이 동남방언에서는 'ㅸ>w'의 변화를 경험하였음을 의미하는 것이라고 하였다.

(4)는 중앙어에 존재했던 'ᄫ'이 이 지역어에서 'ㅂ'으로 대응되지 않고 탈락을 보인 것이다. (4ㄱ)은『鷄林類事』또는『鄕藥救急方』이 기록되던 시기에 'ᄫ'을 가지고 있었을 것으로 추정되는 단어들이고 (4ㄴ)은 중세 문헌어에 'ᄫ'을 가지고 있던 단어들이다. 이 지역어가 문헌어의 'ᄫ'에 대해 'ㅂ'로의 대응을 보여야 할 것이 기대되나 대응을 보이지 않고 탈락하였다. 이 '탈락형'들을 'ᄫ>w'의 변화를 경험한 예들로 볼 것인가 'ᄫ>w'의 변화를 경험한 지역으로부터 차용된 예들로 볼 것인가 하는 문제가 제기된다.[4] 만약 독자적으로 수행된 'ᄫ>w'의 변화의 결과라면 왜 이들 단어에 한해서만 'ᄫ>w'의 변화가 일어났는가를 해석하기 어렵다. 따라서 위의 단어들을 차용에 의한 것으로 보려 한다. 차용으로 보는 것은 '탈락형'이 'ㅂ' 유지형에 비해 그 수량에 있어서 매우 적고, 또 위의 단어들이 차용이 용이한 단어라고 생각되기 때문이다. 즉 (4)는 이 지역어에 원래 없던 단어로, 중앙어에서의 'ᄫ>w'의 변화 후 차용되었다고 생각한다. 또 (4)에 나타나는 'ᄫ'이 'ㅂ'로의 대응을 보이지 않는 것은 이 지역어뿐만 아니라 일반적으로 'ᄫ:ㅂ'의 대응을 보이는 경상도방언에서도 마찬가지로 적용된다. 현대의 어느 방언에서도 (4)에 대해서 'ㅂ'으로의 대응을 보이지 않는다. 이는 이 단어가 차용어라는 것이 더 설득력을

---

4 최명옥(1978:186)은 경상도방언을 다룬 논의에서는 경상도방언에서 탈락형이 나타나는 것을 차용으로 보지 않고 'ᄫ>w'의 변화를 겪은 것으로 본다. 최명옥(1978:186)은 경상도방언을 다룬 논의에서 이렇게 일반적인 단어가 차용이라는 점이 의심스러우며 또 위의 단어들은 소홀히 취급될 정도로 적은 수가 아니라는 점에서 경상도방언에서는 'ᄫ>w'의 변화를 부분적으로나마 경험했으리라고 보았다. 백두현(1992:330)도 영남 문헌어를 다룬 논의에서 'ᄫ>ㅂ'의 변화와 'ᄫ>w'의 변화를 함께 겪은 것으로 보았다.

가진 셈이다. 차용은 정치, 문화적으로 우위에 있는 곳의 언어를 낮은 곳에서 차용하는 것이 일반적이다. 따라서 중앙어에서 'ㅸ>w' 변화를 거친 어형을 이 지역어에서 차용하였다고 볼 수 있을 듯하다.[5]

(5) ㄱ. 노부리, 너부리, 느불메기(노을<훈몽-초, 상:1>, 노올<신합, 상:4>, 霞, 노을)

　　　 하불에미(ᄒᆞᆯ-어미<두해-초 15:22>, 寡婦, 홀어미)

　　　 누베(누에<훈민-원, 해례:25>, 누웨-삐<구방,하:85>, 蠶, 누에)

　　　 버버리(버워리<석보 19:6>, 啞, 벙어리)

　　　 호박(ᄒᆞ왁<월석-중 23:78>, 호왁<두해-초 6:2>, 臼, 확)

　　　 따바리(또아리, 똬리)

　　　 거부지(陰毛, 거웃)

　　　 아부재기(아우聲)

　　　 호비-(허위-<월곡 162>, 跑, 허비다)

　　　 구부리-(구우리-<석보 6:18>, 굴리다)

　　　 대비-, 드비-(드위-<두해-초 11:16>, 反, 뒤집다)

　　　 어불-(諧, 어울리다)

　　　 오분(全部, 온)

---

5 사용층이 많음으로 하여 하층의 언어가 상층에 영향을 주는 경우도 있다. 그에 해당되는 단어로 덤불(덤블<왜어, 하:29>, 藪, 덤불)이 있다. '덤불'은 제주도에서 '더월'로 나타난다(정승철, 1994:138). 따라서 이 어형의 선대형은 'ㅸ'을 가지고 있었을 것이며, 중앙어나 제주도방언에서는 'ㅸ>w'의 변화를 겪었을 것이다. 그러나 변화를 겪은 어형은 제주도 방언에만 명맥을 유지하고 중앙어는 당시 더 널리 사용되었던 '덤불'을 차용한 것으로 생각된다.

      ㄴ. 뚜베(두베, 눈#두덩)

         뚜베(두베, 가마#뚜껑)

         구비(炙, 구이)

     ㄷ. 뜳-(듧-<법화 6:154>, 들 올<훈몽-초, 하:9>, 穿, 뚫다)

    (5)는 이 지역어의 'ㅸ'에 대해 현대 중부방언은 탈락형이 대응함을 보여준다. (5ㄱ)은 'ㅸ'이 형태소 내부에 나타나는 예이고 (5ㄴ)은 파생어에 나타나는 예이며 (5ㄷ)은 형태소 경계에 나타나는 예이다. 중앙어에 'ㅸ'이 존재하였고 이 지역어와 중앙어가 'ㅸ:ㅸ'의 대응을 보인다고 할 때 현대 중부방언에서 이 어형들은 그 선대에 'ㅸ>w'의 변화를 겪어 중세 문헌 및 근대어에 'ㅸ'이 나타나지 않았다고 추정할 수 있다.

    (6)   입수리(입시울<훈몽-초, 상:13>, 脣, 입술)

    (6)은 중앙어에 'ㅸ'이 나타나지 않지만 다른 방언과의 비교를 통해서 중앙어의 선대형 'ㅸ'을 재구할 수 있는 어형들이다. '입술'은 경상북도 월성지역어(최명옥 1982:90-91)에 '입수부리'로 나타나기 때문이다. 따라서 '입술'은 중앙어에서 'ㅸ>w'의 변화를 겪은 것으로 보이고 이 지역어에서는 'ㅸ>w'을 겪은 중앙어의 어형을 차용한 것으로 보인다.

1.2. 'ᅀ'

'ᅀ'의 음가는 유성마찰의 반치음 [z]로, 중세 한국어에서 그 분포는 모음간, 'ㄴ' 또는 'ㅁ'과 모음사이, 모음과 'ᄫ' 또는 'ㅇ' 사이에 국한되어 있었다. 그 후 'ᅀ'는 15세기 말부터 16세기 중엽 사이에 중세어 문헌어에서 아무 흔적도 없이 탈락되었다(이기문 1972). 부령지역어는 문헌어의 'ᅀ'에 대해 'ㅅ'으로 대응하는 모습을 보인다.

(7) 새삼스럽-(새삼ᄃᄫᅵ<삼강, 효:5>, 새삼스럽다)

어슬어슬하-, 어슴마기(어스름<두해-초 11:25>, 昏, 어스름)

한숨(한숨<법화 2:226>, 嘆, 한숨)

부스레미(브스름<금삼 5:31>, 부스럼)

부스러미(브스름<금삼 5:31>, 腫, 부스럼)

새삼(새삼<훈몽-초, 상:4>, 菟絲, 새삼)

풀서리(프서리<월석 8:93>, 草間, 풀서리)

한삼(한삼<구간 3:118>, 葎, 한삼)

(8) ㄱ. 가슬하-, 가을(ᄀᅀᆶ<월석, 어제 월인석보 서:16>, 秋, 가을)

마실가-, 마을(ᄆᅀᆶ<석보 9:40>, 里, 마을)

가새(剪刀曰割子蓋<鷄林類事>, ᄀᅀᅢ<두해-초 10:33>, 가위)

나시(乃耳<鄕藥救急方>, 나ᅀᅵ<훈몽-초, 상:7>, 薺, 냉이)

거시(居兒乎<鄕藥救急方>, 겄위<구간 1:89>, 蚯蚓, 지렁이)[6]

눈자시(눈ᄍᅀᆞ<佛頂上>, 4, ᄌᅀᆞ<능엄 8:7>, 자위)

151

구시(구싀<훈몽-초, 중:10>, 柩, 구유)

끄스러미(그스름<훈몽-초, 하:15>, 그으름), 끄슬-, 그슬-(그을
다)

모시(모싀-<훈몽-초, 중:1>, 牧, 모이)

여스새끼(여ᅀᅮ<월곡 70>, 狐, 여우)

유스, 유끼, 유꾸(슛<훈몽-초>, 하:10, 蒲, 윷)

쓩(슛<훈몽-초, 하:10>, 蒲)[7]

끄스-(그스-<월석 2:35>, 쓰을-<경신 5>, 曳, 끌다)

부수깨(브ᅀᅥᆸ<훈민-원, 해례:25>, 브석<훈몽-초, 중:5>, 廚, 부
엌), 부스때기(부지깽이)

아시벌(아싀<훈몽-초, 하:6>, 애벌)

즛(즛<월곡 129>, 貌, 짓)

애끼, 아시(弟日了兒<鷄林類事>, 아ᅀᆞ<훈민-원, 해례:25>, 아우)

어시(어싀<월석 2:13>, 父母, 어버이)

즈음, 즈슴(즈ᅀᅳᆷ<두해-초 21:25>, 際, 즈음)

두어, 두서(二三, 두ᅀᅥ<석보 6:6>, 二三, 두어)

ㄴ. -아사/어사(빅화ᅀᅡ<월곡 35>, 배워야, 어우러ᅀᅡ<세훈민 13>,
어울려야)

-사(오시ᅀᅡ<월곡 121>, 옷이야)

---

6 이 지역어에서 '거시'는 '회충(蛔)'을 뜻한다.
7 '쓩'은 윷놀이에서 윷가락 네 개가 모두 젖혀진 때의 이름이다. 이 지역에서 윷 셈
   은 아래와 같다. 똥(도), 개(개), 컬(걸), 쓩(윷), 모(모).

(9) 꿋-, 꿋어, 꿋으무(그ᅀᅵ<번소 8:16>, 劃, 그어)

　　낫-, 낫아, 낫으무(낫-<법화 6:154-156>, 愈, 나아)

　　붓-, 붓어, 붓으무(붕-<훈몽-초, 중:17>, 腫, 붕-<두해-초 23:13>,

　　　注, 부어)

　　앗-, 앗아, 앗으무(앙-<월석 10:70>, 奪, 앗아)

　　잇-, 잇어, 잇으무(닝-<석보 9:30>, 連, 이어)

　　잣-, 잣아, 잣으무(즛-<훈몽-초, 하:8>, 紡, 자아)

　　젓-, 젓어, 젓으무(정-<육조, 상:33>, 搖, 저어)

　　쫏-, 쫏아, 쫏으무(좃-<구방, 하:32>, 鑿, 쪼아)

　　줏-, 주워, 줏으무(즛-<두해-초 7:18>, 拾, 주어)

　　짓-, 짓어, 짓으무(징-<훈몽-초, 하:1>, 造, 지어)

　　(7), (8)은 문헌어의 형태소 내부에서 'ㅿ'이 실현되었던 것으로 추정되는 형태들인데 해당 예에서 알 수 있듯이 현대 부령지역어에서 이들은 'ㅅ'을 가진 형태로 대응한다. (7)은 문헌어의 'ㅿ'에 대해 현대 중부방언과 부령지역어가 모두 'ㅅ'으로의 대응을 보이는 것이고 (8)은 문헌어의 'ㅿ'에 대해 현대 중부방언은 'ㅿ'이 탈락한 모습을 보이나 부령지역어는 'ㅅ'으로 대응하는 모습을 보인다. (8ㄱ)은 어휘형태소의 예이고 (8ㄴ)은 문법형태소의 예이다. (9)는 문헌어에서 용언 어간 말음 'ㅿ'이 이 지역어에서 'ㅅ'으로 대응하는 예이다. 'ㅅ' 불규칙 용언들은 이 지역에서는 모두 규칙활용을 한다. 이러한 사실 때문에 이 지역어에는 'ㅿ'을 경험한 적이 없다고 주장할 수 있다. 그런데 중세나 그 이전에 'ㅿ'를 가졌던 단어가 이 지역어에 'ㅅ'로 남아

있다는 일반적인 사실과는 달리 'ㅿ'의 탈락을 보이는 것들이 있다.

    (10) ㄱ. 마은(四十日麻刃<鷄林類事>, 마ᅀᆞᆫ<월석 2:41>, 四十, 마흔)

              자여~이(ᄌᆞ션히<구간 1:66>, 自然, 자연히)

              인삼(싄숨<구간 1:100>, 人蔘, 인삼)

              내일(ᄂᆡᅀᅵᆯ<남명, 상:40>, 來日, 내일)

       ㄴ. 가(ᄀᆞᇫ<석보 13:4>, 邊, 가) cf. 여가리

              감(ᄀᆞᅀᆞᆷ<법화 2:89>, 料, 감) cf. 헌겆

              마음(ᄆᆞᅀᆞᆷ<월석-중 23:73>, 心, 마음) cf. 가슴

              사이(ᄉᆞᅀᅵ<월곡 177>, 間, 사이) cf. 어간

              처음(처ᅀᅥᆷ<월석 2:59>, 初, 처음) cf. 처깜

              밸(ᄇᆡᅀᆞᇙ<월석-중 21:43>, 腸, 밸) cf. 창자

              겨울(겨ᅀᅳᆯ<월석 1:26>, 冬, 겨울) cf. 동삼

    (10)은 문헌어의 'ㅿ'에 대하여 이 지역어에서는 'ㅅ'로의 대응을 보이지 않는다. 이는 선행 시기 'ㅿ'이 존재하였을 가능성을 암시한다. 이 지역어의 선대에 'ㅿ'이 존재했음을 가정하면 (10)과 같은 예들에 한해 'ㅿ>Ø'의 변화를 불완전하게나마 경험하였다고 추정할 수 있다. 그런데 왜 이들 예들에 한해서만 'ㅿ'의 탈락을 거쳤는지 해석하기 어렵다. (10)의 단어들은 차용이 용이한 단어들로 생각한다. 그것은 (10ㄱ)은 다른 방언에서도 'ㅅ'이 나타나지 않아 중부방언의 영향을 받은 것으로 보인다. 그리고 (10ㄴ)의 cf. 에서 보다시피이 지역어에서는 'ㅿ'이 쓰인 문헌어에 대해 또 다른 어형이 널리 쓰인다. 즉

'가'는 '여가리', '감'은 '헌겊', '마음'은 '가슴', '사이'는 '어간', '처음'은 '처깜', '밸'은 창자, '겨울'은 '동삼'이라고 한다. 이 지역어에 나타나는 'ㅿ' 탈락형은 차용으로 볼 수 있다. 이렇듯 'ㅅ'이 나타난 예보다 'ㅿ'의 소실을 보여주는 예가 훨씬 적은데 이도 이 지역에서는 'ㅿ'이 존재하지 않았음을 암시한다.

(11) 메사기(메유기<박번, 상:17>, 鮎, 메기)

　　　다슬-(닳-<노번, 하:36>, 磨, 닳다)

　　　무슨들레(므은드레<탕액-초 3:22>, 蒲公草, 민들레)

(11)은 중앙어에 'ㅿ'이 나타나지 않지만 이 지역어와의 비교를 통해서 'ㅿ'을 재구할 수 있는 예들이다. 중앙어에서 'ㅿ>Ø'의 변화를 겪었다는 것을 알 수 있다.

현대 일부 동남방언의 '부적'(廚), '이저(잊-+-어, 連)', 제주방언의 '건줌(庶)' 등은 이들 지역에서 'ㅿ'이 'ㅈ'으로의 변화를 겪기도 했음을 알려준다. 이승재(1983b:226)은 한반도 전역에 재구되는 기원적 '*ㅿ'이 변화할 때 '*ㅿ>ㅈ'이 '*ㅿ>ㅅ'의 변화보다 앞선다고 하였다. 부령지역에 'ㅿ'이 존재하지 않았다고 추정되므로 이 지역어에서 보이는 '호분자(ㅎ온ᅀᅡ<내훈-초, 2하:17>, 孤, 혼자)' 역시 차용으로 간주한다.

이로써 중세 중앙어의 'ㅿ'가 이 지역어에서 거의 'ㅅ'로 대응된다는 것을 알 수 있는데 이는 중세어에는 'ㅿ'이 존재하였고 'ㅿ'은 중앙어에서 'ㅿ>Ø'의 변화를 겪었음에 반해 이 지역어는 'ㅿ'이 존재하지 않았기 때문이라 생각한다.

1.3. 'ㄱ'

'ㅇ'는 중세 한국어에서는 음소로서의 자격을 가지고 있었던 것으로 보인다.[8] 'ㅇ'의 음가는 유성 후두 마찰음 'ɦ'로 추정할 수 있다. 15세기 한국어에서 'ㅇ'[ɦ]은 'j', 'ㄹ' 또는 'ㅿ'과 모음 사이에만 나타난다. 이 지역에서는 비어두음절에서 중세어나 현대 중부방언의 'ㅇ'[ɦ] 및 'ㅇ'[ɦ]의 탈락형에 대해 'ㄱ'으로 대응되는 어형이 다수 존재한다.

> (12) ㄱ. 몰개(몰애<훈몽-초, 상:2>, 沙, 모래)
>
> 멀기(멀위<훈몽-초, 상:6>, 萄, 머루)
>
> 술기(술위<월곡 61>, 車, 수레)
>
> 벌거지(벌에<월곡 70>, 虫, 벌레)
>
> 얼게빗(얼에빗<구간 6:66>, 梳, 얼레빗)
>
> 얼겅채(어러미<가례 7:24>, 篩, 어레미)
>
> 송곧(솔옷<훈몽-초, 상:5>, 針, 송곳)
>
> 썰게(서흐레<훈몽-초, 중:9>, 杷, 써레)

---

8 이는 불청불탁의 후음으로 분류한 훈민정음 제자해의 기록, 15세기 문헌 자료의 'ㅇ'[ɦ]에 대하여 'ㄱ'으로의 대응을 보여주는 『朝鮮館譯語』의 자료나 현대 한국어의 방언 자료 그리고 'ㄹ'나 'j' 뒤에서 'ㄱ'이 'ㅇ'[ɦ]으로 교체 이후 연철이나 '요/유'로의 실현을 보여주지 않는 예, 'i'나 'j' 뒤에서 '요/유'로 실현되지 않는 피사동 접미사 '-오/-우' 등을 통해 볼 수 있다.

걸금(거름<정속-이>, 肥, 거름)

일거바치-(告, 일러바치다)

어질구-(어즈리-<능엄 1:107>, 어지럽히다)

주물구-(쥐므르-<한청 10:14>, 주무르-<구방, 상:78>, 주무르다)

물기-(므르-<월석 21:94>, 復, 무르다.)[9]

ㄴ. 개굴(개울)

머구락지, 머우리, 메구락지(蛙, 개구리)

씨가시(種子, 씨앗)

(12)는 형태소 내부의 예이다. 'ㄱ'은 공명음사이에서만 나타나는데 (12ㄱ)은 'ㄹ'와 모음 사이, (12ㄴ)은 모음과 모음 사이에 나타남을 보여준다.

(13) ㄱ. 알기-(알외-<석보 13:55>, 告, 알리다)

열기-(열이-<월석 7:9>, 開, 열리다)

빌기-(빌이-<월곡 100>. 借, 빌리다)

울기-(울이-<두해-초 9:20>, 鳴, 울리다)

놀기-(놀이-<법화 2:165>, 嬈, 놀리다)

말기-(말이-<석보 13:46>, 勿, 말리다)

ㄴ. 얼구-(얼우-<용가 4:6. 20>, 凍, 얼리다)

떨구-(落, 떨어뜨리다)

---

9 김태균(1986:220)에서는 '물구다'가 나타난다.

부찔구-(折, 분지르다)[10]

불구-(鍊, 불리다)

메꾸-(메오-<능엄 5:68>, 塡, 메우다)

(13)은 중앙어의 피·사동접미사 '-이-, -우-'가 이 지역에서는 '-기-, -구-'로 대응되는 예이다. (13ㄱ)은 '-기-'의 예이고 (13ㄴ)은 '-구-'의 예이다. 이 지역에서는 피·사동접미사 '-이, -우-'가 예외 없이 '-기-, -구'로 나타난다[11]

(14) ㄱ. 클아바이-가(할아버지와)

낭기-가(나무와)

ㄴ. 밥-가(밥과)

하늘-가(하늘과)

(14)는 공동격 조사 '-가'의 예로 중앙어의 공동격 조사 '-와/과'는 이 지역에서는 개음절 환경이든 폐음절 환경이든 모두 '-까'가 선택됨을 보여준다. (14ㄱ)은 개음절 환경에서 공동격 조사 '-가'가 쓰인 예이고 (14ㄴ)은 폐음절 환경에서 공동격 조사 '-가'가 쓰인 예이다.

위의 예들에서 이 지역어는 중세어의 'ɦ'에 대해 'ㄱ'로의 대응을 보였다. 그러나 어중의 'ㄱ'이 탈락한 예들도 발견된다.

---

10 '분지르다'는 '부러뜨리다'의 북한어이다.

11 함경도방언을 반영한 『練兵指南』(1612)에 뽕긔여(挑出, 2a), 들겨나가(4a), 들겨드리(29a), 귀를 흔드겨(29b)와 같이 'ㄱ'을 유지한 예들이 보인다.

(15) ㄱ. 가새(剪刀日割子蓋<鷄林類事>, ᄀᆞᅀᅢ<두해-초 10:33>, 剪, 가위)

거시(居兒乎<鄕藥救急方>, 것위<구간 1:89>, 蚯蚓, 지렁이)

ㄴ. 굴레(굴에<남명, 상:58>, 韁, 그네)

이레(닐웨<석보 9:31>, 七日, 이레)[12]

(15)는 문헌어의 'ㅇ'[ɦ]에 대해 'ㄱ'이 대응하지 않는다. (15)의 예들이 현대 중부방언의 어형과 일치한다면 차용으로 볼 수도 있을 듯하나 '가새', '거시'는 이 지역의 고유한 방언으로 중부방언형이 아니므로 이 지역어가 독자적으로 겪은 변화로 보려 한다. 'ᄀᆞᅀᅢ', '것위'가 이 지역어에서 변화를 부분적으로 경험하여 'ㅇ'[ɦ]이 탈락하면서 '가새', '거시'로 된 것으로 생각한다. 중앙어에서 'ㅇ'[ɦ]의 소실은 먼저 'ㅿㅇ' 환경에서 일어났고 그 후 'ㄹㅇ' 환경에서도 변화가 일어났는데(이기문 2003:144) 이 지역어의 'ㅇ'[ɦ]탈락 환경은 중앙어와 같다. (15ㄱ)은 'ㅿㅇ'에서 일어난 것이고 (15ㄴ)은 'ㄹㅇ'에서 일어난 것이다. 따라서 이 지역어도 중부방언과 마찬가지로 'ɦ>Ø'의 변화를 부분적으로 경험하였다. 이는 'g>ɦ>Ø'의 개신형이 같은 동북방언을 쓰고 있는 이 지역어에도 영향을 주었음을 보여준다.

이로써 후두 마찰음 'ㅇ'[ɦ]에 대해 이 지역어는 일반적으로 'ㄱ'이 대응하고 있음을 알 수 있다. 다만, '가새, 거시, 굴레, 이레' 등과 같은 일부 어형들은 개신의 영향을 받아 'ㅇ'[ɦ]이 탈락을 보였다.

---

12 또 이 지역어가 독자적으로 겪은 변화로 볼 수 있는 예들도 존재한다. 김태균 (1986:840)은 '그네'가 성진, 학성, 명천, 온성 등 지역에서는 '굴기'로 나타난다고 보고하였다. 또『北關路程錄』에 수록된 함북 종성군 방언형으로 '닐꽤'가 나타난다.

2. 구개음화

구개음화 현상은[13] 전설고모음 /i/와 활음 /j/에 선행하는 비구개음이 후행모음의 조음위치로 이끌리면서 구개음으로 변화되는 것을 일컫는다. 구개음화 현상은 한국어의 여러 방언권에서 드러나는 보편적인 음운현상으로 흔히 'ㄷ' 구개음화, 'ㄱ' 구개음화, 'ㅎ' 구개음화 세 유형으로 나눈다. 'ㄴ, ㄹ, ㅅ'도 구개음화를 보여주지만 이들은 음성적 층위에서의 변이음으로 실현될 뿐이며 음운상의 교체는 드러내지 않으므로 논의에서 제외한다.

부령지역어에서 'ㅈ, ㅉ, ㅊ'은 경구개음이 아닌 치조음이다. 이 지역어의 'ㅈ'의 음가는 [ts]이며 변이음으로 [tʃ]를 가지고 있다.[14] 따라

---

13 부령지역어의 'ㄷ' 구개음화 규칙은 ts→tʃ/_{i, j}와 같은 이음규칙이 발생하여 두 이음 [ts], [tʃ]가 존재하던 시기에 발생하였다. 음운체계상 경구개음이 존재하지 않고 'ㅈ'이 치조음이므로 'ㄷ'이 'ㅈ'으로 되는 현상은 경구개음화가 아닌 치조파열음의 치조 파찰음화라고 기술할 수밖에 없다. 그러나 구개음화의 발생 층위가 음운층위가 아닌 음성층위라고 할 때 이 문제는 해결된다. 소신애(2003:406)은 음운체계상 구개음이 존재하지 않은 상태에서 'ㄷ' 구개음화가 일어날 수 있다고 하고 음변화는 본질적으로 점진적으로 진행되는 음성변화를 통해 파악되어야 함을 논증하였다. 즉 체계상으로는 경구개음이 존재하지 않지만 [tʃ]가 변이음으로 존재하던 상태에서 하나의 음소/ㄷ/[ts]이 다른 음소의 변이음/ㅈ/[tʃ]으로 바뀌는 통시적 변화가 실제로 가능하다는 것이다. 그리고 이때 출력은 치조음[ts]이 아닌 구개음[tʃ]이라는 것이다. 이로써 음운체계상으로 경구개음이 존재하지 않아도 음성상으로 경구개 변이음이 존재하면 'ㄷ'이 경구개 변이음으로 변화는 이 음운현상을 구개음화라고 볼 수 있다.

14 小倉進平(1917, 1927, 1930)에 의하면, 평안·황해(남부의 금천, 연백 제외)·함북 북부지역에서는 '京城'('ㅈ'이 [tʃ]로 조음됨)과 달리 [ts]로 조음된다는 사실을 보고하고 있다. 小倉進平(1972:6-8)에서는 'ㅈ, ㅊ'은 清津·鏡城 以南의 지역에서는 京城 지방과 한가지로 ch, ch'[tʃ, tʃʰ]로 발음되지만, 그 이북의 會寧·鏡城·京源·慶興·雄基 지방에서는 뚜렷하게 [ts], [ts']의 음으로 들린다고 하였다.
지금까지 조사 보고된 각 지역 방언의 'ㅈ'의 이음 및 구개음화 현상의 유무를 곽충구(2001:240)을 이용하여 제시하면 아래와 같다.

서 '一>ㅣ'의 전설모음화가 일어나지 않는다.[15]

　최전승(1986:287-288)은 전설모음화는 근대 한국어 자음체계에서 수행된 [ts>tʃ]의 변화와 직접적인 관계를 맺고 있는바 치찰음 아래에서의 전설모음화는 'ㅅ, ㅈ, ㅊ' 등이 구개적 환경을 형성함으로써 가능해진다고 하였다. 한편 곽충구(1994:88-89)는 육진 경흥지역어에는 치조음(ts)과 경구개음(tʃ)의 두 계열이 존재한다고 지적하고 경구개음을 치조음의 변이음으로 보고 있다. 그리고 이 지역에서는 '즈대니오'(泥), '즛끼'(吠), '즘승'(짐승), '즛'(貌)과 같이 전설모음화를 경험하지 않는다고 하였다(곽충구 1994:317). 평북 용천지역어를 다룬 정인호(1996:120)은 자음 'ㅅ, ㅈ' 뒤의 '으>이' 전설모음화가 존재하나 예가 그리 많지 않은 것은 자음체계에서 [±설면성]에 의한 대립이 형성되는 중이기 때문이라고 하였다.[16] 이들 논의는 'ㅈ, ㅉ, ㅊ'가

방언권	'ㅈ'의 음성실현	구개음화
평안방언	/ts/([ts])	없음
황해방언	/ts/([ts], [tʃ])	ㅎ, ㄷ
육진방언(20세기 초)	/ts/([ts], [tʃ])	ㅎ
육진방언(현대)	/ts/([ts], [tʃ])	ㅎ, ㄷ(진행 중), ㄱ(진행중)
육진방언 외곽	/ts/([ts], [tʃ])	ㅎ, ㄷ, ㄱ
중부·남부방언	/tʃ/([tʃ])	ㅎ, ㄷ, ㄱ

15　이것은 치찰음(s, c, c', cʰ)과 유음(l) 뒤의 'i'가 선행 음소의 전설성에 동화되어 전설고모음 i로 되는 음운현상으로 일종의 순행동화라 할 수 있다(최명옥 1982:59). 이 현상은 '치찰음 아래에서의 전부모음화'(이병근 1970) 또는 '전설고모음화'(유창돈 1964, 최명옥 1982), '구개모음화'(남광우 1984:167-168), 치찰음과 유음뒤의 전설모음화(백두현 1992b), '一>ㅣ' 전설모음화(정인호 1996:113) 등으로 분류된 바 있다. 여기에서는 정인호(1996:113)의 논의에 따라 '一>ㅣ' 전설모음화라고 칭하기로 한다.

16　정인호(1996:27)은 평북 용천지역어에서 'ㅈ'은 대개 모음들 앞에서 설면-후치경음[tʃ]으로 실현되고 '이'모음 앞에서는 설면-후치경음과 설면-경구개음[ȶɕ]으로 자유변이를 하나 '으'모음 앞에서 설단 치경음[ts]으로 실현된다고 하였다.

치조음이거나 경구개음을 변이음을 갖고 있는 지역에서는 'ㅈ, ㅉ, ㅊ'가 구개음인 지역에서보다 '으>이'의 전설모음화가 잘 실현되지 않음을 말해준다.

(16) ㄱ. 즐-(즐<월석 1:16>, 질다), 즌창길(진창길), 즌일(진일), 즌탕
　　　(진탕), 즐게미길

　　　즞-(즞-<법화 2:113>, 吠, 짖다)

　　　쯪-(뜆<월곡 161>, 찢다)

　　　버즘(버즘<구간 6:86>, 버짐)

　　　지츰(기츰<월석 18:6>, 기침)

　　　즘승(즘승<동삼, 열:5>, 짐승)

　　　어츠럽-(어즈럽-<원각, 하2-2:45>, 어지럽다)

　　　일즈끼(일즉<두해-초 25:11>, 일찍이), 일쯔감치(일찌감치)

　　　메츨(며츨<박번, 상:75>, 며칠)

　　　헌츨하-(훤츨ᄒ-<두해-초 7:19~20>, 훤칠하다)

　　　즌흙(즌흙<능엄 7:9>, 진흙)

　　　상측(喪事, 상사)

ㄴ. 가즈런하-(ᄀᄌ론ᄒ-<화포 26>, 가지런하다)

　　　며츤날(며츳날<노번, 하:71>, 며친날)

　　　아츰(아츰<월석 1:45>, 朝, 아침)

　　　마츠마게(마줌<동신, 효 4:82>, 마침)

(17) ㄱ. 아즈래기(아지랑이)

간즈럼, 간즈랍-, 간즈립-(간지럼)

귀측(規則)

다즘(다딤<내훈-초 3:37~39>, 劾, 다짐)

깜쪽하-(깜찍하다)

여즈러지-(이지러지다)[17]

ㄴ. -즈(-지), 신즈 말라(신지 말라), 기즈 말라(기지 말라)

(16ㄱ)은 문헌어의 'ㅡ'가 전설모음화 되지 않고 그대로 유지되고 있음을 보여주고 (16ㄴ)은 문헌어의 'ㆍ'가 비어두음절에서 'ㅡ'로 변화된 후 역시 전설모음화 하지 않고 그대로 유지되고 있음을 보여준다. (17)은 치음 하의 'ㅣ'가 'ㅡ'로 바뀐 모습을 보인다. 이는 'ㅡ>ㅣ' 전설모음화에 대한 과도교정의 예가 아닌가 한다. (17ㄱ)은 어휘형태소의 예이고 (17ㄴ)은 문법형태소의 예이다. (17ㄴ)과 같이 부정과 금지를 나타내는 연결어미 '-지'는 '-즈'로 과도교정을 보이기도 한다. 전설모음화는 치음 'ㅅ, ㅆ' 아래에서도 일어지 않음은 물론이다.[18]

(18) ㄱ. 슴슴하-(슴슴ᄒ<구간 3:64>, 淡, 심심하다)

승겁-(슴겁-<노번, 상:61>, 淡, 싱겁다)

---

17 김태균(1986:409)에는 '여즈러지다'가 나온다.

18 그러나 일부 예들은 전설모음화가 진행되었음을 보여준다. 이는 전설모음화 개신형이 이 지역에 영향을 일으키고 있음을 알려준다. 예: 거짓말(거즛<월석 2:71>, 거짓), 거즛부래<함북>[회령, 경원, 경성, 경흥], 치-(츠-<월석 13:21>, 除), 시리-(슬히-<구간 1:12~13>, 시리다), 부시-(ᄇᅀᆞ→월석-중 21:219>, 부수다) 등.

슳-(슳-<법화 1:83>, 厭, 싫다)

씃-(슷-<몽산 61>, 拭, 훔치다)

ㄴ. 점슴(點心)

(18ㄱ)은 문헌어의 'ㅡ'가 그대로 유지됨을 보여준다. (18ㄴ)은 한자어 '점심'이 '점슴'으로 나타나는데 이 역시 'ㅡ>ㅣ'의 과도교정의 예로 간주한다. 또 '어림없다'가 '어름없다'(어림없다<목우 30>, 어림없다)로 나타난다.[19]

위에서 전설모음화가 발생하지 않은 것은 'ㅈ, ㅉ, ㅊ'가 이 지역어에서 치조음으로 실현되기 때문인 것으로 보았다. 그러나 'ㅈ'는 음가가 [ts]이지만 변이음으로 [tʃ]를 가지고 있다.

이에 관해 곽충구의 논의는 시사하는 바가 크다. 곽충구(2001:241)은 "현재의 육진방언은 조음위치가 현저한 다른 두 종류의 'ㅈ'을 가지고 있는데 그 하나는 혀끝이 윗니의 뒷부분과 치조 위치에 닿으며 동시에 설면이 아래로 내려가는 설단적 치조파찰음이고 다른 하나는 혀끝이 아랫니에 닿으며 설면이 경구개를 향하여 올라가는 치조경구개파찰음이다. 즉 1세기 전과 현재의 육진방언에서는 'ㅈ'이 두 이음 [ts]와 [tʃ]로 실현된다. 그리고 육진의 외곽을 둘러싸고 있는 함북 북부의 일부 지역에서도 'ㅈ'이 치조음으로 발음되며 이들 지역은 육진방언권과 'ㅈ'의 음성 실현이 동일하다."고 하였다.

19 백두현(1992b)는 'ㄹ'이 'ㅅ', 'ㅈ' 등과 조음위치가 가까운 치조라는 점에서 'ㅅ', 'ㅈ' 뒤의 전설모음화와 음운론적 공통성을 가지는 것으로 보고 'ㄹ' 뒤에서 'ㅇ'가 '이'로 변화는 전설모음화를 상정하였다.

이 논의를 근거로 중부방언의 'ㅈ'도 원래는 치조음이었으나(허웅 1965) 변이음 규칙에 의해 [tʃ]가 출현하여 음성상에서 구개음화 규칙의 적용을 입고 구개음화가 나타난 것으로 볼 수 있다. 그 뒤 중부방언에서는 이음 [ts]와 [tʃ]가 [tʃ]로 점차 합류의 길을 걸은 것이다.[20] 그러나 부령지역어에서는 두 변이음 [ts]와 [tʃ]가 [ts]로 합류하였다.[21] 이와 같이 'ㅈ'은 중부방언과 부령지역어에서 서로 다른 발달 과정을 겪었는바 이를 표로 제시하면 다음과 같다.

〈표 1〉 /ts/의 변화

	중부방언	부령지역어
중세어	/ts/	/ts/
	[ts] [tʃ]	[ts] [tʃ]
현재	/tʃ/ [tʃ]	/ts/ [ts]

현대 한국어의 대부분 방언에서 '견디-(忍)', '무디-(鈍)', '버티-(支)' 등의 어휘들은 'ㄷ' 구개음화에 대한 예외를 형성하는데 이들은 구개음화 현상이 보편화되기 시작하였을 어느 역사적 단계에서 이

---

20 곽충구(2001:247)은 치조음이 경구개음으로 재음운화한 후에 구개음화가 발생하였다는 논리는 설득력이 없고, 이음규칙이 발생한 후 구개음화가 출현하였고 이어 이음들의 합류가 이루어졌으며 이음들의 합류는 매우 긴 시간축 상에서 점진적으로 진행되고 있거나 진행되었다고 하였다.

21 연변지역에서 年小한 계층에서는(대략 60세 미만) 모두 [ts]로 합류하였는바 나이가 어릴수록 그 합류가 더욱 현저하다.

현상의 구조기술을 갖추지 못했기 때문으로 규명되었다(허웅 1965: 42-54). 말하자면 구개적 환경 'i' 또는 'j' 앞에서 구개음화를 수행할 시기에 이들은 '-듸', '-틔'로서 존재하여 구개적 환경을 이루지 않았다. 그 이후에 진행된 單모음화 규칙 'ㅢ>ㅣ'에 의하여 구개음화의 조건을 만족시키게 되었지만 'ㄷ' 구개음화는 이와 같은 2차적 음성 환경에는 다시 적용되지 않았다. 이러한 현상은 이 지역어에서도 마찬가지로 적용된다.

(19) ㄱ. 잔디(젼뙤<두해-초 20:17>, 잔디)

　　　　오디(오도<구간 6:8>, 오듸<훈몽-초, 상:6>, 葚, 오디)

　　　　띠끌(틧글<박해, 중:43>, 埃, 티끌)

　　ㄴ. 기러기(그려기<능엄 8:121>, 긔려기<훈몽-초, 상:15>, 雁, 기러기)

　　　　기-(긔-<월석 1:11>, 匍匐, 기다)

　　　　기계(긔계<연병 5>, 器械, 기계)

　　　　기색(긔ᄉ<한청 6:8>, 氣色, 기색)

　　　　기차(긔차, 汽車)

　　　　기별(긔별, <월곡 23>, 기별)

　　　　기구(긔구, <태평 1:16>, 기구, 器具)

(19)는 구개음화를 겪지 않은 예들이다. (19ㄱ)은 'ㄷ' 구개음화 (19ㄴ)은 'ㄱ' 구개음화가 실현되지 않는다. 이는 구개음화가 발생할 시기에 이 단어들은 'ㆎ', 'ㅢ'를 가지고 있었고 구개음화가 종료된 후에 'ㆎ>ㅢ>ㅣ', 'ㅢ>ㅣ'의 변화를 겪어 구개음화가 적용될 환경을 잃

었기 때문이다.

이로써 'ㅈ'의 음가와 전설모음화에 대해 살펴보았다. 이 지역에서는 'ㄷ', 'ㄱ', 'ㅎ' 구개음화가 형태소내부(파생어 포함)에서 왕성하게 이루어지는데 각각 나누어 살펴보기로 한다.[22]

2.1. 'ㄷ' 구개음화

16세기 함경도방언이 반영된 『村家救急方』(1538)에 'ㄷ' 구개음화가 보이며(안병희 1978:196)[23] 17세기 함경도방언이 반영된 것으로 간주되는 『練兵指南』(1612), 『火砲式諺解』(1635)에도 'ㄷ' 구개음화가 보인다(홍윤표 1993:295).[24] 그러다가 함경도방언을 반영한 문헌 자료로 보이는 『地藏經諺解』(1762)에 이르면 'ㄷ' 구개음화가 상당히 활발하게 일어나고 있음을 보여준다(김주필 1994:63-64). 함경도방언을 반영한 문헌자료가 적지만 그 중에서도 ㄷ' 구개음화가 진척된 모

---

22 아래의 도표는 곽충구(2001:254)가 보여주는 지역별 구개음화이다. 이를 근거로 하면, 'ㅎ' 구개음화는 적어도 육진, 함경, 황해 남부 방언권에서 발생한 것이 되고, 'ㄱ' 구개음화는 함경, 강원, 충청, 남부 방언권에서 발생한 것이 되며, 'ㄷ' 구개음화는 함경, 강원, 충청, 남부방언권에서 발생한 것이 된다.

지역	평안	황해	육진	함북	함남	강북	강원	경기	충청	서남	동남	제주
ㅎ	-	+	+	+, -	+	+	+	+, -	+	+	+, -	+
ㄷ	-	+	-	+	+	+	+	+	+	+	+	+
ㄱ	-	-	-	+	+	+	+	-	+	+	+	+

23 升麻 雉脚 싀쟝가리(싀댱가리<瘟疫 24>), 磁石 指南石 디남셕(지남셕<구간 Ⅵ 1, 四聲上 13>), 石竹花 셕쥭화(셕듁화<救簡 Ⅲ 79>).

24 혹 물 빅롤 디르고 당파쉬 도즈긔 ㄴ출 지르라(연병-함 3a), 습진 터히 가(연병-함, 10b),

습을 엿볼 수 있다.

곽충구(2001:242)는 육진방언권은 아직 구개음화가 보수적이지만 황해도와 육진방언권의 외곽 지역은 'ㄷ' 구개음화가 완료되었다. 부령지역어는 'ㄷ' 구개음화가 형태소 내부와 형태소 경계에서 달리 실현되는데 형태소 내부의 'ㄷ' 구개음화는 기본적으로 완료되었고 형태소 경계에서는 'ㄷ' 구개음화가 거의 일어나지 않는다. 'ㄷ' 구개음화가 형태소 내부와 형태소 경계에서 달리 실현되기 때문에 'ㄷ' 구개음화를 논하는 이 자리에서는 형태소 내부와 형태소 경계를 나누어서 논의한다.

(20) ㄱ. 짚-(딮<두해-초 8:37>, 杖, 짚다)

　　 ㄴ. 자지(ᄌᆞ디<능엄 5:57>, 紫, 자주)

　　　　 단지(단디<박번 상:41>, 瓿, 단지)

　　　　 어지-(어딜-<석보 13:4>, 良, 어질다)

　　　　 멩지(명디<훈몽-초, 중:15>, 紬, 명주)

　　　　 헤체지-(헤여디-<두해-초 25:7>, 別, 헤어지다)

　　　　 밑지-(믿디-<노번, 상:65>, 亐, 밑지다)

(21) ㄱ. 짜르-(댜르-<소해 5:100>, 短, 짧다)

　　　　 절(뎔<훈민-원, 해례:26>, 寺, 절)

　　　　 장가(댱가<석보 6:22>, 婚姻, 장가)

　　　　 좋-(됴-<석보 6:35>, 好, 좋다)

　　　　 중매(듕ᅀᅵᆫ<내훈-초 1:79>, 媒, 중매인)

제자(뎨ᄌᆞ<박번, 상:36>, 弟子, 제자)

첸지꽃(천지꽃)

ㄴ. 언청이(엇텅이<역해, 상:29>, 臁, 언청이)

꼬꼬지(꼬꼬디, 곧장)

(20), (21)은 형태소 내부에서 'ㄷ' 구개음화가 실현된 예들이다. (20)은 'i' 앞에서 실현된 예이고 (21)은 'j' 앞에서 실현된 예이다. 'ㄷ' 구개음화는 음절 위치에 제한을 받지 않고 실현되는데 (20ㄱ), (21ㄱ)은 어두음절 위치에서 실현된 예이고 (20ㄴ), (21ㄴ)은 비어두음절 위치에서 실현된 예이다.[25] (21ㄱ)의 '첸지꽃'는 회령, 온성, 종성에서는 각각 '텐디꽃', '턴디꽃'(김태균 1986:453)으로 나타나고 (21ㄴ)의 '꼬꼬지'는 종성, 회령 등 지역에서 '꼬꼬디'로 나타나(김태균 1986:69) 구개음화를 겪은 것임을 알 수 있다. (21)은 'ts+j'가 구개음화하여 'tʃ+j'로 된 후 활음이 탈락한 것이다.

위의 형태소 내부에서 'ㄷ' 구개음화를 겪은 것과 달리 형태소 내부에서 'ㄷ' 구개음화를 겪지 않은 형태들이 일부 나타난다. 이는 인접한 육진방언의 영향이라기보다는 'ㄷ' 구개음화에 앞서 'j' 탈락을 겪었거나 'ㅕ>ㅔ'의 변화를 겪은 것으로 보인다.

(22) ㄱ. 시당하다(餓, 시장하다)

두렁두렁(주렁주렁)

---

25 소신애(2000)은 중국 조선족의 육진방언을 조사 연구한 보고서인데 어두보다 비어두에서 구개음화의 실현비율이 높다고 한 바 있다.

넙덕골(넙적골, 골짜기 이름)

넙덕글(넙적글, 중국 글)

　　　ㄴ. 데까닥(제꺼덕)

(22)는 형태소 내부에서 구개음화를 겪지 않은 예들이다. (22ㄱ)은 '*시댱하다', '*듀렁듀렁', '*넙덕골', '*넙덕글'이 구개음화에 앞서 'j' 탈락을 겪은 것으로 보인다. (22ㄴ)은 '*뎌까닥'이 구개음화에 앞서 'ㅕ>ㅖ'의 변화를 겪어 '데까닥'이 된 것으로 보인다.

아래에 형태소 경계에서의 'ㄷ' 구개음화에 대해 보기로 한다.

　　(23) ㄱ. 해도지(ᄒᆡ도디<월석 2:35>, 해돋이)

　　　　　 미다지(미닫이)

　　　　　 마지(맏이)

　　　　　 하느바지(입천장)[26]

　　　　　 꼬꼬지(바로)[27]

　　　　　 가치(ᄀᆞᆮ티<맹해 13:29>, 같이)

　　　　ㄴ. 가을거디, 가을거지(가을걷이)

(23)은 파생어의 예들이다. (23ㄱ)은 'ㄷ' 구개음화가 일어나고 있

26　'입천장'은 함북방언에서 '하늘받이'이다. 김태균(1986:413)에는 '하누바지'(성진, 명천, 청진, 부령, 무산), '하누받이'(명천, 경원), '하느바지'(경원, 온성, 종성, 회령), '하느바지'(성진, 길주, 경성, 종성, 무산)이 보고되었다.

27　'바로'는 함북방언에서 '곧이'이다. 김태균(1986:236)에는 꼬고디(종성, 회령), 꼭 꼬지(성진, 길주, 명천, 경성, 온성, 무산), 꽃꼬지(종성)이 나타난다.

으나 (23ㄴ)과 같은 일부 단어는 'ㄷ' 구개음화가 수의적이다. 또 'ㄷ' 구개음화가 제약되는 현상은 어휘형태소와 문법형태소의 결합에서 더욱 뚜렷이 나타난다.

(24) ㄱ. 밭이(밭<석보 6:19>, 田, 밭)

끝이(긑<석보 9:2>, 末, 끝)

밑이(밑<석보 6:28>, 底, 밑)

곁이(곁<월곡 46>, 傍, 곁)

돝이(돝<용가 8:6. 65>, 猪, 돼지)

ㄴ. 해볕이, 해볏이(볕<월석 2:51>, 光, 볕)

(24)는 형태소 경계에서 구개음화가 달리 실현되고 있음을 보여준다. (24ㄱ, ㄴ)은 체언에 주격조사 '-이'가 결합한 것으로 (24ㄱ)은 구개음화가 실현되지 않으며 (24ㄴ)은 구개음화가 수의적이다. 중부방언의 경우 'ㄷ' 구개음화는 형태소 내부에서나 형태소 경계에서나 자유롭게 실현되지만 이 지역어는 '체언+조사 -이' 의 결합에서는 제약된다. 'ㄷ' 구개음화가 형태소 내부에서 시작하여 형태소 경계로 점진적으로 발전해 간다(곽충구 2001:250)고 할 때[28] 이 지역어는 아직 형태소 경계에 영향을 미치지 못했거나 그 영향이 부분적임을 말해준다.

---

28 홍윤표(1985:150)은 문헌자료에 근거하여 구개음화 규칙 적용이, 형태소 경계→비어두의 어휘 형태소의 내부→비어두의 문법형태소의 내부→어두 음절 위치와 같이 단계적으로 이루어진 것으로 보았다.

2.2. 'ㄱ' 구개음화

'ㄱ' 구개음화는 16세기말에 동북방언을 반영한 『村家救急方』
(1538)에서 확인된다(안병희 1978).[29] 또 함흥에서 간행된 『練兵指南』
(1612)에도 'ㄱ' 구개음화의 예가 발견되며[30] 1세기 전 러시아에서 간
행된 『한국인의 철자 교과서』의 함북 길주지역어에도 'ㄱ' 구개음화
가 활발하였다. 여기에 근거하면 함경도방언은 매우 이른 시기에
'ㄱ' 구개음화가 발생하여 지금에 이르렀다고 할 수 있다. 곽충구
(2001:261)은 'ㄱ' 구개음화는 남부방언과 북부의 함경도(함남 지역)
에서 각각 발생하였는데 남부에서 발생한 이 규칙은 충청, 강원도의
영서 지역까지 확대되었고, 북부에서 발생한 규칙은 함남의 남부 그
리고 함북의 중북부로 점차 그 개신을 확대해 나갔다고 하였다. 부령
지역어는 'ㄱ' 구개음화가 활발히 일어난다.

    (25) ㄱ. 지둥, 기둥(기동<능엄 8:80>, 柱, 기둥)

          지르매(기르마<두해-초 22:8>, 길마)

          지름(기름<월석 18:29>, 油, 기름)

          지슭(기슭<법화 2:105~106>, 簷, 기슭)

          지지개, 기지개(기지게<훈몽-초, 상:15>, 伸, 기지개)

          질(긿<월곡 86>, 路, 길)

---

29 '사두새지롤'이 나타난다.
30 '함쯰 노키롤 젼윗녕ㄱ치 ᄒ라(연병-함, 30b), 사호ᄂ 호녕은 흔굴으치 ᄒ라'(연병
   -함, 30b)와 같은 예가 나타난다.

짐(김<구간 6:73>, 蒸, 김)

치(키<훈민-원, 해례:25>, 箕, 키)

콩질금(콩길금, 콩나물)

지와, 수지와, 암지와(瓦, 기와) cf. 디새<석보 13:51>

짐치(沈菜, 김치)   cf. 딤치<훈몽-초, 중:11>

짐장(沈藏, 김장)

ㄴ. 자싯물, 재싯물(갸亽<월석-중 23:74>, 家事, 개숫물)

제(겨<법화 2:28>, 糠, 겨), 나박제(쌀겨), 겉제(왕겨)

자대미티(곁<월석 2:13>, 겨ᄃ랑<언두, 하:43>, 腋, 겨드랑이)

저르피(겨릅째<한청 11:33>, 菣, 겨릅대)

바늘절개(바늘겨레)

접우티(겹<능엄 8:15>, 袷, 겹)

(26) ㄱ. 지다맣-(長, 기다맣다)

지달기-, 기다리-(기드리-<석보 6:11>, 待, 기다리다)

지대-(기대다)

지르-(기르-<능엄 6:41>, 養, 기르다)

질-(길-<월곡 164>, 長, 길다)

집-(깁-<능엄 5:82>, 補, 기워)

지뿌-(깃브-<석보 13:7>, 喜, 기쁘다)

찌우-(ᄢl오-<두해-초 15:26>, 挿, 끼우다)

ㄴ. 전디-(견듸-<두해-초 8:21>, 耐, 견디다)

져-(겪-<월석 7:25~26>, 겪다)

　　(27)　겐본(見本)

　　　　　겐장(肩章)

　　　　　겐학(見學)

　　　　　겔석(缺席)

　　　　　겔혼(結婚)

　　　　　겡우(境遇)

　　　　　겡치(景致)

　　(25), (26)은 구개음화를 겪었고 (27)은 구개음화가 실현되지 않는
다. (25)는 체언, (26)은 용언, (27)은 한자어의 예이다. (25ㄱ), (26ㄱ)
은 문헌어 혹은 중앙어에서 'ㄱ+ㅣ'구조를 가졌던 예들이고 (25ㄴ),
(26ㄴ), (27)은 문헌어에서 'ㄱ+ㅕ'의 구조를 가졌던 예들이다. 최전승
(1986)은 (27)과 같은 예들이 구개음화가 실현되지 않은 것을 구개음
화와 'ㅕ>ㅔ'로의 單모음화 과정이 경쟁적이기 때문인 것으로 보았
다. 이 지역에서는 'ㄱ' 구개음화가 활발히 일어나는 데 비해 부령 이
북에 위치한 육진방언은 'ㄱ' 구개음화가 진행 중에 있다. 이는 'ㄱ'
구개음화의 개신파가 부령지역어에는 이미 그 영향을 완료하였으나
육진 지역에는 그 영향이 소극적임을 말해준다.

　　'ㄱ' 구개음화는 어두음절 위치에서 실현되는 것이 일반적이다. 그
러나 이 지역에서는 비어두음절 위치에서도 'ㄱ' 구개음화가 실현된
모습을 보인다. 아래의 (28)은 비어두음절 위치에서 'ㄱ' 구개음화가
실현됨을 보여준다.

(28) 분두지(본도기<구간 6:34>, 蠶蛹, 번데기)

　　　시라지(靑莖, 시래기)

2.3. 'ㅎ' 구개음화

함북의 'ㅅ'은 변이음으로 경구개음을 가지고 있었다(곽충구 1986:97, 117). 따라서 여기에서는 'ㅎ'이 경구개모음에 동화되어 'ʃ'으로 되는 현상을 'ㅎ' 구개음화로 간주한다.

(29) ㄱ. 심, 힘(힘<월곡 39. 力>, 力, 힘)

　　　심줄(힘<훈민-원, 해례:25>, 筋, 힘줄)

　　　심심하-(힘힘ᄒ<박해, 상:32>, 閑, 심심하다)

　　ㄴ. 세떼(혀<훈민-원, 해례:21>, 舌, 혀), 셋-바늘(혓-바늘)

　　ㄷ. 숭, 수~(흉<소해 6:40>, 凶, 흉) cf. 수:보다(흉을 보다), 숭두(흉도)

　　ㄹ. 생지(힝ᄌ<훈몽-초, 하:9>, 箒, 행주)

　　ㅁ. 세-(혜-<석보상절 서:1>, 數, 세다)

　　　셈(혬<능엄 3:98>, 數, 셈), 셈이 들다

　　　삿갈리-(混, 헷갈리다)

(29)는 어두음절에서 'ㅎ' 구개음화가 실현되는 예들이다. (29ㄱ)은 'ㅎ+ㅣ', (29ㄴ)은 'ㅎ+ㅕ', (29ㄷ)은 'ㅎ+ㅠ', (29ㄹ)은 'ㅎ+·ㅣ', (29ㅁ)은 'ㅎ+ㅖ'의 예이다. 그리고 이 지역에서 '헷갈리다'를 '삿갈리다'라고

175

하는 것으로 보아 이 지역은 '헷갈리다'의 선대형에 'j'가 있었을 가
능성이 있다.

    (30) ㄱ. 성, 성님(형<속삼, 효:22>, 兄, 형)

           수지(休紙)

           숭년(년<박번, 상:57>, 年, 흉년)

      ㄴ. 헨상(現象)

          행기(香氣)

          호자(孝子)

    (30)은 한자어의 경우이다. 'ㄱ' 구개음화는 한자어에서는 잘 일어나
지 않으나 이 지역어에서는 'ㅎ' 구개음화가 한자어에서 실현된 모습
을 보인다. (30ㄱ)에서 볼 수 있듯이 '형'이 '성'으로 나타나고 '휴지'가
'수지'로, '흉년'이 '숭년'으로 나타난다. (30ㄴ)의 예들은 'ㅎ' 구개음
화가 실현되지 않고 있음을 보여주는데 이는 구개음화에 앞서 單모음
화나 활음탈락을 겪어 구개음화가 적용될 환경을 잃었기 때문이다.

    (31) 써다(혀다<능엄 8:96>, 引, 켜다)

    (31)은 중부방언에서는 'ㅎㅎ'가 'ㅋ'로 변화하였는데 이 지역에서는
'불을 써라, 가스를 써라'와 같은 예가 나타나 'ㅎㅎ'가 'ㅆ'로 변화한 모
습을 보인다.

    구개음화는 남부방언에서 가장 일반적인 유형(즉, ㄷ>ㅈ, ㄱ>ㅈ 및

ㅎ>ㅅ)을 보여주지만 중부방언은 그 일부(ㄷ>ㅈ)만을 수용했으며 서북방언은 전혀 경험하지 않았다(최전승 1986:185). 따라서 구개음화의 진원과 전파에 대해 여러 가지 학설이 제기되어 왔다.[31] 동북에서도 활발히 일어나는 구개음화 현상은 多元발생설에 힘을 실어준다. 따라서 구개음화는 여러 지역에서 발생하여 인접 지역으로 확산된 것으로 보인다.

문헌자료가 보여주는 구개음화 발생의 사적 순위는 대체로 'ㅎ' 구개음화와 'ㄷ' 구개음화가 비슷한 시기에 발생한 것으로 보이며 'ㄱ' 구개음화가 그 뒤를 이은 것으로 나타난다. 그러나 이러한 발생의 순위는 대체적인 경향을 보여줄 뿐이다. 이 지역에서는 'ㅎ', 'ㄱ' 구개음화가 활발히 전개됨에 반해 'ㄷ' 구개음화가 형태소 경계에서는 일어나지 않을 뿐만 아니라 일부 형태소 내부에서도 잘 나타나지 않는다. 이는 'ㄷ' 구개음화가 이 지역에서 'ㄱ', 'ㅎ' 구개음화보다 그 실현강도가 낮고 발생시기가 늦은 구개음화임을 말한다. 이 지역어에서 'ㄱ' 구개음화와 'ㅎ' 구개음화 중 어느 것이 앞섰는가를 추정하는 것은 쉽지 않다. 단지 육진방언에서 'ㅎ' 구개음화가 나타날 뿐 'ㄱ' 구개음화가 나타나지 않는다는 사실로 'ㅎ' 구개음화가 'ㄱ' 구개음

---

31 이기문(1980)은 이 현상은 동남 및 서남방언에서 먼저 발생하여 점차 북상하면서 서북방언만을 제외한 모든 방언권에서 활발하게 실현되는 보편적인 현상이라고 하였다. 그러나 안병희(1978:199)에서는 남부방언 등에서 16세기 후반에 이미 이 현상이 완전히 이루어졌으리라는 점과 함께 전파의 중심지를 남부방언의 단일지역으로 한정하기 어려우며 동북방언이 전파의 중심지일 가능성도 제시하고 있다. 김영배(1985, 1987)과 최전승(1987, 1989) 및 이기동(1992)에서는 구개음화 또는 움라우트의 실현강도와 관련하여 그 지리적 분포가 남부와 북부에서 강하며 오히려 중부에서는 상대적으로 약화된 상태를 드러내는 것으로 파악하였다.

화에 선행했다고 추정할 수는 있을 뿐이다.

이로써 'ㄷ', 'ㄱ', 'ㅎ' 구개음화의 개신파가 부령지역어에 영향을 주었다는 것을 보아낼 수 있다. 그리고 'ㄷ' 구개음화는 형태소 내부에서 아직 이루어지지 않았음을 확인할 수 있다.

3. 비음 탈락

3.1. 'ㄴ' 탈락

현대 한국어에는 'i'나 'j' 앞에서 'ㄴ'이 탈락하는 현상이 있다. 비음 'ㄴ'의 탈락은 함경도, 경상도, 황해도 방언에서 나타난다. 그러나 평안도나, 육진방언은 'ㄴ'을 보존하고 있다. 그것은 'ㄴ' 탈락은 'ㄴ'이 'i'나 'j' 앞에서 구개음화된 다음 탈락하는 현상으로 평안도방언은 구개음화를 겪지 않았고 육진방언은 'ㅎ' 구개음화만 경험하였기 때문이다.

함경도방언이 반영된 것으로 보이는 『練兵指南』에 제1음절에 국한되어 'ㄴ' 탈락의 예가 보인다.[32] 이 절에서는 어두에서의 'ㄴ' 탈락과 어중에서의 'ㄴ' 탈락으로 나누어 부령지역어의 'ㄴ' 탈락 현상을 살펴보고자 한다.[33]

---

32 가영머리예 의ᄅ거든(14a), 도즈기 쉰 거름 안히 의ᄅ러(24a), 날의 의ᄅ며(34b), 참고 쟝듸예 니ᄅ거든(14a)

33 이 지역에는 또는 어중에서 'ㄴ'이 첨가된 예가 나타난다. '능달(음달<역보 4>, 응달)', '조만지, 주먼지(주머니<능엄 8:106>, 주머니)', '한나(ᄒ낳<월곡 89>, 하나)',

우선 어두에서의 'ㄴ' 탈락의 예들을 살펴본다.

(32) ㄱ. 이르-(니르-<석보 13:48>, 謂, 이르다)

이마(니맣<석보 19:7>, 額, 이마)

이불(니블<석보 13:23>, 被, 이불)

이빨(니<석보 19:7>. 齒, 이)

일곱(닐곱<월곡 8>, 七, 일곱)

잎(닙<청노신 2:11>, 葉, 잎)

ㄴ. 여름(녀름<두해-초 10:9>, 夏, 여름)

여자(녀ᄌ<오륜도 3:36>, 女, 여자)

염통이(념통<훈몽-초, 상:14>, 렴통<구간 1:97>, 心, 염통)

옆구리(녑<훈민-원,해례:22>, 녑구레<훈몽-초, 상:13>, 脇, 옆구리)

영-(녛-<석보 9:21>, 容, 넣다)

요강, 오강(뇨강<물보, 궤안>, 尿缸, 요강)

(32)는 'ㄴ'이 어두에 오는 경우로 (32ㄱ)은 'ㄴ+i'의 결합이고, (32ㄴ)은 'ㄴ+j'의 결합이다. 이들 결합에서 모두 'ㄴ'이 탈락한다.

아래에 어중에서의 'ㄴ' 탈락에 대해 보기로 한다. 어두에서의 'ㄴ' 탈락은 휴지 다음 위치에서 일어나지만, 어중에서의 'ㄴ' 탈락은 선행하는 환경이 모음이거나 공명자음이다.

'아즈반님(시아주버니)' 등과 같은 예가 그것이다.

(33) ㄱ. 가마~이(隱, 가만히)

　　　게사~이(鵝, 거위)

　　　아~이(아니<월곡 53>, 非, 아니)

　　　아즈마~이(아주머니)

　　　-으~이까(-으니까)

　　　주머~이, 조마~이(袋, 주머니)

　　ㄴ. 고~애, 고내(괴<능엄 8:122>, 猫, 고양이)

　　　구~애(구냥, 孔, 구멍)

　　　지~약, 저낙(져녁<역해,상:2>, 夕, 저녁)

　　ㄷ. 동야~하-(동냥ᄒ-<역해, 상:26>, 동냥하다)

　　　승애(승량이<신합, 상:13. 왜어, 하:23>, 豺, 승냥이)

(34) 반차~이(饌, 반찬)

　　사~이(山)

　　남페~이(男便)

　　갱베~이(江邊)

　　(33), (34)는 어중에 위치한 'ㄴ'이 탈락한 경우이다. (33)은 형태소 내부에 위치한 'ㄴ'이 탈락한 예이다. (33ㄱ)은 '모음+ㄴ+i'의 결합, (33ㄴ)은 '모음+ㄴ+j'결합, (33ㄷ)은 'ㅇ+ㄴ+j'의 결합이다. (34)는 주격조사 '-이'와의 통합에서 'ㄴ'이 탈락한 예이다.[34] 이들 예에서 볼

34　백두현(1991)은 현재의 경상도방언에는 '돈'+'-이'의 통합에서 'ㄴ'이 약화되어 인접모음이 鼻母音化된다고 하였다.

수 있듯이 어중의 'ㄴ'은 모음, 공명자음과 구개적 환경인 'i'나 'j' 사이에서 탈락을 하며 앞의 모음을 鼻母音化시킨다.

어중의 'ㄴ'이 탈락하게 되면 그것은 선행하는 모음, 공명자음과 후행하는 'i'나 'j' 사이에서 흔적을 잃어버리게 된다. 그러나 어떤 음이 탈락을 하더라도 가능하면 완전히 그 음이 소멸되어 사라지는 것이 아니라 그 흔적을 남기게 된다. 한국어에서 어떤 환경에서 음절이 없어지게 되면 그 선행음절을 장모음화시킴으로써 그러한 음절이 없어지는 것을 보상하는 보상적 장모음화 현상이 있는 것과 마찬가지이다(이병근 1978). 이런 점에서 어중에서 'ㄴ'이 탈락되더라도 완전히 없어지는 것이 아니라 탈락되면서 그 'ㄴ'이 가지고 있던 비음성을 인접 모음에 전이시켜 흔적을 남긴 것이 鼻母音化로 나타난 것이다.[35] 어중의 경우에는 'ㄴ'이 탈락하면서 鼻母音化를 일으키는데, 어두의 경우에는 鼻母音化를 일으키지 않는다. 그것은 어두의 'ㄴ'이 탈락하는 환경이 휴지 다음이라는 특성 때문이다. 휴지에는 비음성을 전이할 수 없다(김주필 1994:111-113).

3.2. 'ㅇ' 탈락

이 지역에는 'ㅇ'이 모음사이에서 탈락하는 현상이 있다. 이는 동남방언에도 존재하는 것으로 알려져 있다(정철, 1991).

---

[35] 지금까지의 연구자들에 있어서 비모음을 표시하는 위치도 같지 않다. 연구자에 따라 비음표시를 'ㄴ'이나 'ㅇ'이 탈락되는 앞 음절의 모음에 하기도 하고, 'ㄴ'이나 'ㅇ'이 탈락된 음절의 모음, 즉 후행하는 모음에 하기도 한다. 이 논문에서는 'ㄴ'이나 'ㅇ'이 탈락된 음절의 모음에 표시하였다.

(35) ㄱ. 강내~이(鯰, 강냉이)

골배~이(蜆, 골뱅이)

구레~이(구렁이<구간 6:54>, 蟒, 구렁이)

ㄴ. 배~우리(병알<계축>, 雛, 병아리)

저~어리(鰮魚, 정어리)

피~양, 페~양(平壤)

(36) 걱저~이(憂, 걱정)

동저~이(巾, 동정)

열저~이(熱情)

열코~이(열콩이, 강낭콩)

　　(35)는 형태소 내부에서 'ㅇ' 탈락이 일어나는 경우로 (35ㄱ)은 'ㅇ'이 모음과 'i' 사이에 있는 경우이고, (35ㄴ)은 'ㅇ'이 모음과 그 이외의 모음사이에 있는 경우이다. 이는 'ㅇ'이 모음 사이에서 탈락한다는 것을 알 수 있다. (36)은 어말에 위치한 'ㅇ'이 주격조사 '-이'와 결합할 때 탈락함을 보여준다. 'ㅇ'의 탈락도 'ㄴ'의 탈락과 마찬가지로 'ㅇ'이 탈락되면서 그 앞에 있는 모음을 비음화시킨다.[36] (35)는 형태소 내부, (36)은 형태소 경계의 'ㅇ'이 탈락한 것이다. 하지만 'ㅇ'의 위치로 볼 때는 모두 어중에 위치한 경우로 볼 수 있다. 즉 '모음+ㅇ+

---

36 鼻母音化는 鼻母音化를 일으키고 탈락하는 자음의 부류에 따라 'ㄴ'에 의한 鼻母音化와 'ㅇ'[ŋ]에 의한 鼻母音化로 나눌 수 있는데 이 지역어는 이 두 鼻母音化가 모두 실현되고 매우 생산적이다.

모음'의 결합을 보이고 있다. 그런데 이 지역에서는 'ㅇ'이 어말에 위
치할 경우에도 'ㅇ' 탈락이 존재한다.[37]

    (37) 고바~(庫房)

        공자~(工場)

        대토~(대桶)

        수~(凶)

        시누~(樣, 시늉)

        안게~(眼鏡)

        전재~(戰爭)

        초~(銃, 총), 건초~(拳銃)

        히새~(犧牲)

        따~(짷<석보 6:26>, 地, 땅)

    (37)과 같은 예가 바로 그것이다.[38] 여기에서도 어말의 'ㅇ'은 탈락
하면서 앞의 모음을 비음화시킨다. 이와는 달리, 동남방언의 경우에
'ㅇ' 탈락은 주격이나 처격이 통합할 때에 한하여 일어난다(최명옥,

---

37 한영순(1967:129)는 함경도와 육진 방언에서는 단어의 끝에 오는 'ㅇ'도 약화시키
   는 현상이 있다고 하여 아래와 같은 예들을 들고 있다. 예: 피양~:(평양), 직댱~:(직
   장), 새핑~:(서풍)[육]; 식장~:(찬장), 귀경~:(구경), 피양~(평양)[함]. 곽충구
   (2001b:101)은 동북방언에서 단어의 끝에 'ㅇ'이 놓일 때 비모음화가 일어남을 지
   적하였다. 예: 고사(고생), 그야(그냥). 황대화(1986:50), 정용호(1988:63)은 어말
   위치에서 'ㅇ'이 탈락하는 경우에 비음화된 모음은 장모음이 된다고 하였다.
38 이는 한정첨사 '-이'가 결합하여 공명음 사이에서의 'ㅇ' 탈락 환경을 이룬 후 '-이'
   가 자취를 감춘 것으로도 볼 수 있을 듯하다.

1998a:481). 이들 예에서 볼 수 있듯이 'ㅇ'은 모음 사이와 어말위치에서 탈락하며 선행하는 모음을 비음화 시킨다는 것을 알 수 있다. 이로써 'ㄴ', 'ㅇ'은 공명음 사이에서 탈락을 하며 그에 선행하는 모음이 鼻母音化한다는 것을 알 수 있다.

4. 'ㄴ' 첨가

'ㄴ' 첨가는 자음으로 끝나는 형태소와 'i' 또는 'j'로 시작하는 어휘형태소가 연결되면 그 사이에 'ㄴ'이 첨가되는 현상을 말한다. 이 절에서는 파생어나, 복합어, 구 구성에서 보이는 공시적 'ㄴ' 첨가와 '어근+어근'의 구성에서 보이는 통시적 'ㄴ' 첨가로 나누어 기술하려 한다.

여기에서 복합어나 파생어를 형성하는 두 번째 요소인 '잎, 이불, 익다, 여름, 이마, 이(齒)' 등은 문헌어에서 원래 'ㄴ'을 가지고 있던 '니불, 닢, 닉다, 녀름, 니마, 니, 닐곱'이어서 복합어나 파생어에서 이들이 실현되었을 때 이전에 가지고 있던 'ㄴ'이 그대로 실현되었다고 볼 수도 있다. 즉 'ㄴ' 탈락 이전에 이 복합어들이 만들어 졌을 수도 있다. 그러나 이런 단어들이 이 지역어에서 'ㄴ'의 탈락으로 인해 현재는 단독형으로 실현되기 때문에 복합어나 파생어를 이룰 때 첨가된 것이라고 할 수 있겠다.

(38) 丹楓잎[단풍닙], 솔잎[솔립], 꽃잎[꼰닙], 호박잎[호방닙]

cf. 닙<월석 8:12>, 葉, 잎

비단이불[비단니불], 솜이불[솜니불], 홑이불[하불리불]

cf. 니블<석보 13:23>, 被, 이불

설익다[설릭다]　　　cf. 닉다<월석 1:45>, 熟, 익다

한여름[한녀름]　　　cf. 녀름<두해-초 10:9>, 夏, 여름

앞이마[암니매]　　　cf. 니망<석보 19:7>, 額, 이마

金니[금니], 生니[생니]　cf. 니<석보 19:7>, 齒, 이

열일곱[열닐굽]　　　cf. 닐굽<월곡 8>, 七, 일곱

(38)은 '잎, 이불, 익다, 여름, 이마, 이(齒), 일곱'이 복합어나 파생어의 두 번째 요소가 될 경우 'ㄴ' 첨가를 겪은 것이다.

(39) ㄱ. 색연필(色鉛筆)[생년필]~[색연필]

　　　각막염(角膜炎)[강망념]~[각막염]

　　　복막염(腹膜炎)[봉망념]~[복막염]

　　　관절염(關節炎)[관절렴]~[관절염]

　　　조선역사(朝鮮歷史)[조선녁사]~[조선역사]

　ㄴ. 식전일(食前日)[식전닐]~[식전일]

(39)는 한자어 파생어 및 한자어 복합어에서의 'ㄴ' 첨가 예이다. (39ㄱ)은 'j' 앞에서의 'ㄴ' 첨가의 예이고 (39ㄴ)은 'i' 앞에서의 'ㄴ' 첨가 예이다. 이와 같은 경우에 'ㄴ' 첨가가 수의적으로 일어남을 볼 수 있다.

(40) ㄱ. 山열매[산녈매]~[산열매]

바깥兩班[바깥냥반]~[바깥양반]

물藥[물략]~[물약]

알藥[알략]~[알약]

좀藥[좀냑]~[좀약]

기침藥[지침냑]~[지침약]

ㄴ. 雜일[잠닐]~[잠일]

첫人事[천닌사]~[첫인사]

첫印象[천닌상]~[첫인상]

(41) ㄱ. 암염소[암념소]

삯일[쌍닐]

ㄴ. 막일[망닐]

밤일[밤닐]

낮일[낟닐]

군입[군닙]

헛일[헌닐]

밭일[반닐]

(40)은 혼종어 파생어 및 복합어 (41)은 고유어 파생어에서의 'ㄴ' 첨가 예이다. (40ㄱ), (41ㄱ)은 'j' 앞에서의 'ㄴ' 첨가의 예이고 (40ㄴ), (41ㄴ)은 'i' 앞에서의 'ㄴ' 첨가 예이다

(42) ㄱ. 잘 여물다[잘려물다]

쓴 약[쓴냑]

제일 얌전하다[제일람전하다]

문 열고[문녈구]

잘 열린다[잘렬린다]

ㄴ. 마른 일[마른 닐]

구즌 일[구즌 닐]

큰 일[큰닐]

(어제) 한 일[한닐]

(내일) 할 일[할릴]

볼 일[볼릴]

옷 입고[온닙고]

책 읽는다[책닉는다]

(42)는 선행 성분과 후행 성분이 하나의 구 구성을 이룰 때에도 'ㄴ' 첨가가 이루어짐을 보인다. (42ㄱ)은 'j' 앞에서의 'ㄴ' 첨가의 예이고 (42ㄴ)은 'i' 앞에서의 'ㄴ' 첨가 예이다.

아래에 '어근+어근' 구성의 한자어에서의 'ㄴ' 첨가에 대해 보기로 한다. 이도 통시적 'ㄴ' 첨가로 볼 수 있다.

(43) ㄱ. 간염(肝炎)[가념]~[간념]

만약(萬若)[마냑]~[만냑]

반영(反映)[바녕]~[반녕]

반역(叛逆)[바녁]~[반녁]

연약(軟弱)[여냑]~[연냑]

운영(運營)[우녕]~[운녕]

인연(因緣)[이년]~[인년]

전염(傳染)[저념]~[전념]

환영(歡迎)[하녕]~[환녕]

한약(漢藥)[하냑]~[한냑]

ㄴ. 월요일(月曜日)[월료일]

일요일(日曜日)[일료일]

절약(節約)[절략]

촬영(撮影)[촬령]

필요(必要)[필료]

활약(活躍)[할략]

ㄷ. 금요일(金曜日)[금요일]~[금뇨일]

금연(禁煙)[금연]~[금년]

검열(檢閱)[검열]~[검녈]

검역(檢疫)[검역]~[검녁]

음양(陰陽)[음양]~[음냥]

ㄹ. 경영(經營)[경영]~[경녕]

봉양(奉養)[봉양]~[봉냐~]

영양(營養)[영야~]~[영냥]

공양(供養)[공양]~[공냐~]

(44) ㄱ. 각양(各樣)[가걍]

　　　낙엽(落葉)[나겹]

　　　녹용(鹿茸)[노굥]

　　　독약(毒藥)[도걍]

　　　목요일(木曜日)[모교일]

　　　목욕(沐浴)[모굑]

　　　석유(石油)[서규]

　　　식용(食用)[시굥]

　　ㄴ. 입양(入養)[이뱡]

　　　흡연(吸煙)[흐변]

(43), (44)는 후행요소가 반모음 'j'로 시작하는 경우이다. (43)은 2음절로 된 한자어의 예인데 'ㄴ' 첨가가 수의적으로 적용됨을 볼 수 있다. (43ㄱ)은 선행자음이 'ㄴ', (43ㄴ)은 선행자음이 'ㄹ', (43ㄷ)은 선행자음이 'ㅁ', (43ㄹ)은 선행자음이 'ㅇ'인 예이다. (44)는 선행자음이 'ㄱ'이나 'ㅂ'일 경우에는 'ㄴ' 첨가가 실현되지 않는다. 이렇듯 한자어의 경우, 후행요소가 반모음 'j'로 시작하는 경우에는 다소 복잡한 양상을 보이는 바 이 경우에는 선행요소 말음이 장애음이냐 공명음이냐에 따른 차이가 있고 공명음도 유형에 따라 차이가 있다. 말음이 장애음인 경우에는 연음형만이 존재한다. 하지만 말음이 공명음 'ㄴ', 'ㅁ', 'ㅇ'일 경우에는 연음형과 'ㄴ' 첨가형이 모두 존재하고 선행자음이 공명음 'ㄹ'일 때는 'ㄴ' 첨가형만이 나타난다. 선행어의 음절 종성 'ㄱ', 'ㅂ' 뒤에서 'ㄴ' 첨가가 저지되는 것은 단일어의 형태

보존을 위한 화자의 제약이라고 볼 수 있다(변용우 2005).[39]

    (45) ㄱ. 담임(擔任)[다밈]

        책임(責任)[채김]

        출입(出入)[추립]

        통일(統一)[통일]

        할인(割引)[하린]

      ㄴ. 작인(作人)[자긴]

        군인(軍人)[구닌]

        장인(丈人)[장인]

        흑인(黑人)[흐긴]

        예술인(藝術人)[예수린]

        생일(生日)[생일]

        백일(百日)[배길]

        종일(終日)[종일]

        기념일(記念日)[기녀밀]

    (45)는 후행요소가 'i'로 시작하는 한자어의 경우이다. (45ㄱ)은 '어근+어근'의 예이고 (45ㄴ)은 '단어+접사'의 예다. 한자어의 경우,

---

39 'ㄱ, ㅂ'은 첨가음 'ㄴ'과 인접함으로써 'ㄱ→ㅇ', 'ㅂ→ㅁ'과 같은 동화를 겪게 되는데 이는 자연스러운 음운과정이지만 단어의 음운구조가 바뀌어 청자가 원래의 형태를 인식할 수 없는 결과를 초래할 수 있다. 화자는 'ㄴ'이 첨가됨으로써 표면형을 토대로 청자가 기저형을 복원할 수 없다고 인식하게 되므로 'ㄴ' 첨가는 단일어의 형태 보존을 위해 적용이 저지되는 것이다.

후행요소가 'i'로 시작하는 경우에는 'ㄴ' 첨가가 일어나지 않고 선행요소의 말음이 연음된다. 그리고 이때에 그 말음의 종류(장애음, 공명음)에 따른 차이는 존재하지 않는다. 이는 'i' 앞에서의 'ㄴ' 첨가가 'j' 앞에서의 'ㄴ' 첨가보다 덜 생산적임을 보여준다.

김주필(1994:116)에서는 'ㄴ' 첨가가 'ㄴ' 탈락의 과도교정의 결과라고 설명한 바 있다. 이에 따르면 'ㄴ' 탈락을 겪지 않은 평안도방언이 'ㄴ' 첨가를 경험하지 않았다(한영순 1967:131)은 것은 논리에 부합된다.[40]

5. 어간말 자음의 변화

이 절에서는 중세 문헌어와의 비교를 통하여 부령지역어의 어간말 자음의 재구조화에 대해 기술하려 한다. 이를 위해서 어간말 자음을 단자음말음 어간과 자음군말음 어간으로 나누어 살펴보고자 한다.

5.1. 단자음말음 어간

부령지역어의 어간말 자음의 재구조화를 알아보기 위해 먼저 이

---

40 17, 18세기 문헌의 구개음화를 다룬 김주필(1994:170)은 중앙어와 남부방언 그리고 함경도방언에서는 모두 어두에서 'ㄴ' 탈락 현상과 그에 대한 과도교정으로 'ㄴ' 첨가 현상이 일어났으나 'ㄴ' 구개음화가 일어나지 않은 황해도방언이나 평안도방언을 반영한 문헌에는 'ㄴ' 탈락 현상이 보이지 않았으며 과도교정인 'ㄴ' 첨가 현상도 보이지 않았다고 하였다.

지역어에서 실현되는 단자음말음 어간을 체언어간과 용언어간으로
나누어 제시한다. 이를 통해 이 지역어의 어떠한 단자음말음 어간들
이 재구조화를 겪었는지를 살펴본다.

    (46) ㄱ. 베락, 베락이[41](벼락<훈몽-초, 상:1>, 霹, 벼락)

        ㄴ. 눈, 눈이(눈<석보 19:10>, 眼, 눈)

        ㄷ. 빋, 빋이(빋<능엄 4:31>, 債, 빚)

        ㄹ. 날, 날이(날<법화 2:7>, 日, 날)

        ㅁ. 좀, 좀이(좀<훈몽-초, 상:12>, 蠹, 좀)

        ㅂ. 밥, 밥이(밥<훈민-원, 해례:25>, 飯, 밥)

        ㅅ. 빗, 빗이(빗<두해-초 20:4>5, 梳, 빗)

        ㅇ. 등, 등이(등<훈몽-초, 상:14>, 背, 등)

        ㅈ. 꽂, 꽂이(곶<훈민-원, 해례:18>, 花, 꽃)

        ㅊ. 콩퐀, 콩퐀이(콩-퐃<구간 3:75>, 腎, 콩팥)

            겇, 겇이(겇<구방, 상:82>, 外, 겉)

            돛, 돛이(돇<금삼 3:24>, 帆, 돛)

        ㅋ. 솥, 솥이(솥<두해-초 21:1>, 鼎, 솥)

        ㅌ. 앞, 앞이(앒<석보 6:33>, 前, 앞)

            옆, 옆이(녑<월석 2:17>, 側, 옆)

    (47) ㄱ. 썩-, 썩어[42](석-<구방, 하:77>, 腐, 썩다)

---

41 어간말 자음을 알아보기 위해 주격 '-이'와의 결합형을 제시한다.
42 부사형 어미 '-아/어'의 결합형을 제시한다.

갈-, 갈아(긃-<구방 상:66>, 刮, 갉다)

ㄴ. 안-, 안아(안-<월석 2:39>, 包, 안다)

ㄷ. 닫-, 닫아(닫-<두해-초 8:60~61>, 關, 닫다)

ㄹ. 꿀-, 꿀어(슬-<법화 2:178>, 跪, 꿇다)

ㅁ. 감-, 감아(금-<석보 9:22-23>, 沐, 감다)

ㅂ. 잡-, 잡아(잡-<남명, 상:27>, 執, 잡다)

ㅅ. 잇-, 잇어(잇-<석보 6:13>, 有, 있다)

ㅇ. 늦-, 늦어(늦-<훈몽-초, 상:1>, 晚, 늦다)

ㅈ. 좇-, 좇아(좇-<월곡 11>, 隨, 좇다)

짖-, 짖어(咳, 깇다)

ㅊ. 밭-, 밭아(밭-<주래-초 8:31>, 唾, 뱉다)

ㅋ. 짚-, 짚어(깊-<용가 1:14. 9>, 深, 깊다)

ㅌ. 놓-(놓-<석보 6:1>, 放, 놓다)

(46)은 단자음말음 체언어간의 예이고 (47)은 단자음말음 용언어간의 예이다. 이 지역의 체언은 'ㄲ, ㅋ'를 제외한 'ㄱ, ㄴ, ㄷ, ㄹ, ㅁ, ㅂ, ㅅ, ㅇ, ㅈ, ㅊ, ㅌ, ㅍ' 등을, 용언은 'ㅇ, ㅋ'를 제외한 'ㄱ, ㄴ, ㄷ, ㄹ, ㅁ, ㅂ, ㅅ, ㅈ, ㅊ, ㅌ, ㅍ, ㅎ' 등을 어간말음으로 갖고 있다. 위의 '빋'(빋<능엄 4:31>, 債, 빚), '곶'(곶<훈민-원, 해례:18>, 花, 꽃), '콩퐅'(콩-퐅<구간 3:75>, 腎, 콩팥), '잇다'(잇-<석보 6:13>, 有, 있다) 등과 같은 예를 통해 이 지역어가 지리적 위치로 인한 개신의 영향을 적게 받아 중세어의 옛 형을 유지하고 있음을 알 수 있다.

또 어간말 자음들의 재구조화에 있어서도 이 지역에서는 중세 한국어 문헌어가 겪은 어간말 자음들의 재구조화가 더디게 진행되고 있다. 중세 한국어 문헌어에서 'ㄷ' 말음 체언어간이었던 형태들은 18세기 후기에 'ㅅ' 말음 체언어간으로 재구조화 되어(이기문 1972) 현대 중앙어에서 'ㄷ' 말음 체언어간은 나타나지 않는다. 그런데 부령지역어에서는 'ㄷ' 말음 체언어간들이 'ㅅ' 말음 체언어간으로 재구조화를 겪지 않은 예와 겪은 예가 공존하여 중앙어보다는 보수적인 모습을 보인다.

(48) ㄱ. 몯, 모대기, 몯이(몯<훈민-원, 해례:22>, 釘, 못)

붇, 붇이(붇<석보 13:52>, 筆, 붓)

낟, 낟이(낟<훈민-원 해례:22>, 鎌, 낫)

갇, 갇이(갇<훈민-원, 해례:26>, 笠, 갓)

곧, 곧이(곧<두해-초 21:3>, 處, 곳)

ㄴ. 뜻, 뜻이(뜯<월곡 6>, 意, 뜻)

(48)은 문헌어의 'ㄷ' 말음 체언어간이 이 지역어에서 실현되는 예들이다. (48ㄱ)은 중세어형을 유지하는 경우이고 (48ㄴ)은 중세어형이 이 지역어에서 재구조화를 겪은 경우이다. 즉 이 지역에서는 (48ㄱ)과 같은 예들은 아직 'ㅅ' 말음 체언 어간으로 재구조화를 겪지 않았고 (48ㄴ)과 같은 예들은 재구조화를 겪었다. (48ㄴ)과 같은 추상적인 단어들이 개신의 앞쪽에 섰다고 볼 수 있을 듯하다.[43]

---

43 'ㅅ' 말음 체언 어간이 'ㄷ' 말음 체언어간으로 재구조화한 모습을 보이기도 한다. '송곧(솔옷<두해-초, 3:5>, 錐, 송곳)', '허덕간(허간<훈몽-초, 중:3>, 헛간)'과 같은

한편 이 지역어는 'ㄷ'불규칙 용언 어간이 재구조화를 겪은 모습을 보인다.

(49) 걿-, 걿어[거러], 걿구[걸꾸](걷-<월곡 130> 行, 걷다)
듫-, 듫어[드러], 듫구[들꾸](듣-<석보 19:6>, 聞, 듣다)
싫-, 싫어[시러], 싫구[실꾸](싣-<석보-중 11:13>, 載, 싣다)
뭃-, 뭃어[무러], 뭃구[물꾸](묻-<월곡 100>, 問, 묻다)
긿-, 긿어[기러], 긿구[길꾸](긷-<월석 7:9>, 收, 긷다)

(49)는 'ㄷ' 불규칙 용언 어간이 어간말 자음 'ㅀ'을 가지는 어간으로 재구조화되었음을 보여준다. 함남 삼수지역어를 다룬 김춘자(2008:80)에서도 이와 같은 변화가 나타남을 밝혔다. 따라서 이는 동북방언의 공통적인 현상임을 알 수 있다.

(50) ㄱ. 보숲, 보숲이(보십<훈몽-초, 중:9>, 犁, 보습) cf. *보섶
옆, 옆이(녑<월석 2:17>, 側, 옆)
ㄴ. 숫, 숫이(贙, 숯)

(51) ㄱ. 즛-, 즛어[즈서](즞-<법화 2:113>, 吠, 짖다)
ㄴ. 찻-, 찾아[차사](춪-<석보 6:19>, 尋, 찾다)

예가 바로 그것이다. '솔옷'이 '송곧'로 나타나 어간말 자음 'ㅅ'이 'ㄷ'으로 재구조화되어 나타난다. 또 '허덕간'은 '헛간'이 '헌간'으로 재구조화된 후 '*억'이 개재된 것으로 보이는데 이도 'ㅅ' 말음 체언어간이 'ㄷ' 말음 체언어간으로 재구조화된 것이다.

ㄷ. 싳-, 싳어[시처](싯-<월석 124>, 濯, 씻다)

(50), (51)은 이 지역어의 단자음말음 체언어간과 용언어간이 재구
조화를 겪은 모습을 보인다. (50)은 단자음말음 체언어간이 재구조
화를 겪은 것이다. (50ㄱ)은 'ㅂ'말음 체언어간이 'ㅍ'으로, (50ㄴ)은
'ㅌ' 말음 어간이 'ㅅ'으로 재구조화를 겪은 것이다. (51)은 단자음말
음 용언어간이 재구조화를 겪은 것이다. (51ㄱ)은 'ㅈ' 말음 용언어간
이 'ㅅ', (51ㄴ)은 'ㅊ' 말음 어간이 'ㅅ', (51ㄷ)은 'ㅅ' 말음 어간이 'ㅊ'
말음 어간으로 재구조화를 겪은 모습을 보인다.

이로써 부령지역어의 단자음말음 어간들의 변화에 대해 살펴보았
다. 여기에서 부령은 중앙어와 멀리 떨어져 있다는 지리적 위치로 말
미암아 중앙어에서 시작된 단자음말음 어간들의 재구조화에 뒤처져
있다는 것을 알 수 있다. 대표적으로 'ㄷ' 말음 체언어간이 'ㅅ' 말음
체언어간으로 재구조화되지 않고 그대로 남아있는 것을 들 수 있다.
한편 이 지역은 동북방언에서 공통적으로 겪은 재구조화를 경험하
였다. 바로 'ㄷ'불규칙 용언 어간의 'ㅀ' 자음군 용언어간으로 재구조
화이다.

5.2. 자음군말음 어간

중세 한국어 문헌어에 나타나는 자음군으로는 'ㄳ, ㄺ, ㄻ, ㄼ, ㄽ,
ㅀ, ㄲ, ㅄ, ㅅㄱ, ㅼ, ㄵ, ㄹㅁㄱ, ㅥ' 등이 있다(정승철 1995:183-184). 아래
에 현대 부령지역어에 나타나는 자음군말음 어간을 용언어간과 체

언어간을 나누어 제시한다. 먼저 자음군말음 용언어간을 살펴보기
로 한다.

(52) 읽-, 읽구[익꾸], 읽어[일거](닑-<월석 17:42>, 讀, 읽다)

　　 굵-, 읽구[국꾸], 읽어[굴거](굵-<석보 6:32>, 粗, 굵다)

　　 긁-, 긁구[극꾸], 긁어[글거](긁-<월석 7:18>, 搔, 긁다)

　　 늙-, 늙구[늑꾸], 늙어[늘거](늙-<용가 9:33.82>, 老, 늙다)

　　 맑-, 맑구[막꾸], 맑아[말가](묽-<석보 9:4>, 淸, 맑다)

　　 밝-, 밝구[박꾸], 밝아[발가](붉-<석보 9:35>, 明, 밝다)

(53) 곪-, 곪구[곰꾸], 곪아[골마](곪-<구방,상:86>, 膿, 곪다)

　　 곪-, 곪구[곰꾸], 곪아[곰마]

　　 굶-, 굶구[굼꾸], 굶어[굴머](굶-<두해-초 25:27>, 飢, 굶다)

　　 굶-, 굶구[굼꾸], 굶어[굼머]

　　 닮-, 닮구[담꾸], 닮아[달마](似, 닮다)

　　 닮-, 닮구[담꾸], 닮아[담마]

　　 삶-, 삶구[삼꾸], 삶아[살마](숢-<월석-중 23:80>, 烹, 삶다)

　　 삶-, 삶구[삼꾸], 삶아[삼마]

　　 젊-, 젊구[점꾸], 젊어[절머](졈-<법화 5:120>, 少, 어리다)

　　 젊-, 젊구[점꾸], 젊어[점머]

(54) ㄱ. 얇-, 얇구[얍꾸], 얇아[얄바] (엷다<석보 19:7>, 薄, 얇다)

　　　 뚫-, 뚫구[뚭꾸], 뚫어[뚤버](듧-<법화 6:154>, 穿, 뚫다)

197

텁-, 텁구[팁꾸], 텁어[털버](턻-<역해 상:53>, 澁, 떫다)

붋-, 붋구[봅꾸], 붋아[볼바](볿-<석보-중 11:1>, 踏, 밟다)

ㄴ. 넓-, 넓구[넙꾸], 넓어[널버](넙-<석보 13:9>, 廣, 넓다)

너르-, 너르구, 너르지, 널러서, 너르니

짧-, 짧구[짭꾸], 짧아[짤바](뎌ᄅ-<법화 2:168>, 短, 짧다)

짜르-, 짜르구, 짜르지, 짤라서, 짜르니

ㄷ. 좁-, 좁구[좁꾸], 좁아[졸바](좁-<월석 2:28>, 窄, 좁다)

(55) ㄱ. 옳-, 옳구[올쿠], 옳아[올아](옳-<용가 5:47.39>, 是, 옳다)

쓿-, 쓿구[쓸쿠], 쓿어[쓸어](슳-<훈몽-초. 하:3>, 毇, 쓿다)

곯-, 곯구[골쿠], 곯아[골아](곯-<救方上 31>, 臕, 곯다)

끓-, 끓구[끌쿠], 끓어[끌어](긇-<천자-석 5>, 긇다<능엄 8:101>, 끓다)

앓-, 앓구[알쿠], 앓아[알아](앓-<능엄 5:74>, 痛, 앓다)

ㄴ. 깨닳-, 깨닳구[깨달쿠], 깨닳아[깨다라](씨ᄃᆞᆫ-<석보 9:20~21>, 悟, 깨닫다)

(56) 없-, 없구[업꾸], 없어[업써](없-<월곡 137>, 無, 없다)

(57) 앉-, 앉구[안꾸], 앉아[안자](앉-<용가 1:11. 7>, 坐, 앉다)

(58) 많-, 많구[만쿠], 많아[만아](만ᄒᆞ-<석보 6:35>, 많-<월석 10:23>, 多, 많다)

(59) 핥-, 핥구[할쿠], 핥아[할타](핧-<능엄 3:9>, 舐, 핥다)

훑-, 훑구[훌쿠], 훑어[훌터](훑-<歌曲 p.27>, 훑다)

(52)~(59)는 현재 부령지역어에서 실현되는 자음군말음 용언어간 들이다. (52)는 'ㄺ', (53)은 'ㄻ', 'ㄲ', (54)는 'ㄼ', (55)는 'ㅀ', (56)은 'ㅄ' (57)은 'ㄵ', (58)은 'ㄶ', (59)는 'ㄾ'이 실현됨을 보인다. (53)은 중 앙어에서 자음군말음 'ㄻ'을 가진 용언 어간이 이 지역어에서는 'ㄻ' 과 'ㄲ'을 가진 용언 어간으로 실현됨을 볼 수 있다.[44] 또 (54ㄴ)는 중 앙어의 '넓다', '짧다'가 이 지역어에서는 '넓다/너르다', '짧다/짜르 다'로 나타나 두 가지 형태로 재구조화되었음을 보여준다. 여기서 '너르다'와 '짜르다'는 'ㄹ' 불규칙 어간으로, 부사형 어미 '-어/아'와 결합할 때 '널러', '짤라'로 나타난다. 그리고 (54ㄷ)은 중앙어의 '좁 다'가 이 지역어에서 '쫍다'로 나타나 'ㅂ' 말음 어간이 'ㄼ' 자음군말 음 어간으로 재구조화되었음을 보여준다. (55ㄱ)은 중앙어에서 자음 군 말음 'ㅀ'를 가진 용언 어간이 이 지역어에서 그대로 실현됨을 보 여준다. (55ㄴ)은 'ㄷ' 말음 어간이 'ㅀ' 자음군말음 어간으로 재구조 화되어 나타남을 보인다. (49)에서 보여줬다 시피 'ㄷ' 불규칙 용언어 간은 'ㅀ' 자음군말음 어간로 재구조화 되었는데 '깨닫다'만은 'ㅀ'가 아닌 'ㄶ' 자음군말음 어간으로 나타나 예외를 보인다.[45]

---

44 김춘자(2008:78)은 (53)에 해당하는 어간들이 모두 'ㄲ'을 어간말 자음군으로 갖고 있음을 밝혔다.

45 김춘자(2008:80)은 '깨닳다'가 제시되어 있다.

(60) ㄱ. 패끼(ᄩ<구방-하:21>, 小豆, 팥) cf. 패끼르(팥을)

수끼(ᄉᄀ<월석-중 23:92>, 炭, 숯) cf. 수끼르(숯을)

ㄴ. 싹, 싹으[싸그](ᄡ<박법, 상:11>, 삯)

(60)은 문헌어에서 자음군말음을 가진 체언어간이 이 지역어에서 실현되는 예들이다. (60ㄱ)은 자음군말음 'ᄭ'을 가진 체언어간이 '-이'와 결합할 때 단자음말음 'ㄲ'로 변하여 실현된 것이다. (60ㄴ)은 자음군말음 'ᄡ'을 가진 어간이 이 지역어에서 'ㄱ'을 가진 어간말음으로 재구조화되어 실현됨을 보여준다.

이로써 부령지역어의 자음군말음 어간의 변화에 대해 살펴보았다. 이 지역어의 특징적인 자음군말음 어간의 변화들로는 중앙어의 자음군말음 'ㄼ'을 가진 어간이 'ㄼ' 외에도 'ㅁ'을 가진 어간으로 나타나는 것을 들 수 있다. 그리고 중앙어의 '넓다', '짧다'가 이 지역어에서는 '넓다/너르다', '짧다/짜르다'로 나타나 두 가지 형태로 재구조화 되었으며 'ㄷ' 불규칙 용언 '깨닫다'는 '깨닳다'로, '삯'은 '싹'으로 재구조화 되었다.

6. 특수 교체 어간

함북방언에는 특수한 교체를 보이는 어간이 있다. 이기문(1972)는 한국어에 존재하는 특수 교체 어간을 체언과 용언을 나누어 유형화하고 목록을 제시하였다. 그 후 곽충구(2000:1124)는 함북방언에도 특수한 교체를 보이는 어간들이 존재하는바 그러한 교체를 보이는 어간은 중세어의 그것과 일치하다고 하였다. 함북방언에 속하는 부령지역어에도 특수교체를 보이는 어간이 존재함은 물론이다.

이기문(1962:122)는 15세기에 이미 체언 곡용에 있어서의 비자동적 어간 교체를 지양하고 어간 단일형을 추구하려는 노력이 진행되고 있음을 밝혔다. 현재 부령지역어의 특수교체를 보이는 어간도 단일화 경향을 보인다. 그런데 이 지역에서는 그 단일화가 중부방언의 그것과는 반대이다.

이 절에서는 이 지역어에 나타나는 특수한 교체를 보이는 어간을 체언에만 한정하여 다루려 한다. 이 지역어의 특수 교체 체언 어간은 교체 방식과 환경에 있어서 동일하지만 어간 구조에 따라 몇 가지 유형으로 나뉜다. 'XVmu-/XVŋk-' 유형, 'XVru-/XVrk-' 유형, 'XVsi(u)-XVkk-' 유형, 'XVri-/XVrr-' 유형으로 나누어 살펴보고자 한다.

(61) ㄱ. 낭기, 낭기르, 낭기에, 낭기두, 낭기느(낡<석보 6:26>, 木, 나무)
　　　　나무(나모<월곡 117>, 木, 나무)

　　ㄴ. 궁개, 궁개르, 궁개에, 궁개두, 궁개느(굵<월석 서:21>, 窟)
　　　　구멍(구무<두해-초 9:16>, 窟, 구멍)

　　ㄷ. 풍기, 풍기르, 풍기에, 풍기두, 풍기느(붊<남명, 하:71>, 冶),
　　　　(풀무<원각-1-2:17>, 冶, 풀무)

　　ㄹ. 둥기, 둥기르, 둥기에, 둥기두, 둥기느(둙), 두무(水罐, 두멍)[46]

(61)은 'XVmu-/XVŋk-' 유형에 속하는 예이다. 중부방언에서는 '나모'와 '납ㄱ'의 교체가 '나모'로 단일화한데 반해 부령지역어에서는 '낭ㄱ'에 '-이'가 결합된 '낭기'로 단일화하였다. 그 외의 예들도 마찬가지이다. 이들 예에서 볼 수 있듯이 이 지역에서는 '나무, 구멍, 풀무, 두멍'이 각각 '낭기, 궁개, 풍기, 둥기'로 나타나 중부방언의 단일화형 '나무, 구멍, 풀무, 두멍'과는 다름을 보여준다.

15세기 문헌어에는 그 교체형들이 나타나는 조건도 동일하였다(이기문 1962:122) 이에 반해 곽충구(2000:1123)는 1세기 전의 육진방언은 교체가 모음, 자음과의 결합에서 상이하게 나타났으나 최근에는 단일화 경향을 보이고 있다고 하였다. 즉 육진방언은 1세기 전만하더라도 '나모'는 자음 앞이나 파생어, 복합어에서는 '나무'로, 모음 앞에서는 '낭ㄱ'로 교체되던 어간 이형태들이 최근에 단일화를 지향했다는 것이다.

부령지역어에서는 두 교체형이 나타나는 조건이 동일하다. 모음 앞에서는 '낭ㄱ'로 나타나는 것은 물론이고 자음어미와 결합하든('낭기두(나무도)', '궁개두(구멍도)', '둥기두(두무도)') 체언과 결합하여 복합어를 이루든 ('솔낭기(소나무)[47], 낭기잎(나무잎); 궁개두

---

46 곽충구(1994:224)는 육진지역을 비롯한 동북방언에서는 /두무~둥기/로 교체되거나 '둥구, 둥기, 둥그'로 단일화된 것으로 보인다고 하였다.

47 목적격조사 '-을/를'은 이 지역어에서 '-으/르'로 나타나 'ㄹ'탈락을 보인다. 그러나 복합어에서는 'ㄹ' 유지현상이 있는데 그 예들을 'ㄹ'에 후행하는 자음의 음운론적 성격에 따라 분류하여 보이면 다음과 같다. Ramsey(1978)은 복합어에서 /r/이 탈락하는 경우는 중부방언이 활발하며 함경도방언에서 이를 경험하는 많은 어휘들은 단지 차용어에 기인한다고 하였다.

ㄱ. 솔낭기, 솔나무(솔+나모, 소나무)   cf. 솔<법화 1:148>, 솔
버들낭기(버들+나모, 버드나무), 버들개지 cf. 버들<금삼 4:42>, 버들

(바람궁개(바람구멍); 풍기바람(풍구바람); 둥기덮개(두멍덮개)') 모
두 '낭기, 궁개, 풍기, 둥기'로 단일화되었다. 1세기 전까지도 자음 앞,
파생어, 복합어에서의 교체와 모음 앞에서의 교체가 달리 실현되었
다면 현재 이러한 어간의 특수한 교체가 이미 단일화를 완성했다고
할 수 있다.

(62) 갈기, 갈기가, 가루(ᄀ른<법화 1:223>, 粉, 가루)

　　　날기, 날기가, 나루(ᄂ른<법화 3:173>, 津, 나루)

　　　말기, 말기가, 마루(ᄆᄅ<훈몽-초, 중:4>, 棟, 마루)

　　　잘기, 잘기가, 자루(ᄌᄅ<금삼 2:12>, 줄이니<두해-초, 25:26>, 柄,
　　　　자루)

　　　실기, 실기가, 시루(시르<훈몽-초, 중:6>, 실의<두해-초 21:35>, 甑,
　　　　시루)

　　　글기, 글기가, 그루(그릏<월석 1:45>, 株, 그루)

　　　놀기, 놀기가, 놀가지(노른<훈몽-초, 상:10>, 獐, 노루)

　　　불기, 불기가, 부루(부루<구간 6:47>, 萵, 상추)[48]

　　　날날이(날+날+이, 나날이)　　　　　　cf. 날<법화 2:7>, 날
　　　불나비(불+나비, 부나비)
　ㄴ. 달달이(달+달+이, 다달이)
　ㄷ. 활쌀(활+살, 화살)
　　　불삽(불+삽, 불삽)
　ㄹ. 불젓가락(불+젓가락, 석쇠)
　　　찰조이(찰+조, 차조)

48　김태균(1983:25-6)은 '부루'가 '부루쌈'처럼 복합어에서는 '부루'로 나타나지만,
　　주격어미 '-이', 대격어미 '-으'와 통합되면 '불기, 불구'로 교체된다는 사실을 지
　　적하고 있다.

(62)는 'XVru-/XVrk-' 유형에 속하는 예이다. 자음 앞에서는 '갈기가, 날기가, 말기가, 잘기가, 실기가, 글기가, 놀기가, 불기가'와 같이 'XVrk-'로 교체되었지만 '가루비늘, 후치가루(후추가루), 빗자루, 밀가루 밴새(밀가루 만두), 가루내(가루 냄새), 나루터, 노루새끼, 시루떡'과 같은 복합어에서 'XVru-'형이 나타난다. 이는 단어 경계가 개재하는 복합어에서 흔히 화석형이나 보수적인 어형이 잔존해 있듯이 이 경우에도 복합어에서 과거의 교체방식을 고수함을 보여준다. 그런데 '용마루'는 '용말기'로 나타나 복합어에서도 단일화되었다.

(63) ㄱ. 애끼, 애끼두(弟曰了兒<鷄林類事>, 아ᅀᆞ<훈민-원, 해례:25>, 弟, 아우)

　　　무끼, 무끼두(무ᅀᅮ<두해-초 16:70>, 무우)

　　　부끼, 부끼두(嘘, 거짓말)

　　ㄴ. 유끼, 유끼두, 유스, 유스두(슛<훈몽-초, 하:10>, 柶, 윷)

　　　여끼, 여끼두, 여스, 여스두(여ᅀᅮ<월곡 70>, 여ᄋᆞ<소해 4:43>, 狐, 여우)

(63)은 'XVsɨ(u)-/XVkk-'의 유형에 속하는 예들이다. (65ㄱ)은 모든 환경에서 'XVkk-'형으로 단일화되어 나타났다. '시애끼, 무끼김치~무우김치, 유끼치기~유스치기, 여끼새끼, 여끼잡이~여시잡이'와 같은 예들에서 단일화되었음을 알 수 있다.

(64) 할를(ᄒᆞᄅᆞ<석보 6:23>, 하루)

(64)는 'XVri-/XVrr-'의 유형에 속하는 예들이다. 자음어미 '-두(도)'와 결합할 때에도 '할를두'로 나타나 단일화되었음을 보여준다. 다만 '하루살이', '초할리'(초하루)와 같이 복합어에서 교체의 흔적을 보이고 있을 뿐이다.

이와 같이 부령지역어의 특수 교체를 보이는 체언어간에 대해 살펴보았다. 이 지역어의 특수 교체 체언 어간은 'XVmu-/XVŋk-' 유형 'XVru-/XVrk-' 유형, 'XVsi(u)-XVkk-' 유형, 'XVri-/XVrr-' 유형으로 나누어 볼 수 있다. 이 4가지 유형은 모음, 자음과 결합할 때에 각각 'XVŋk-', 'XVrk-', 'XVkk-', 'XVrr-' 로 단일화를 완성하였다. 단일화의 방향이 중부방언의 그것과 정반대이어서 흥미롭다.

연변방언 연구

제4장

결 론

이 논문은 중국 길림성 연변조선족자치주 용정시에 거주하고 있
는 부령지역어 화자에 대한 조사를 바탕으로 부령지역어에 나타나
는 여러 음운변화를 고찰하는 것을 목적으로 하였다.

이를 위하여 현대 부령지역어에 나타나는 음운·형태론적 교체형
이나 재구조화된 형태들로부터의 내적 재구를 통하여, 또한 비교적
충분한 문헌자료를 가지고 있어 통시태를 어느 정도 짐작할 수 있는
중앙어와의 비교를 통하여 부령지역어의 통시태를 재구해 보고 그
재구된 형태로부터의 변화가 어떠했는지를 살펴보았다. 지금까지
이 지역어에 대한 통시 음운연구에서 논의된 결과를 정리하면 다음
과 같다.

2장에서는 부령지역어에 나타나는 모음의 변화에 대해 살펴보았

다. 모음의 변화는 모음체계의 변화, 상향이중모음의 변화, 원순모음
화, 모음조화, 움라우트로 나누어 기술하였다.

　(1) 모음체계의 변화에서는 이전 시기 부령지역어에 존재했었던
것으로 여겨지는 단모음, 및 이중모음들을 재구해 보고 이들의 변화
를 살펴보면서 부령지역어에서 단모음 및 이중모음의 체계가 변화
를 겪었음을 확인하였다. 모음체계의 변화는 1차 변화와 2차 변화로
나누어 기술하였다.

　1차 변화는 다시 'ㆍ'의 비음운화와 하향이중모음의 單모음화로
나누어 살펴보았다. 'ㆍ'의 비음운화에서는 선행 시기 부령지역어에
존재했었던 모음 'ㆍ', 'ㆎ', 'ᆢ'를 재구하고 어두음절과 비어두음절
로 나누어 'ㆍ'의 비음운화 과정을 기술하였다. 이 지역어의 單모음
'ㆍ'는 중앙어와 마찬가지로 비어두음절에서 'ㆍ>ㅡ'의 변화를 겪고,
어두음절에서 'ㆍ>ㅏ'의 변화를 경험하였으며 'ㆍ>ㅡ', 'ㆍ>ㅏ'의 변
화의 물결 속에 물러나 있던 'ㆍ'는 그 후 'ㆍ>ㅓ'의 변화를 겪기도 하
였다. 하향이중모음 'ㆎ'에서의 'ㆍ'도 어두음절에서 'ㅏ', 비어두음
절에서 'ㅡ', 경우에 따라서는 'ㅓ'로 변하여 'ㅐ', 'ㅢ', 'ㅔ'로 모습을
드러냈다. 상향이중모음 'ᆢ'는 'ㅕ'로 나타나 'ㆍ'가 'ㆍ>ㅓ'로의 변
화를 겪었음을 보여준다. 'ㆍ'의 변화 시기에 있어서 비어두음절에서
'ㆍ>ㅡ'의 변화는 16세기 후기, 어두음절에서 'ㆍ>ㅏ'의 변화를 18세
기 중기로 보아 중앙어와 시기를 같이 한 것으로 보았으며 'ㆍ>ㅓ'의
변화 시기에 있어서 상향이중모음에서의 'ㆍ'의 변화는 중세 한국어
이전 시기에 나타났고 單모음에서의 'ㆍ'의 변화는 18세기 중엽 이후
에 일어난 것으로 추정하였다. 하향이중모음의 單모음화에서는 'ㅔ',

'ㅐ', 'ㅟ', 'ㅚ'의 'j'가 탈락을 보이거나 한정첨사 '-이'의 첨가에 의해 형성된 이중모음이 單모음을 이룬다는 데 근거하여 'ㅔ', 'ㅐ', 'ㅟ', 'ㅚ'가 선행시기 이중모음이었음을 재구하고 이중모음이 單모음으로 변화하였음을 밝혔다.

2차 변화는 單모음 'ㅟ', 'ㅚ'의 변화와 진행 중인 변화로 나누어 기술하였다. 單모음 'ㅟ', 'ㅚ'의 변화에서는 자음이 선행하는 경우와 자음이 선행하지 않는 경우로 나누어 실현되는 양상을 보였다. 이 지역어의 單모음 'ㅟ', 'ㅚ'는 자음이 선행하는 환경에서 각각 [i], [e]로 실현되고, 자음이 선행하지 않는 환경에서 각각 [wi], [we]로 실현된다. 또 'ㅚ'는 [wɛ], [ɛ]로도 실현되는데 이는 이중모음이었던 [oj]가 단모음 [ö]로 되기 전에 나타난 변화로 추정하였다. 이 지역어의 'ㅚ'가 [wɛ], [ɛ]로 나타나는 것은 육진방언의 영향으로 보인다. 그리고 진행 중인 변화에서는 변이음역에 의한 'ㅡ'와 'ㅜ', 'ㅓ'와 'ㅗ' 사이의 변화를 기술하면서 'ㅡ>ㅜ', 'ㅜ>ㅡ'의 변화, 'ㅓ>ㅗ', 'ㅗ>ㅓ'의 변화 예가 존재한다는 것에 의해 비록 이들 모음들이 최소대립쌍을 갖고 있지만 그 대립이 약화되었음을 밝혔다.

이와 같은 논의에 근거하여 중세어에서 현재에 이르는 이 지역어의 모음체계를 얻어낼 수 있었다.

부령지역어 모음체계의 변화

ㅣ ㅡ(ㅜ)	ㅣ ㅡ ㅜ	ㅣ ㅡ ㅜ
ㅓ ·(ㅗ)	ㅓ ㅗ	ㅔ ㅓ ㅗ
ㅏ	ㅏ	ㅐ ㅏ
〈체계 1〉	〈체계 2〉	〈체계 3〉

ㅣ ㅟ ㅡ ㅜ	ㅣ ㅡ/ㅜ	
ㅔ ㅚ ㅓ ㅗ	ㅔ ㅓ/ㅗ	
ㅐ ㅏ	ㅐ ㅏ	
〈체계 4〉	〈체계 5〉	

이 지역어가 선대에 '·'가 존재하였고 여기에 현재에 존재하는 'ㅣ, ㅡ, ㅓ, ㅏ, ㅜ, ㅗ' 등과 같은 모음이 선대에도 존재하였다고 가정할 때 최초의 부령지역어는 7모음체계를 갖게 된다. '·'가 'ㅏ', 'ㅡ', 'ㅓ'로 그리고 'ㅗ'로도 변화했다는 데서 '·'는 후설에 가까운 중설 중모음에 놓이는 것이 자연스럽다. 바로 〈체계 1〉이다. 그 후 '·'가 후설 저모음화함에 따라 모음체계상의 균형을 유지하기 위하여 'ㅓ'가 후설화되면서 원순적 대립관계가 '·:ㅗ'에서 'ㅓ:ㅗ'로 바뀌게 된다. 이때 이 지역어의 모음체계는 〈체계 2〉와 같게 된다. 이중모음 'əj', 'aj'가 單모음화 한 이후의 모음체계는 〈체계3〉과 같다. 계속하여 이중모음 'uj', 'oj'의 單모음화가 일어나면서 모음체계는 〈체계 4〉와 같게 된다. 이 지역어에 'ㅡ>ㅜ', 'ㅓ>ㅗ'의 변화가 진행 중에 있는데 이로 하여 〈체계 5〉를 얻어낼 수 있다.

(2) 상향이중모음의 변화에서는 상향이중모음을 j계 이중모음 'ㅑ,

ㅕ, ㅛ, ㅠ, ㅖ, ㅒ'와 w계 이중모음 'ㅘ, ㅝ, ㅙ, ㅞ, ㅟ'로 나누고 다시 자음이 선행하는 경우와 자음이 선행하지 않는 경우로 나누어 이중모음이 실현되는 양상을 보여주었다. 그 결과, 자음이 선행하지 않는 환경에서는 활음이 실현되었으나 자음이 선행하는 환경에서는 이중모음이 單모음화하는 것이 일반적이었다. 그리고 'ㅎ' 아래에서 중앙어에서 'ㅑ'를 갖고 있던 예들이 'ㅐ'로 單모음화 한 모습을 보이고 'ㄱ, ㅁ, ㅂ, ㅍ, ㅎ'과 같은 [+grave] 자음 아래에서 'ㅕ>ㅖ'의 변화가 활발히 일어났다.

(3) 원순모음화에서는 인접하고 있는 순자음 또는 원순모음에 의한 원순모음화를 관찰하였다. 이를 위하여 순자음에 의한 'ㆍ>ㅗ'의 변화와 'ㅡ>ㅜ'의 변화, 원순모음에 의한 'ㆍ>ㅗ'의 변화와 'ㅡ>ㅜ'의 변화가 논의되었다. 여기에서 이 지역어에 존재하는 순자음에 의한 'ㆍ>ㅗ'의 변화를 육진방언의 영향에 의한 것으로 간주하였다. 부령은 순자음에 의한 원순모음화 'ㆍ>ㅗ'의 변화가 소극적인 지역으로 회령에서 오는 'ㆍ>ㅗ'의 개신규칙의 영향을 받았을 것으로 보이나 지리적 조건으로 말미암아 그 영향이 강력하지 못했다. 순자음에 의한 'ㅡ>ㅜ'의 변화는 체언과 용언에서 어두음절이든 비어두음절이든 관계없이 활발히 일어났다. 그리고 원순모음 'ㅗ'에 의해서도 'ㆍ>ㅗ'의 변화가 나타나는데 이는 'ㅗ'의 동화력이 강하기 때문이다. 그리고 선행하는 모음 'ㅜ'에 의한 'ㅡ>ㅜ'의 변화도 발견되었다.

(4) 모음조화에서는 모음교체의 의해 이루어지는 내적변화에 의한 파생, 부사형어미 '-어/아X'의 결합, 파생접미사 '-어/아X'의 결합에서 모음조화가 잔영으로 남아 있음을 확인하였다. 내적변화에 의

211

한 파생에서는 색채형용사나(까맣:꺼멓) 반복복합어에(꼬볼꼬볼:꾸불꾸불) 한하여 모음조화가 지켜짐을 기술하였다. 그리고 부사형어미 '-어/아X'의 결합에서 이루어지는 모음조화는 어간의 음절수와 어간말음절의 음운론적 성격에 따라 논의를 진행하였다. 어간이 1음절인 용언은 중앙어에서 'ㅂ' 불규칙을 보이는 일부 예를 제외하고는 부사형 어미 '-어/아X'의 결합에서 어간 음절 모음이 'ㅏ, ㅗ, ㅐ'이면 어미 '-아X'가 결합하고 어간 음절모음이 'ㅣ, ㅡ, ㅓ, ㅜ, ㅔ'이면 어미 '-어X'가 결합한다. 1음절 어간 모음이 'ㅐ'이면 부사형 어미 '-아X'와 결합되어 '-어X'와 결합하는 중부방언과 그 양상이 다르다. 이는 '-어X'로 통일되는 개신의 영향이 동북방언에 아직 미치지 못하였음을 말해준다. 어간이 2음절인 용언은 어간말 음절 모음이 'ㅏ, ㅗ, ㅐ'이면 어미 '-아X'가 결합하고 어간말 음절 모음이 'ㅣ'이면 어미 '-어X'가 결합한다. 어간말 모음이 'ㅡ', 'ㅜ'인 경우(피사동의 '-우'를 제외)는 선행 음절 모음의 종류에 따라 결정된다. 그것은 어간말 모음이 'ㅡ', 'ㅜ'인 예들은 'ㆍ>ㅡ', 'ㅗ>ㅜ'의 변화가 있기 전의 교체 양상을 그대로 유지하고 있기 때문이다. 그 외 어간말 음절이 피사동의 '-우'인 경우는 언제나 부사형 어미 '-아X'와 결합한다. 그리고 파생접미사 '-어/아X'의 결합에서 어간 모음이 양성모음 'ㅏ, ㅗ'인 경우에는 '-아X'계, 어간 모음이 음성모음 'ㅓ, ㅜ'인 경우에는 '-어X'계가 결합하였다. 현재 부령지역어에는 모음조화가 지켜지지 않는 형태들이 다수 존재하여 공시적으로 모음조화를 인정할 수 없는바 이는 비어두음절의 'ㆍ>ㅡ'의 변화와 비어두음절에서의 'ㅗ>ㅜ'의 변화, 모음 'ㅏ'와 'ㅓ'의 교체에 의해 형태소 내부의 모음조화가 파괴되었기 때문이다.

　(5) 움라우트에서는 형태소 내부와 형태소 경계로 나누어 고찰을 했다. 형태소 내부에서 피동화주가 'ㅓ', 'ㅏ'인 경우, 개재자음이 'ㄹ, ㄷ, ㅈ, ㅊ'일 때도 움라우트가 실현되어 [+grave]이라는 개재자음의 제약을 받지 않는 모습을 보였다. 그에 반해 형태소 경계에서는 개재 자음의 제약을 엄격히 준수함을 확인하였다. 그리고 서남방언, 동북 방언에서 움라우트가 생산적이라는 사실에서 남부방언 중심의 단일 기원보다는 일정한 역사적 시기에 남부와 북부에서 각기 출발하여 중부방언으로 확산된 것으로 추정하였다.

　3장에서는 부령지역어에 나타나는 자음의 변화에 대해 살펴보았 다. 자음의 변화는 어중자음, 구개음화, 비음 탈락, 'ㄴ' 첨가, 어간말 자음의 변화, 특수 교체 어간으로 나누어 기술하였다.

　(1) 어중자음에서는 중세 문헌어의 'ㅸ', 'ㅿ', 'ㅇ'[ɦ]과 이 지역어 의 'ㅂ', 'ㅅ', 'ㄱ'가 대응하는 예들을 검토하면서 이 지역어가 선대에 'ㅸ', 'ㅿ', 'ㅇ'[ɦ] 등 유성음을 가지고 있었는가에 대해 살펴보았다. 중세어의 'ㅸ', 'ㅿ'에 대해서 이 지역어가 많이는 'ㅂ', 'ㅅ'의 대응을 보인다는 점에서 이 지역어는 종래에 'ㅸ', 'ㅿ'을 갖고 있지 않았다 고 결론지었다. 중세어의 'ㅸ', 'ㅿ'에 대하여 'ㅂ', 'ㅅ'로의 대응을 보 이지 않고 탈락형을 보이는 어형들도 일부 존재하였는데 이는 중부 방언을 차용한 것으로 보았다. 그리고 중세어의 'ㅇ'[ɦ]에 'ㄱ'가 대응 을 하고 있었으나 그렇지 않는 예들도 존재하였다. '가새(가위)', '거 시(지렁이)' 등과 같은 이 지역의 고유한 어형에서 'ㅇ'[ɦ]이 탈락했 다는 점에서 이 지역어도 'g>ɦ>Ø' 개신의 영향을 받은 것으로 추정

하였다

(2) 구개음화에서는 'ㄷ' 구개음화, 'ㄱ' 구개음화, 'ㅎ' 구개음화로 나누어 기술하였다. 그에 앞서 'ㅈ, ㅉ, ㅊ'가 치조음이어서 전설모음화가 일반적으로 일어나지 않음을 확인하였다. 이 지역어의 'ㄷ' 구개음화는 두 이음 [ts], [tʃ]가 존재하던 시기에 발생하였으며 그 후 두 이음은 [ts]로 합류하였다. 'ㄷ' 구개음화를 형태소 내부와 형태소 경계로 나누어 살펴본 결과 형태소 내부에서는 실현되나 형태소 경계에서는 아직 일어나지 않았다. 'ㄱ' 구개음화는 어두음절 위치에서 실현되는 것이 일반적이나 이 지역에서는 어두음절 위치뿐만 아니라 비어두음절 위치에서도 실현되며 활발히 진행되고 있었다. 'ㅎ' 구개음화는 고유어에서 일어나고 한자어에서는 잘 일어나지 않는 것이 일반적이나 이 지역에서는 한자어에서도 실현되었다. 이 지역어에서 구개음화가 이렇듯 활발히 일어나 구개음화의 다원발생설에 힘을 실어주고 있다. 이에 근거하여 구개음화 현상은 여러 지역에서 발생하여 인접 지역으로 확산된 것으로 보았다. 그리고 이 지역어의 구개음화발생의 사적순위를 'ㅎ'구개음화> 'ㄱ'구개음화> 'ㄷ'구개음화 순으로 추정하였다.

(3) 비음 탈락에서는 'ㄴ' 탈락과 'ㅇ' 탈락으로 나누어 기술하였다. 'ㄴ' 탈락을 어두와 어중위치로 나누어 실현양상을 살펴본 결과 'ㄴ'이 어두에 오는 'ㄴ+i', 'ㄴ+j'와 같은 결합에서는 모두 'ㄴ'이 탈락한다. 그리고 어중의 'ㄴ'은 모음, 공명자음과 구개적 환경인 'i'나 'j' 사이에서 탈락을 하며 앞의 모음을 비모음화시킨다. 'ㅇ' 탈락은 어중과 어말위치로 나누어 실현양상을 살펴보았다. 어중에 위치할 때는

형태소 내부든 형태소 경계든 '모음+ㅇ+모음'의 결합환경에서 'ㅇ'이 탈락함과 동시에 鼻母音化가 진행됨을 확인할 수 있었다. 그리고 어말에서도 'ㅇ'은 탈락을 하며 그에 선행하는 모음을 비모음화시키고 있었다.

(4) 'ㄴ' 첨가에서는 파생어나, 복합어, 구 구성에서 보이는 공시적 'ㄴ' 첨가와 '어근+어근'의 구성에서 보이는 통시적 'ㄴ' 첨가를 기술하였다. 파생어, 복합어에서의 'ㄴ' 첨가를 고유어, 한자어, 혼종어로 나누어 살펴본 결과 모두 'ㄴ' 첨가가 나타나고 있었다. 그리고 구 구성에도 'ㄴ' 첨가 현상이 나타났다. 다만 '어근+어근' 구성의 한자어인 경우 다소 복잡한 양상을 보였는데 후행요소가 'y'로 시작하는 경우에 선행자음이 'ㄴ', 'ㄹ', 'ㅁ', 'ㅇ'인 경우 'ㄴ' 첨가가 일어났고 선행자음이 'ㄱ', 'ㅂ'일 때는 'ㄴ' 첨가가 저지되었다. 그리고 '어근+어근'의 구성과 '단어+접사' 구성의 한자어인 경우, 후행요소가 'i'로 시작하는 경우에는 'ㄴ' 첨가가 일어나지 않고 선행요소의 말음이 연음되었다. 'ㄴ' 첨가가 'ㄴ' 탈락의 과도교정이라고 본다면 'ㄴ' 탈락이 일어나는 이 지역어가 'ㄴ' 첨가를 겪는 것은 당연한 것이다.

(5) 어간말 자음의 변화에서는 단자음말음 어간과 자음군말음 어간으로 나누어 어간말 단자음과 어간말 자음군의 재구조화에 대해 살펴보았다. 단자음 체언 어간말음은 'ㄱ, ㄲ'를 제외한 'ㄱ, ㄴ, ㄷ, ㄹ, ㅁ, ㅂ, ㅅ, ㅇ, ㅈ, ㅊ, ㅋ, ㅌ, ㅍ'를, 단자음 용언 어간말음은 'ㅇ, ㅋ'를 제외한 'ㄱ, ㄴ, ㄷ, ㄹ, ㅁ, ㅂ, ㅅ, ㅈ, ㅊ, ㅌ, ㅍ, ㅎ'를 갖고 있었다. 부령 지역은 중앙어와 멀리 떨어져 있다는 지리적 위치로 중앙어에서 시작된 단자음말음 어간들의 재구조화에 뒤처져 있었는바 '빈(빗)',

'꽃(꽃)', '콩팥(콩팥)', '잇다(있다)' 등과 같은 어휘들에서 이를 확인
할 수 있었다. 그리고 'ㄷ' 말음 체언어간이 'ㅅ' 말음 체언어간으로
재구조화되지 않고 그대로 남아 있었고{예를 들어 몯(못), 붇(붓))}
'ㄷ' 불규칙 용언 어간이 'ㅀ' 자음군 용언 어간으로 재구조화를 겪은
모습도 나타났다{예를 들어 곯구[걸꾸](걷고), 곯어[거러](걷어)}. 자
음군말음 어간의 변화에서 특징적인 것으로는 중앙어의 자음군말음
'ㄻ'을 가진 어간이 'ㄻ' 외에도 'ㅁ'를 가진 어간으로 나타난 것{삶아
[삼마], 닮아[담마]}를 들 수 있다. 그리고 중앙어의 '넓다', '짧다'가
이 지역어에서는 '넓다/너르다', '짧다/짜르다' 두 가지 형태로 재구
조화되었으며 'ㄷ'불규칙 용언 '깨닫다'는 이 지역어에서 '깨닳다'로
재구조화되었다.

(6) 특수 교체 어간에서는 체언 어간의 특수한 교체를 'XVmu-/XVŋk-'
유형, 'XVru-/XVrk-' 유형, 'XVsi(u)-XVkk-' 유형, 'XVri-/XVrr-' 유형으
로 나누어 고찰하였다. 고찰을 통하여 이들이 모음과 자음과의 결합
에서 단일화를 완성하였으며 그 단일화의 방향이 중부방언의 그것
과 반대임을 확인하였다.

이제까지 부령지역어의 통시적 음운변화를 살펴보았다. 부령 지
역은 역사적으로 육진 지역에 속하며 잔재지역과 고립방언의 성격
을 갖고 있어 중세어형을 많이 유지하고 있었다. 그러나 이 지역은
음운체계에서 육진 방언보다는 동북방언에 가까웠으며 구개음화가
진행된 측면에서도 동북방언에 가까웠다. 따라서 부령을 전이지역
으로 간주하되 동북방언에 포함시키는 것이 타당하다.

이 논문은 부령지역어 현재의 상태를 통해 통시태를 보여줄 수 있

는 여러 음운변화를 다뤘으나 역사적인 문헌에 대한 고찰이 적어 사적인 연구로서 아쉬움이 남는다. 그리고 자료의 제한으로 성급히 결론을 얻은 느낌도 없지 않다. 부령지역어에 대해 더 풍부한 자료의 조사·정리가 이루어지고 주위 여러 지역어에 대한 통시 음운연구가 행해질 때 이 지역어에 대한 통시 연구가 더 발전해 갈 것으로 믿는다.

참고문헌

강순경(1999), 「북한 후설모음의 융합(merger) 현상」, 『음성과학』 5-2, pp.41-55.
강순경(2001), 『북한어 모음체계의 음성실험학적 연구』, 한국문화사.
강신항(1983), 「치음과 한글표기」, 『國語學』 12, pp.13-34.
京城師範學校 朝鮮語研究部(1995), 『方言集』, 慕山學術研究所.
慶源郡民會(1988), 언어, 『慶源郡誌』, pp.130-138.
慶興郡民會(1988), 언어, 『慶興郡誌』, pp.234-238.
곽충구(1980), 「十八世紀 國語의 音韻論的 研究」, 『國語研究』 43.
곽충구(1982), 「아산지역어의 이중모음 변화와 이중모음화-y계 이중모음과 ə」wə 변화
    를 중심으로」, 『방언』 6, pp.27-55.
곽충구(1986), 「『露韓會話』와 咸北 慶興方言」, 『震檀學報』 62, pp.79-125.
곽충구(1987), 「露韓小辭典의 국어학적 가치」, 『관악어문연구』 12, pp.25-63.
곽충구(1989), 「『로한즈뎐』의 韓國語와 그 傳寫에 대하여」, 『이화어문논집』 10,
    pp.125-154.
곽충구(1991), 『咸鏡北道 六鎭方言의 音韻論』, 서울대학교 박사학위논문.
곽충구(1992), 「咸鏡道 方言 研究의 전개과정과 그 전망」, 『南北韓의 方言研究-그 現況과
    課題』, 慶雲出版社, pp.365-404.
곽충구(1993), 「함경도방언의 친족명칭과 그 지리적 분화 - 존칭의 조부모, 부모, 백숙
    부모의 호칭어를 중심으로-」, 『震檀學報』 76, pp.209-239.
곽충구(1994), 『咸北 六鎭方言의 音韻論-20世紀 初 러시아의 Kazan에서 刊行된 文獻資料
    에 依한-』, 국어학총서 20, 태학사
곽충구(1996), 「북한방언에 대한 연구」, 『내일을 위한 방언 연구』, 경북대학교 출판부,
    pp.103-146.
곽충구(1997), 「연변 지역의 함북 길주·명천 지역 방언에 대한 조사 연구 -어휘 문법 음
    운 성조 조사 자료」, 『애산학보』 20, pp.179-274.
곽충구(1998a), 「동북·서북방언」, 『문법연구와 자료』 (이익섭선생 회갑기념논총),
    pp.985-1027.
곽충구(1998b), 「동북방언」, 『새국어생활』 8-4, pp.75-94.
곽충구(1998c), 「감각 용언 파생의 방언 분화」, 『震檀學報』 86, pp.1-26.
곽충구(1998d), 「육진방언의 어휘」, 『國語語彙의 基盤과 歷史』, 태학사, pp.617-669.
곽충구(2000), 「함북 방언의 비자동적 교체 어간과 그 단일화 방향」, 『21세기 국어학의
    과제』, 월인, pp.1123-1166.
곽충구(2001a), 「口蓋音化規則의 發生과 그 擴散」, 『震檀學報』 92, pp.237-268.
곽충구(2001b), 「동북방언」, 『방언학 사전』, 태학사, pp.99-106.
곽충구(2003), 「현대국어의 모음체계와 그 변화의 방향」, 『國語學』 41, pp.59-91.
곽충구(2005), 「육진방언의 음운변화 -20세기 초로부터 1세기 동안의 변화」, 『震檀學
    報』 100, pp.183-219.
교육도서출판사(2012), 『조선지도첩』, 외국문출판사
구본관(1990), 「경주방언 피동형에 대한 연구」, 서울대학교 석사학위논문.

구본관(1996), 「15세기 국어 파생법에 대한 연구」, 서울대학교 박사학위논문.

국립국어원 지역어조사추진위원회(2006), 『지역어 조사 질문지』, 태학사.

김무림(1995), 「高麗時代의 자음체계」, 『國語史와 借字表記』(素谷南豊鉉先生回甲紀念論叢), pp.551-566.

김방한(1964), 「國語 母音體系의 變動에 關한 考察-中世國語母音體系의 再構를 위한 方法論的試圖」, 『東亞文化』 2, pp.29-80.

김병제(1959), 『조선어 방언학 개요』(상), 평양:사회과학원출판사.

김병제(1965), 『조선어 방언학 개요』(중), 평양:사회과학원출판사.

김병제(1975), 『조선 방언학 개요』(하), 평양:사회과학원출판사.

김병제(1980), 『방언사전』, 과학 백과사전출판사.

김병제(1988), 『조선언어지리학시고』, 평양: 과학백과사전종합출판사.

김봉국(2004), 「함북 육진방언의 '-어/-아' 교체 양상과 중립모음의 성격」, 『배달말』 35, pp.321-341.

김성규(1988), 「非自動的 交替의 共時的 記述」, 『冠岳語文研究』 13, pp.25-44.

김성규(1989), 「활용에 있어서의 화석형」, 『周時經學報』 3, 塔出版社, pp.159-165.

김성규(1996), 「'드틀'과 '듣글'의 공존」, 『李基文教授 停年退任紀念論叢』, 신구문화사, pp.84-96.

김성규(2003), 「'여」,'예」,'에'의 변화 과정에 대하여」, 『관악어문연구』 28, pp.161-182.

김성규(2009), 「중세국어 음운론의 쟁점」, 『국어사연구』 9, pp.41-68.

김성규·정승철(2005), 『소리와 발음』, 한국방송통신대학교출판부.

김소영(2009), 「이중모음 /의/의 통시적 변화 연구」, 『국어연구』 213.

김영배(1985), 「i母音逆行同化와 그 介在子音」, 『靑坡 徐楠春教授 華甲紀念論叢』, 創文閣.

김영배(1992), 『南北韓의 方言 研究-그 現況과 課題』, 慶雲出版社.

김영황(1982), 『조선어방언학』, 평양: 김일성대학종합출판사.

김완진(1963), 「국어모음체계의 신고찰」, 『震檀學報』 24, pp.476-511.

김완진(1971), 「音韻現象과 形態論的 制約」, 『學術院論文集(人文·社會科學)』 10, 대한민국학술원. pp.91-115.

김완진(1974), 「音韻變化와 音素의 分布 - 脣輕音 '병'의 境遇 -」, 『震檀學報』 38, pp.105-120.

김완진(1978), 「모음체계와 모음조화에 대한 반성」, 『어학연구』 14-2, pp.127-139.

김주원(1992), 「모음체계와 모음조화」, 『國語學』 22, pp.33-56.

김주필(1994), 「17·8세기 국어의 구개음화와 관련 음운현상에 대한 통시론적 연구」, 서울대 박사학위논문.

김진우(1973), 「Gravity in Korean Phonology」, 『어학연구』 9권 2호, pp.274-281.

김창섭(2008), 『한국어 형태론 연구』, 태학사.

김춘자(2008), 『함경남도 삼수지역어의 음운론』, 역락.

김태균(1982), 「함북 육읍 방언 연구」, 『경기어문학』 3, pp.11-27.

김태균(1983), 「함북 방언 조사연구 1」, 『우보 전병두박사 화갑 기념 논문집』, pp.17-35.

김태균(1986), 『咸北方言辭典』, 京畿大學校 出版局.

김현(2003),「활용상에 보이는 形態音韻論적 變化의 要因과 類型」, 서울대학교 박사학위 논문.

남광우(1984),『韓國語의 發音硏究』(I), 一潮閣.

리동빈(2001),『조선어방언학』, 역락.

茂山郡民會(1984),『茂山郡誌』, pp.181-191.

박창원(1983),「고성지역어의 모음사에 대하여」,『국어연구』57.

박창원(1988),「15세기 국어의 이중모음」,『경남어문논집』, pp.63-88.

박창원(1989),「통시음운론 연구사와 국어음운사 연구 30년」,『國語學』19, pp.41-66

박경래(1995),「19세기 후기 충북 보은방언의 모음 '외, 위'에 대한 음운론적 신분에 대하여」,『개신어문연구』12, pp.89-108.

방언연구회(2001),『方言學 事典』, 태학사.

배주채(1989),「음절말자음과 어간말 자음의 음운론」, 서울대 석사학위논문.

배주채(1994),「고흥방언의 음운론적 연구」, 서울대 박사학위논문.

백두현(1991),「몽산화상도보설의 국어학적 연구」,『어문논총』25, pp.75-98

백두현(1992a),「원순모음화 'ㆍ」,ㅗ'형의 분포와 통시성」,『國語學』22, pp.341-370.

백두현(1992b),『영남 문헌어의 음운사 연구』, 태학사.

변용우(2005),「국어 음운현상에 관여하는 형태 보존의 원리에 대한 연구」, 동국대학교 박사학위논문.

富寧郡民會(1993),「방언」,『富寧郡誌』, pp.136-137.

사회과학출판사(2005),『조선어 방언학』.

서태룡(1987),「국어 활용어미의 형태와 의미」, 서울대학교 박사학위논문.

소신애(2003),「음변화의 진행 과정-연변 훈춘지역 조선어의 구개음화를 중심으로」,『언어』28-3, pp.405-425.

소신애(2004),「어간 재구조화의 진행 과정(1)-훈춘지역 세대별 화자들의 활용어간의 차이를 중심으로」,『어문연구』32-4, pp.117-139.

소신애(2005a),「어간 재구조화의 진행 과정(2)-훈춘 지역 세대별 화자들 의 활용어간의 차이를 중심으로」,『國語學』45, pp.41-68.

소신애(2005b),「공시적 음운 변이와 통시적 음운변화의 상관성 -함북 육진 방언을 중심으로」, 서강대학교 박사학위논문.

송철의(1977),「派生語形成과 音韻現象」,『國語硏究』38.

송철의(1983),「派生語形成과 通時性의 問題」,『國語學』12, pp.47-72.

송철의(1987),「十五世紀 國語의 表記法에 대한 音韻論的 考察」,『國語學』16, pp.325-360.

송철의(2008),『國語의 派生語形成 硏究』, 태학사.

안병희(1978),「촌가구급방의 향명에 대하여」,『언어학』3, pp.191-199.

오선화(2007a),「연변지역어의 부정소에 관한 일고찰 -단형 부정문에서의 위치를 중심으로-」,『어문연구』55, pp.31-50.

오선화(2007b),「연변지역어의 호격조사- 선행 체언과 상대높임법과의 관계를 중심으로-」,『방언학』6, pp.225-246.

오선화(2008),「함북도 방언의 담화표지 '응'과 '야'의 고찰」,『방언학』8, pp. 97-121.

유창돈(1964),『李朝語辭典』, 延世大出版部.

이광호(1993), 「미지(未知)의 '이'를 찾아서」, 『형태』, 태학사. pp.227-256.

이금화(2007), 『평양지역어의 음운론』, 역락.

이기동(1993), 『북청방언의 음운론』, 고려대학교 민족문화연구소.

이기문(1955), 「語頭子音群의 生成 및 發達에 대하여」, 『震檀學報』 17, pp.187-258.

이기문(1962), 「中世國語의 特殊 語幹 交替에 대하여」, 『震檀學報』 23, pp.119-153.

이기문(1968), 「母音調和와 母音體系」, 『李崇寧博士頌壽紀念論叢』, 乙酉文化社, pp.379-389.

이기문(1969), 「中世國語 音韻論의 諸問題」, 『震檀學報』 32, pp.131-150.

이기문(1972), 『國語音韻史研究』, 國語學叢書 3, 塔出版社.

이기문(1979), 「中世國語 母音論의 現狀과 課題」, 『東洋學』 9, pp.23-36.

이기문(1980), 「19世紀末葉의 國語에 대하여」, 『蘭汀南廣祐博士華甲紀念論叢』, 一潮閣, pp.255-266.

이기문(1983), 「'아자비'와 '아즈미'」, 『國語學』 12, pp.3-12.

이기문(1991), 『國語 語彙史 研究』, 東亞出版社.

이기문(2003), 『新改訂 國語史槪說』, 태학사.

이명규(1990), 「口蓋音化」, 『國語研究 어디까지 왔나』, 서울대학교 대학원 국어연구회 편, 동아출판사, pp.33-54.

이병근(1970), 「19世紀 後期 國語의 母音體系」, 『學術院論文集』 9, pp.375-390.

이병근(1971a), 「현대 한국방언의 모음체계에 대하여」, 『어학연구』 7-2, pp.11-17.

이병근(1971b), 「雲峰地域語의 움라우트現象」, 『金亨奎博士頌壽紀念論叢』, 一潮閣, pp.473-487.

이병근(1973), 「東海岸方言의 二重母音에 대하여」, 『震檀學報』 36(『방언』, 1998, 태학사, pp.205-225.)

이병근(1976), 「파생어형성과 i역행동화 규칙들」, 『震檀學報』, 42(『音韻現象에 있어서의 制約』, 1979, 塔出版社, pp.97-129)

이병근(1978), 「國語의 長母音化와 補償性」, 『國語學』 6, pp.1-28.

이병근(1979), 『音韻現象에 있어서의 制約』, 塔出版社.

이병근(1990), 「音長의 辭典的 記述」, 『震檀學報』 70, pp.107-124.

이상규(1983), 「경북지역어의 주격 '-이가'」, 『어문론총』 17.

이숭녕(1935), 「Umlaut 現狀을 通하야 본 母音 'ㆍ'의 音價攷」, 『新興』 8. pp.96-113.

이숭녕(1949), 「'애, 에, 외'의 음가 변이론」, 『한글』 106, pp.25-35.(『이숭녕 국어학선집』 1, 1988, 음운편 1. 민음사).

이숭녕(1954a), 『국어음운론연구』 제1집 음고, 을유문화사.

이숭녕(1954b), 「脣音攷 -특히 脣經音 'ㅸ'를 중심으로 하여」, 서울대논문집 1.(李崇寧 國語學選集 1, 音韻篇 2, 1988, 民音社).

이숭녕(1958), 『음운론연구』, 민중서관.

이숭녕(1967), 「한국 방언사」, 『한국문화사대계』 V, 고려대 민족문화 연구소, pp.325-411.

이승재(1977), 「南部方言의 圓脣母音化와 母音體系-求禮地域語의 'ㆍ〉오'를 中心으로-」, 『冠嶽語文研究』 第2輯, pp.401-420.

221

이승재(1983a), 「형태소 경계의 음운론적 기능에 대하여-구례지역어의 경우」, 『백영 정병욱선생환갑기념논총』, 신구문화사, pp.176-187.

이승재(1983b), 「再構와 方言分化 -語中 '-ㅅㄱ-'類 단어를 중심으로」, 『國語學』 12, pp.213-234.

이익섭(1978), 「한국 방언 연구의 한 방향」, 『어학연구』 14-2, 서울대학교 어학연구소, pp.167-173.

이진호(2008), 『통시적 음운변화의 공시적 기술』, 삼경문화사.

이현희(1987a), 「중세국어 '둔겁-'의 형태론」, 『震檀學報』 63, pp.133-150.

이현희(1987b), 「국어의 어중·어말 'ㄱ'의 성격에 대한 종합적 고찰」, 『한신논문집』 제4집, pp.225-282.

이현희(2002), 「중세 근대국어 형태론의 몇 문제」, 『문법과 텍스트』, pp.139-155.

임석규(2004), 「재분석에 의한 재구조화와 활용 패러다임」, 『형태론』 6-1, pp.1-23.

이주행(2005), 「한국인과 중국 조선족의 음운 실현 양상-10대와 20대의 언어를 중심으로-」, 『이중언어학』 28, pp.309-331.

전철웅(1998), 『충북방언의 역사적 연구』, 보고사.

전광현(1967), 「17세기 국어의 연구」, 『국어연구』 19.

전광현(1975), 「南原地域語의 語末-U형 語彙에 대한 通時音韻論적 小考-二重母音의 史的 變化와 關聯하여-」, 『국어학』 4, PP.25-37

전학석(1996), 「육진방언의 음운론적 특성-두만강 이북에 분포되어 있는 육진방언을 대상으로」, 『말소리』 31-32, pp.97-122.

전학석(1998), 「연변방언」, 『새국어생활』 8, 국립국어연구원, pp.153-180.

정승철(1988), 「濟州島 方言의 母音體系와 그에 관련된 音韻現象」, 『國語研究』 84.

정승철(1995), 「濟州島 方言의 通時音韻論」, 『國語學叢書』 25, 태학사.

정승철(1996), 「제주도 방언 'ㅎ'말음 용언 어간의 통시론」, 『이기문 敎授停年退任紀念論叢』, 신구문화사, pp.738-753.

정승철(1997), 「자음의 변화」, 『국어사연구』(전광현 송민 선생의 화갑 기념), 태학사, pp.423-455.

정승철(2004a), 「음운사 연구에서의 언어 변화 이론의 수용과 전개-'ᄋ'의 음운사 연구를 중심으로-」, 『國語學』 43, pp.409-428.

정승철(2004b), 「j계 상향이중모음의 변화-형태소 내부를 중심으로」, 『언어학연구』 9-1, pp.43-58.

정승철(2008), 「방언형의 分布와 改新波-兩脣音 뒤 j계 上向二重母音의 縮約 現象을 중심으로」, 『어문연구』 138, pp.99-116.

정용호(1988), 『함경도방언연구』, 평양: 교육도서출판사.

정인호(2004), 「원평북방언과 전남방언의 음운론적 대조 연구」, 서울대학교박사학위논문.

정철(1991), 「慶北方言의 子音脫落 現象」, 『어문논총』 25, 경북어문학회, pp.147-162.

정향란(2004), 「중국 연변지역 한국어의 파생접미사 연구」, 인하대학교 석사학위논문.

조현숙(1985), 「봉화지역어의 성조연구」, 『국어연구』 66.

채옥자(1999), 「중국 연변지역어의 활음화에 대하여」, 『애산학보』 23, pp.140-164.

채옥자(2002), 「중국 연변지역 한국어의 음운체계와 음운현상」, 서울대학교 박사학위

논문, (『중국 연변지역 조선어의 음운연구』, 2005, 태학사).

채옥자(2003), 「부사형 어미 '-어/아X'의 통합양상에 대하여-중국 연변지역어를 중심으로」, 『우리 민족어의 연구와 전파』(리득춘 교수교직종사 40주년 기념 논문집), pp.87-104.

최임식(1984), 「19세기 후기 서북방언의 모음체계」, 계명대 대학원석사논문.

최명옥(1978), 「ㅸ, ㅿ」와 동남방언, 『어학연구』14-2, pp.185-193.

최명옥(1982), 『月城地域語의 音韻論』, 嶺南大 出版部.

최명옥(1986), 「19世紀 後期 西北方言의 音韻體系 -平北 義州地域語를 중심으로」, 『국어학술신연구』(若泉 金敏洙敎授 華甲記念), 搭出版社, pp.749-763.

최명옥(1987), 「平北義州地域語의 通時音韻論」, 『語學研究』23-1, pp.65-90.

최명옥(1989), 「국어 움라우트의 연구사적 고찰」, 『주시경학보』 제3집, 탑출판사, pp.7-39.

최명옥(1992), 「경상북도의 방언지리학: 부사형 어미 '-아X'의 모음조화를 중심으로」, 『震檀學報』 73, pp.139-163.

최명옥(1993), 「경북방언의 모음조화-어휘 형태소 내부의 모음조화를 중심으로」, 『국어사 자료와 국어학의 연구』(안병희선생 回甲紀念論叢), 문학과 지성사, pp.709-726.

최명옥(1995), 'X ㅣ]Vst어Y'의 음운론, 『震檀學報』 79, pp.167-187.

최명옥(1998a), 『한국어 方言研究의 실제』, 태학사

최명옥(1998b), 『國語音韻論과 資料』, 태학사.

최명옥(2000), 「중국 연변지역의 한국어 연구」, 『한국문화』 25, pp.17-62.

최명옥(2004), 『국어음운론』, 태학사.

최명옥(2005), 「국어방언학의 체계」, 『방언학』 1, pp.35-72.

최명옥·곽충구·배주채·전학석(2002), 『함북 북부지역어 연구』, 태학사.

최윤갑·방학철 등(1996), 『조선말실용규범집』, 연변인민출판사.

최전승(1975), 「中世國語의 異化作用에 의한 圓脣性 資質의 消失에 대하여」, 서울대학교 석사학위논문.

최전승(1986), 『19세기 후기 전라방언의 음운현상과 그 역사성』, 한신문화사.

최전승(1995), 『한국어 方言史연구』, 태학사.

최전승(1999), 「원순모음화 현상의 내적발달과 개별 방언 어휘적 특질」, 『국어문학』 34, pp.103-150.

최학근(1968), 『국어방언연구』, 서울대출판부.

최학근(1977), 「푸찔로의 露韓字典에 대하여」, 『관악어문연구』 1, pp.115-154.

최학근(1991), 『국어방언연구』, 명문당.

하신영(2004), 「'X{C, V} ㅣ vst 아/어Y'의 음운론적 연구」, 『국어연구』175.

한글학회(1992), 『우리말 큰 사전 4 옛말과 이두』, 어문각.

한두복(1962), 「륙진방언연구(개요)」, 『조선어학』 2.

한성우(2003), 「의주방언의 음운론적 연구」, 서울대학교 박사학위논문.

한영균(1995), 「'ㅢ, ㅟ'의 단모음화와 방언분화-강원도 방언의 경우」, 『國語史와 借字表記』(素谷南豊鉉先生回甲記念論叢), pp.817-846.

한영순(1967), 『조선어 방언학』, 평양: 길일성종합대학출판사.

한진건(2000), 『육진방언 연구』, 역락.

함경북도지편집위원회(2001), 「咸鏡北道 方言의 源流」, 『咸鏡北道誌』, pp.350-364.

황대화(1986), 『동해안방언연구』, 평양: 김일성종합대학 출판사.

황대화(1998), 『조선어 동서방언 비교연구』, 한국문화사.

황대화(1999), 『조선어방언연구』, 료녕민족출판사.

허웅(1952), 「'애, .에, 외, 위'의 음가」, 『국어국문학』 1, pp.5-8.

허웅(1965), 『改稿新版 國語音韻學』, 正音社.

현평효(1962), 『제주도방언연구』 제1집 자료편, 정연사.

홍윤표(1985), 「구개음화에 대한 역사적 연구」, 『진단학보』 60, pp.143-157.

홍윤표(1992), 「方言史 關係 文獻資料에 대하여」, 『南北韓의 方言 研究-그 現況과 課題-』, 慶雲出版社, pp.405-424.

홍윤표(1993), 『國語史 文獻資料 研究』 (近代篇 I), 태학사.

會寧郡民會(1993), 方言, 『會寧郡志』, pp.217-223.

趙習·宣德五(1986), 朝鮮語六鎭話的 方言特點, 『民族語文』 5.

中國朝鮮語實態調查報告 執筆組(1985), 『中國朝鮮語實態調查報告』, 民族出版社 遼寧民族出版社.

小倉進平(1927), 咸鏡南北道方言, 『朝鮮語』 2, 朝鮮語文研究會, pp.1-33.

小倉進平(1944), 『朝鮮語方言の研究』(上卷, 下卷), 東京: 巖波書店.

田島泰秀(1918), 咸北方言의 訛音, 『朝鮮教育研究會雜誌』 2月號.

河野六郎(1945), 『朝鮮方言學試考--鋏語考--』, 京城: 東都書籍.

Ramsey, S.R.(1978), *Accent and Morphology in Korean dialects*, 탑출판사.

제 **Ⅱ** 부

연변방언 관련
문법요소 연구

연변방언 연구

제1장

연변지역어 간접 인용
'-는/(으)ㄴ 매'에 대하여

1. 서 론

이 글은 연변지역어 화자들이 구어체에서 사용하고 있는 간접 인용표현 '-는/(으)ㄴ 매'에 대한 형태 분석과 용례 검토를 통하여 그 형성과정을 밝히고 통사·의미론적 특징을 밝히는 것을 목적으로 한다.

개별 방언 연구에서 간접 인용은 제주도 방언을 제외하고는 방언들 사이에 크게 형태론적인 차이가 나지 않는 것으로 보았다. 방언 별로 간접 인용을 나타내는 표현을 보면 중부방언은 '-고 말하다'류, '-고 하다', '-고 그리하다'류로 간접 인용을 나타내고 서남방언 '-고/ㄱ 말하다'류, '-고/ㄱ 하다', '-고/ㄱ 그러하다'류, '-야고 말하다'류,

'-야고 하다', '-야고 그러하다'류로 간접인용을 나타낸다. 그리고 동남 방언은 '-꼬 카 그러하다'류, '-꼬 쿠 그러하다'류로 간접 인용을 나타내고 제주방언은 '-엔 곧다', '-엔 ᄒ다', '-ㄴ 곧다', '-ㄴ ᄒ다'로 간접인용을 나타낸다(문숙영 2012). 한편 함북 방언에 바탕을 둔 연변지역어는 중부방언과 같은 간접인용 표현 외에도 '-는/(으)ㄴ 매'에 의한 간접 인용 표현이 있어 주의를 끈다.

그러나 연변지역어 방언 문법 연구에서 간접 인용 '-는/(으)ㄴ 매'에 대한 연구는 전혀 주목을 받지 못했다. 이는 개별 방언연구에서 인용문 연구가 별로 다루어지지 않았기 때문이다.[1] 따라서 본 연구에서는 이 간접 인용 표현에 대해 용례를 제시하고 그것의 특성을 밝혀 보려 한다. 이러한 논의가 향후 연변지역어의 인용 표현 전반을 이해하는데 도움이 될 수 있을 것이라 생각한다.

간접인용 '-는/(으)ㄴ 매'는 연변지역어를 구사하는 젊은 층의 대화에서 흔히 볼 수 있는 표현이다. 필자는 2011년 8월 27일, 고향이 중국 연변조선족자치주 연길시 조양천진인 두 명의 제보자를 대상으로 그들의 일상적인 대화를 녹음할 당시 '-는/(으)ㄴ 매'가 간접인용으로 쓰임을 발견하게 되었다. 그리하여 이 글에 이용한 일부의 방언 자료는 조사한 음성 파일을 전사한 자료에 바탕을 둔다.[2] 세 시간 사

---

1 문숙영(2012)는 개별 방언에서의 인용문 연구는 별로 다루어지지 않은 편인데 이는 인용표지나 인용동사의 차이 외에 크게 구조적 변이의 폭을 발견하기 어렵다고 생각되기 때문이라고 하였다.

2 연변지역어의 예문은 기존 자료와 실제 담화 자료를 위주로 하였으며 조사한 예문 외에도 논의에 따라 직관에 의해 만든 예문을 사용하였다. 실제 담화 자료의 예문에 대해서는 제보자를 표시해 두었다. 그리고 담화분석이 문법 차원에서 이루어졌기 때문에 예문에 대해서는 형태 음소 표기를 하였고 지역어 색채가 짙은 예

십오 분 분량의 녹음자료를 전사프로그램 Transcriber를 이용해 전사를 한 후 전사 파일 분리기를 이용하여 각자의 대화를 분리하였다. 그리고 간접인용을 나타내는 '-는/(으)ㄴ 매'를 수작업으로 추출해냈다.

제보자의 출생지인 조양천진에 대해 간단히 소개를 하면 조양천진은 용정시와 연길시에 인접해 있는 진으로 현재 총인구가 5.4만 명이고 그중 조선족이 65%를 차지한다. 이 지역에 거주하고 있는 조선족들은 대개가 함북방언에 기반한 연변지역어를 쓰고 있다. 제보자의 신상은 다음과 같다.[3]

〈표 1〉 제보자

이름	성별	출생년도	약호	출생지	학력	직업
김화	여	1981	김	조양천진 태양촌	석사	조사 연구원
박향란	여	1982	박	조양천진	대졸	사무직

문에 대해서는 표준어로 대역하였다.

3 두 제보자는 모두 함경북도 이주민 3세대이다. 제보자 김화는 연변조선족자치주 연길시 조양천진 태양촌에서 태어났고 제보자 박향란은 연변조선족자치주 연길시 조양천진에서 태어났다. 모두 대학교 입학 전까지 연변지역에서 생활하여 함경도 방언에 기반한 연변지역어를 잘 구사하고 있다. 제보자 김화는 아버지의 고향이 조양천진 태양촌이고, 어머니의 고향이 용정시 삼합진이다. 한편, 제보자 박향란은 아버지의 고향이 조양천진 광석향이고, 어머니의 고향이 훈춘시이다.

2. '-는/(으)ㄴ 매'의 형성 과정

결론부터 말하면 '-는/(으)ㄴ매'의 형성은 분화의 원리에 따른 문법화의 한 양상이다. 문법화는 전통적으로 한 형태가 어휘적인 것에서 문법적인 것으로 그리고 덜 문법적인 것에서 더 문법적인 것으로 발전하는 변화를 말한다(Hopper&Traugott:1993:25)(권재일 1998 재인용). 다시 말해서 어휘 의미를 가진 표현이 문법 기능을 수행하게 되거나, 지금까지 가지고 있던 것보다 더 문법적인 기능을 얻게 되는 것을 말한다. 이러한 개념은 대체로 형태론 층위에 관한 것이지만 최근에는 '대화상의 함축 의미나 화용적 추론에 의한 문맥 의미가 언어 내적 의미를 얻게 되거나, 통사 구조가 하나의 어휘 표현으로 굳어져서 언어 체계 안에서 새로운 영역을 얻게 되는 것'을 말하기도 한다 (권재일 1998:886)[4]. Hopper(1991)에서는 문법화의 다섯 가지 원리, 즉 층위화의 원리, 분화의 원리, 특정화의 원리, 의미지속성의 원리, 탈범주화의 원리 등을 제시한 바 있다(권재일 1998 재인용). 그중 분화의 원리를 보면, 동일한 근원에서 나온 문법 형태들이 의미상 분화되는 현상으로 좁게 말하면 한 단어가 문법화소가 되면서 그 원래 단어는 그냥 어휘화로 남고, 거기서 갈라져 나온 문법화소는 새로운 의미를 얻으며 변해 가는 현상이다. 이 분화의 원리는 좀 더 확대 해석하여 한 개의 문법 형태에 의해 실현되는 문법 기능의 분화 현상까지

---

4 백낙천(2007:246)은 문법화를 아래와 같이 정의하였다. 문법화는 역사적 변화 과정에 근거한 통시적 결과물로서 그 변화의 유형은 어휘 형태소의 의미가 추상화되어 문법 형태소로 되는 것과 통사론적 구성이 형태론적 구성으로 재구조화되는 언어 현상을 가리키는 것으로 그 과정에서 분포와 의미 단위의 변화를 수반한다.

도 이 원리에 포함시킬 수 있다. 한국어의 통사적 구성 '-어 있'이 한 편으로는 완결을 나타내는 '-었-'으로 문법화되고, 다른 한편으로는 상태를 나타내는 '-어 있-'으로 남아 있는 것이 바로 그 예이다.(권재일 1998:893, 백낙천 2007:60~61).

연변지역어에서 간접인용을 나타내는 융합형[5] '-는/(으)ㄴ 매'는 한국어 구문 '-는/(으)ㄴ 모양이-'가 문법화한 결과이다. 한국어 관용 표현 '-는/(으)ㄴ 모양이-'는 '-는/(으)ㄴ 매-'와 '-는/(으)ㄴ 매'로 분화 되었는 바 전자는 비종결형이고, 후자는 종결형이다. 이때 비종결형 은 원래 의미를 유지하여 추측을 나타내나 종결형은 간접인용을 나 타내며 의미가 변화하였다. 한국어 구문 '-는/(으)ㄴ 모양이-'가 종결 형 '-는/(으)ㄴ 매'로 변하였지만 그 구성에서 원래의 통사적 구성을 유지하여 아직 형태적으로는 완전한 문법 요소라고 볼 수 없다. 그러 나 명사 '모양'이 관형사형 어미 다음에 서술격 조사 '이다'와 결합하 여 원래 가지고 있던 어휘적인 의미를 잃고 간접 인용의 의미를 가지 며 더 문법적인 것으로 되었다는 점에서 문법화로 보기로 한다. 아래 에 한국어 구문 '-는/(으)ㄴ 모양이-'가 간접인용 표현 '-는/(으)ㄴ 매' 로 변화되는 과정을 자세히 밝히고자 한다.

문법화는 의미의 변화를 수반하므로 먼저 '-는(으)ㄴ 모양이-'의 의미에 대한 사전적 정의를 보기로 하자. 국립국어원(2010:253)에 의 한 관용표현 '-는/(으)ㄴ 모양이-'의 의미는 다음과 같다.

---

5 안명철(1990:125)에서는 융합은 특정한 문법적 환경에서 두 단어 이상이 줄어서 한 단어로 됨과 동시에 문법적, 의미론적 기능에 변화가 발생하는 현상이라고 보 았다. 이 글에서는 융합을 문법화의 기제로 본다.

〈표 2〉 '-는/(으)ㄴ 모양이-'의 사전 정의

다른 상황으로 미루어 현재 그런 일이 일어나고 있거나 어떤 상황이라고 추측함을 나타낸다. 주변 상황으로 미루어 그럴 것이라고 짐작하는 경우에 쓴다.

예 : 배낭을 메고 가는 걸 보니 산에 가시<u>는 모양이에요</u>.
　　 선우의 얼굴이 환한 걸 보니 좋은 일이 있<u>는 모양이야</u>.

　여기에서 한국어의 '-는(으)ㄴ 모양이-'는 추측을 나타내는 표현이라는 것을 알 수 있다. 이 지역에서는 위와 같은 뜻을 나타내는 표현으로 '-는(으)ㄴ 모이-'가 쓰인다. 이 지역에서는 '양'(樣)이 탈락한 '모'(模) 자체가 '모양'의 의미로도 쓰일 수 있다.

(1)　ㄱ. 집에 사람이 없는 <u>모양임다</u>.

　　　ㄴ. 집에 사람이 없는 <u>모임다</u>.

(2)　ㄱ. 비 오는 <u>모양이오</u>.

　　　ㄴ. 비 오는 <u>모이오</u>.

(3)　ㄱ. 암만(아무리) 생각해두 모르겠는 <u>모양이다</u>.

　　　ㄴ. 암만(아무리) 생각해두 모르겠는 <u>모이다</u>.

　(1), (2), (3)은 각각 추측을 나타내는 표현에 존대, 평대, 하대를 나타내는 종결어미가 쓰인 예들이다. (1ㄱ)은 '모양이-'에 '합쇼체' 종

결어미 '-ㅁ다'가[6] 연결되어 쓰인 것이고 (1ㄴ)은 '모이-'에 '합쇼체' 종결어미 '-ㅁ다'가 연결된 것이다. 두 문장은 그 의미가 같다. (2ㄱ)은 '모양이-'에 '하오체' 종결어미 '-오'가 연결되어 쓰인 예이고 (2ㄴ)은 '모이-'에 '하오체' 종결어미 '-오'가 연결된 것으로 두 문장 역시 그 의미가 같다. (3ㄱ)과 (3ㄴ)은 '모양이-'와 '모이-'에 '해라체' 종결어미 '-다'가 연결한 것으로 두 문장은 같은 뜻을 나타낸다.

추측을 나타내는 '-는/(으)ㄴ 모이-'를 '-는/(으)ㄴ 모양이-'에서 왔다고 상정하는 이유는 두 표현이 통사 의미 기능이 같다는 이유 외에도 '-는/(으)ㄴ 모양이-'가 '-는/(으)ㄴ 모애-'로도 변화하였으며 '-는/(으)ㄴ 모애-'와 '-는/(으)ㄴ 모이-'가 같은 의미 기능을 가진다는 점에서다.

(4) ㄱ. 집에 사람이 없는 <u>모앰다</u>.

ㄴ. 비 오는 <u>모애오</u>.

ㄷ. 암만 생각해두 모르겠는 <u>모애다</u>.

(4)의 '-는/(으)ㄴ 모애-'는 'ㅇ' 탈락과 축약 즉 '모양이→모야이>모애'와 같은 변화를 거친 것이다. 이렇듯 한국어의 관용 표현 '-는/(으)ㄴ 모양이-'는 이 지역어에서 '-는/(으)ㄴ 모이-'와 '-는/(으)ㄴ 모애-'로 나타나면서 추측을 나타낸다.

---

6 '슴/ㅁ다'는 표준어 '-습/ㅂ니다'에 의해 형성된 서술법을 나타내는 '합쇼체' 어미로 이 지역어의 젊은 층에서 많이 사용한다. '슴/ㅁ다'는 동화(슴/ㅁ니다>슴/ㅁ니다)와 '니'의 탈락(슴/ㅁ니다>슴/ㅁ다)을 차례로 겪으면서 형성되었다.

그 후 '모이-'는 '매-'로 축약되어 '-는/(으)ㄴ 매-'로 나타난다. 아래의 예문을 통해서 이를 확인할 수 있다.

    (5) ㄱ. 시걱두 제때 아이 하는 <u>모임다</u>. (식사도 제 때에 안 하는 모양입니다.)

        ㄴ. 시걱두 제때 아이 하는 <u>맴다</u>.

    (6) ㄱ. 날씨 좋은 <u>모이오</u>.

        ㄴ. 날씨 좋은 <u>매오</u>.

    (7) ㄱ. 너네 학교 모태인 <u>모이다</u>.(너희 학교 부근인 모양이다.)

        ㄴ. 너네 학교 모태인 <u>매다</u>.

(5), (6), (7)은 '-는/(으)ㄴ 모이-'와 '-는/(으)ㄴ 매-' 각각 존대, 평대, 하대를 나타내는 종결어미들과 결합한 예들이다. (5ㄱ)은 '모이-'에 '합쇼체' 종결어미 '-ㅁ다'가 연결되어 쓰인 것이고 (5ㄴ)은 '매-'에 '합쇼체' 종결어미 '-ㅁ다'가 연결된 것이다. 두 문장은 그 의미가 같다. (6ㄱ)은 '모이-'에 '하오체' 종결어미 '-오'가 연결되어 쓰인 예이고 (6ㄴ)은 '매-'에 '하오체' 종결어미 '-오'가 연결된 것으로 두 문장역시 그 의미가 같다. (7ㄱ)과 (7ㄴ)은 '모이-'와 '매-'에 '해라체' 종결어미 '-다'가 연결한 것으로 두 문장은 같은 뜻을 나타낸다.

'모이-'가 '매:-'로[7] 되기까지는 '모이>뫼>뭬(꽤)>매'와 같은 축약과정을 겪었다.[8] 즉 '매:-'는 'oj>ö>wɛ>ɛ'와 같은 과정을 겪은 것으로

보인다.[9]

   (8)   ㄱ. 물왜(물외<물명 5:14>, 黃瓜, 물외)[10]

        ㄴ. 왜지(외앗<두해-초 15:20>, 李, 오얏)[11]

        ㄷ. 매옥씨(메옥수수) cf.뫼<소해 4:12>山, 산[12]

        ㄹ. 새지(쇼ㅣ야지<두해-초 25:51>, 犢, 송아지)[13]

(8)은 중앙어에서 'ㅚ'로 나타난 단어들이 이 지역어에서 실현되는 예들이다. (8ㄱ, ㄴ)은 어두음절에 자음이 선행하지 않는 환경에서 [wɛ]로 실현되는 모습을 보인다. (8ㄷ, ㄹ)은 어두음절에 자음이 올 때 [ɛ]로 나타남을 보여준다. 이 지역어에서 'ㅚ'가 어두에 자음이 없을 때는 'ㅙ'로 어두에 자음이 올 때는 활음 'w'가 탈락한 'ㅐ'로 나타난

---

7 한국어에서는 어떤 환경에서 음절이 없어지게 되면 그 선행음절을 장모음화시킴으로서 그러한 음절이 없어지는 것을 보상하는 보상적 장모음화 현상이 일어난다(이병근 1978). 문법화한 '매'도 보상적 장모음화 현상이 일어난다. 다만 서술의 편의상 음장은 표시하지 않기로 한다.

8 여기에서 [wɛ(>ɛ)]를 [oj>wɛ>ɛ]의 변화로 볼 것인가 아니면 [oj>ö>wɛ>ɛ]로 볼 것인가 하는 문제가 있지만 여기에서는 이를 논하는 자리가 아니다. '모이'가 '뫠'로 되는 경우는 국어사에서 쉽게 발견하기 어려운 변화이므로 단모음으로 변화는 중간 단계를 상정하였다.

9 평북 의주지역어의 모음체계의 변화를 다룬 최명옥(1987:69)는 이 지역어의 'ɯj', 'oj'가 'wi', 'wɛ'에 해당된다는 사실은 전시기의 이중모음 'ɯj', 'oj'가 이 지역어에 각각 'wi'와 'wɛ'로 변화되어 있음을 알려준다고 하였다. 그러나 'ɯj>wi', 'oj>wɛ'의 직접적인 변화로는 설명하기 어렵고 이중모음 'ɯj'와 'oj'의 單모음화 단계를 인정해야 한다고 하였다. 즉 'ɯj>ü>wi'와 'oj>ö>wɛ'와 같은 변화 과정을 인정한 것이다.

10 한글학회(1992:5068)

11 한글학회(1992:5288)

12 한글학회(1992:5063)

13 한글학회(1992:5188)

다.[14] 따라서 자음 'ㅁ'이 선행하는 환경에서 'oj>....>ɛ'와 같은 변화를 상정하는 것은 가능하다.

(9) ㄱ. 신랑이 영 이렇게 능력이 있는 <u>매다응</u>.(김 ‖ 신랑이 영 이렇게 능력이 있는 모양이다응)

　　ㄴ. 길을 걸으멘서리 물리는 <u>매오</u>.(길을 걸으면서 물리는 모양 이오.)

　　ㄷ. 일반 사람 아부라 성형하는 게 많은 <u>맵다</u>.(일반 사람마저 성형 하는 것이 많은 모양입니다.)

(9)는 '-는/(으)ㄴ 매-'가 비종결형으로 쓰인 예문들이다. (9ㄱ)은 조사 자료에서 나온 예문이고 (9ㄴ, ㄷ)은 직관에 의해 만든 예문이 다. (9ㄱ)은 '해라체' 종결어미, (9ㄴ)은 '하오체' 종결어미, (9ㄷ)은 '합쇼체' 종결어미와 연결되어 쓰이고 있다. 이 예문들은 모두 추측 의 의미를 나타내며 모두 표준어의 '-는/(으)ㄴ 모양이-'와 같은 뜻을 나타낸다.

이렇게 형성된 '-는/으(ㄴ) 매:-'는 종결어미가 절단되면서 '-는/(으) ㄴ 매' 로 나타났다. 절단은 문법화를 다루는 논의에서 쓰이고 있는 용어이다. 이필영(1995)는 '난 요즘 무척 우울하다고.'의 '다고'는 '난 요즘 무척 우울하다고 했어.'에서 상위절 동사 '했어'가 절단된 것으

---

14 'ㅚ'가 이 지역어에서 'ㅔ' 혹은 'ㅖ'로 나타나는 경우도 있다. 웨(오이), 제(죄, 罪)와 같은 것이 바로 그 예들이다. 곽충구(2003)은 'ㅚ'가 육진방언에서는 'wɛ'로 나타 나고 동북방언에서는 'we'로 나타난다고 하였다. 연변지역어는 육진방언과 동북 방언의 영향을 모두 받은 지역이다.

로 보아 '절단 축약'이라는 용어를 사용하였고 안귀남(2007)은 '실컷
쉬가주고 가지. 일찍 가믄 신부가 괴롭다꼬.'에서 절단은 인용표지
'고/꼬'만을 남기고 인용표지 이하가 절단되는 것을 말한다고 하였
다. 이렇듯 문법화의 논의에서 절단이란 용어를 사용하고 있기에 이
글에서도 문법화 과정 중에 종결어미가 소실된 현상을 절단으로 보
려고 한다.[15] 이와 같은 절단현상은 이 지역어의 종결형 '-재'에서도
찾아 볼 수 있다. '-재'는 '-지 아니하-'가 문법화한 것으로 '-지 아니
하→재닝→재잉→쟁→재→재'의 변화과정 중 제일 마지막 단계에서
종결어미가 절단되면서 형성되었다.[16]

(10) ㄱ. 자기녠데 형님이 좋은게 있는데 날 소개해 주겠는매.

　　　(김 ‖ 자기한테 형님이 좋은 사람 있는데 날 소개해 주겠대).

　　ㄴ. 먼저 말하겠는데 집두 없구 차두 없는매.(김 ‖ 먼저 말하겠는
　　　데 집도 없구 차도 없대).

　종결어미 '-다'가 절단된 '-는/(으)ㄴ 매'는 더는 주변 상황을 미루
어 그럴 것이라고 짐작하는 의미가 아니다. (10)은 '-는/(으)ㄴ 매'가

---

15 그러나 이금희(2006:241)은 '절단'이란 용어가 문법화를 다루는 논의에서는 생소
　한 논의로 보인다고 하여 문법화를 보이는 '-다고'와 같은 경우에 사용되는 것은
　적절하지 않은 것으로 보아 생략으로 처리하였다.
16 ㄱ. 집이 화룡 동성이재? (집이 화룡 동성이잖아?)
　ㄴ. 니 약해겠재? (너 약해겠잖아?)
　ㄷ. 금값이 썩어지라구 올라가재? (금값이 대폭 올라가잖아?)
　상세한 논의는 오선화(2012)를 참조할 수 있다. 고흥희(2011)은 종결어미 '-니'가
　절단된 것으로 보았다.

종결형으로 쓰인 문장인데 (10ㄱ)과 (10ㄴ)은 더는 추측의 의미가 아닌 간접인용 표현 '-대'의 의미를 나타내고 있다.

(11) ㄱ. 그는 돈이 없는 <u>모양이</u>다.

ㄴ. 그는 돈이 없는 <u>매</u>다.

ㄷ. 자기 자신은 돈이 없<u>는 매</u>.

(11ㄱ)과 (11ㄴ) 사이에는 탈락, 축약 현상이 일어난 것이고 (11ㄴ)과 (11ㄷ) 사이에는 종결어미가 절단되면서 원래 추측의 의미와는 전혀 다른 의미의 변화를 겪는 융합 현상이 일어나게 되는 것이다. 그리고 (11ㄷ)과 같이 이러한 융합 현상은 의미면에서의 변화뿐만 아니라 통사적인 변화를 일으켜 재귀대명사가 주어로 쓰일 수 있게 된다.

'-는/(으)ㄴ 모양이-'의 문법화 과정을 표로 보이면 다음과 같다.

〈표 3〉 문법화 과정

-는/(으)ㄴ 모양이- ＝ -는/(으)ㄴ 모이- ⇒ -는/(으)ㄴ 매- ⇒ -는/(으)ㄴ 매
┗ 탈락 ┛　　　　┗ 축약 ┛　　┗ 절단, 융합 ┛

3. 통사·의미론적 특성

3.1. 선행요소와의 결합

간접인용의 '-는/(으)ㄴ 매'가 선행요소와의 결합 양상에서 '-는/(으)ㄴ 모양이-'의 결합양상과 차이가 있는가를 보기로 한다. 동사어간과 결합할 때는 '-는 매-', 형용사 어간과 결합할 때는 '-ㄴ(으) 매-', 계사 '이-'와 결합할 때는 '-ㄴ 매-'가 온다. 그리고 '-겠-'과 '-았/었/였-', '-았었/었었/였었-'과 결합할 때는 '-는 매-'가 쓰이고 회상의 선어말어미 '-더'와 어울릴 때는 '-ㄴ 매'가 결합된다.

    (12) ㄱ. 아픈매/많은매/가는매/먹는매

        ㄴ. 사람인매/과자인매

        ㄷ. 가시는매/편찮으신매

        ㄹ. 가겠는매/먹겠는매

        ㅁ. 아팠는매/많았는매/갔는매/먹었는매/했는매

        ㅂ. 아팠었는매/많았었는매/갔었는매/먹었었는매/했었는매

        ㅅ. 아프던매/많던매/가던매/먹던매

(12ㄱ)은 동사, 형용사 어간과 결합한 예이고, (12ㄴ)은 계사 '이-'와 결합한 것이며 (12ㄷ)은 주체 존대 선어말 어미 '-으시-'와, (12ㄹ)은 추측을 나타내는 선어말어미 '-겠-'과 결합한 것이다. 그리고 (12ㅁ)은 과거의 선어말어미 '-았/었/였-'과 결합한 예이고 (12ㅂ)은 대

과거의 선어말어미 '-았었/-었었/-였었-'과 결합한 예이며 (12ㅅ)은 회상의 선어말어미 '-더-'와 결합한 예이다. 이로부터 연변지역어의 '-는/(으)ㄴ 매'의 활용은 한국어 표준어 '-는/(으)ㄴ 모양이-'의 활용과 같다고 해석할 수 있다.

3.2. 청자높임법과 문장종결법과의 관계

연변지역어의 청자높임법은 일반적으로 세 등급으로 나눌 수 있다.[17] 최명옥(2002)는 '해라체', '하오체', '하압소체'[18]로 나누었고 박경래는(2005)는 '응응체', '야야체', '예예체' 세 등급으로 분류하였다. 이 지역어에는 '해요체'가 없으며 '해체'를 따로 나누기도 하고 나누지 않기도 한다. 이 글에서는 '해체'를 따로 분류하지 않기로 한다. 이에 준하면 '-는/(으)ㄴ 매'는 '해라체' 혹은 '응응체' 종결형으로 볼 수 있다.

(13) ㄱ. 건게 이렇게 보고한 날에는 무조건 아이 되는매. …… 그럼 자기 상무님이 (말씀하시기를) 아이 되는매.(김 ‖ 그런데 이렇게 보고하는 날에 안 된대. 그러면 자기 상무님이 (말씀하시기를) 안 된대.)

ㄴ. 목탄으 자(加)하는 거까지 돈으 내구. 우리 집에 애 거까 먹어봤는매. 그랜게 그래더라. (박 ‖ 목탄을 추가하는 것까지 돈을 내고

---

17 고홍희(2011)은 연변지역어의 종결어미를 '해라체', '반말체', '하오체', '합쇼체' 등 네 등급으로 나누었다.
18 이 지역어의 상대높임법 '반말체', '하오체', '합쇼체'에 대해 최명옥(2002)는 '해라체', '하오체', '하압소체'로 명명하였다.

우리집 애가 거기 가서 먹어봤대. 그랬는데 그렇게 말하더라.)

ㄷ. 자기 보기에는 영 괜찮아 보이는매. 계두 적극적으로 가서 쟁
취해야데지 하멘서 있재 이튿날에 뚝 뛴신(短信) 왔더란 말다
가.(김 ‖ 본인이 보기에는 영 괜찮아 보인대. 그래도 적극적으
로 가서 쟁취해야되지 하면서 있잖아. 이튿날에 턱 메시지가
왔더란 말이다. 그 애가)

(13)은 두 명의 동년배 제보자의 대화에서 추출한 내용이다. (13ㄱ)
에서 제보자는 회사에 업무를 보고할 때 이런 식으로 대충 하면 상무
님이 안 된다고 한다는 화자의 이야기를 다시 친구에게 진술하고 있
다. (13ㄴ)은 제보자가 자신의 룸메이트가 한 음식점에 가서 음식을
먹어봤다는 내용을 동년배 청자에게 다시 진술한 내용이다. (13ㄷ)은
제보자가 '본인이 보기에는 괜찮아 보인다'는 화자의 이야기를 동년
배인 청자에게 진술한 내용이다.

위의 '-는/(으)ㄴ 매'는 모두 친한 친구사이의 대화에서 쓰인 예들
이다. 만약 (13ㄱ)의 화자가 손윗사람에게 하는 말이거나 나이가 꽤
든 동년배 친구에게 한 것이라면 (14)와 같이 될 것이다.

(14) ㄱ. 건게 이렇게 보고한 날에는 무조건 아이된답꾸마.

ㄴ. 건게 이렇게 보고한 날에는 무조건 아이된답떠마.

ㄷ. 건게 이렇게 보고한 날에는 무조건 아이 된담다.

ㄹ. 건게 이렇게 보고한 날에는 무조건 아이 된다오.

ㅁ. 건게 이렇게 보고한 날에는 모조건 아이 된답데.

241

(14ㄱ)의 '-꾸마', (14ㄴ)의 '-떠마', (14ㄷ)의 '-ㅁ다'는 '합쇼체' 종결 어미이고, (14ㄹ)의 '-오', (14ㅁ)의 '-데'는 '하오체' 종결어미이다. (14 ㄱ, ㄴ, ㄷ)은 화자가 손윗사람한테 할 수 있는 문장이고 (14ㄹ, ㅁ)은 화자가 나이가 든 친구를 높일 때 쓸 수 있는 문장이다.

이로써 '-는/(으)ㄴ 매'는 나이가 많지 않은 친숙한 동년배 사이에 쓰이는 '해라체' 종결형이라는 것을 알 수 있다. 그러나 '-는/(으)ㄴ 매'는 다른 사람에게서 들은 내용을 확인하여 묻는 질문에는 쓸 수 없다.

(15) ㄱ. *건게 이렇게 보고한 날에는 무조건 아이되<u>는매</u>?

ㄴ. *우리집애 거까 먹어 봤<u>는매</u>?

ㄷ. *자기 보기에는 영 괜찮아 보이<u>는매</u>?

(15)는 의문문에 쓰인 경우인데 모두 비문이다. 이렇듯 '-는/(으)ㄴ 매'는 평서문에만 쓰일 수 있다.

3.3. 담화 기능

'-는/(으)ㄴ 매'는 평서문에만 쓰이면서 다른 사람에게서 들어 알고 있는 사실을 듣는 사람에게 전함을 나타낸다. 아래의 예문에서 이미 알고 있거나 다른 사람에게 들은 어떤 사실을 상대방에게 옮겨 전하는 뜻을 나타내는 담화기능을 갖고 있음을 확인할 수 있다.

(16) ㄱ. 이것보다 이렇게 길지 않았는데 이것보다 못지 않았<u>는매</u>.(김

‖ 이것보다 이렇게 길 지 않았는데 이것보다 못하지 않았대).

ㄴ. 우리느 이런거 같은거느 외부에다 돈으 해 맡게서 시키지 그
래까나 자기네느 아 이 되는매. 반드시 다 해야 되는매.(김‖
우리는 이런 거 같은 것은 외부에다 돈을 맡겨서 시킨다 그러
니깐 자기네는 안 된대. 반드시 다 해야 된대.)

ㄷ. 항상 경색대랑 나간단 말다. ……그래 문제르 에우는매.(김‖
항상 경색대회랑 나간다는 말이다. 그래서 문제를 외운대.)

(16)은 '-는/(으)ㄴ 매'가 종결형에 쓰인 예들이다. 이들은 모두 간접인
용을 타나낸다. 즉 표준어의 '-대', '-다고 해'[19]와 같은 의미를 나타낸다.

(17) 일본어느 있재 팅리(廳力)가 있재 바쁜거느 있재 언어가운데서 영
제일 바쁘다더라. 제일 바쁜게 아니라 영어보다두 확실히 바쁜매.
팅리(聽力)가 (박‖ 일본어는 있잖아. 팅리가 있잖아. 바쁜 것은
있잖아. 언어가운데서 영 제일 바쁘다더라. 제일 바쁜 것이 아니
라 영어보다도 확실히 바쁘대. 듣기가)

(17)에서는 간접 인용 '-다더라'와 '-는/(으)ㄴ 매'가 모두 쓰이고 있
다. 모두 다른 사람에게서 들은 말을 인용하여 전함을 나타낸다. 그러
나 '-는/(으)ㄴ 매'는 '-다더라'에 비해 다른 사람에게서 들어 알고 있

---

19 표준국어대사전(1999)는 '-대'는 '-다고 해'가 준 말이라고 하였다. '-대'는 직접 경
험한 사실이 아니라 남이 말한 내용을 간접적으로 전달할 때 쓰인다. 예: 사람이 아
주 똑똑하대.

는 사실을 말하는 사람이 전할 때 비아냥의 뜻이 담겨 있을 수 있다.[20]

> (18) ㄱ. (철수 말하는게) 영희 집이 영 잘 사<u>는매</u>.
>
> ㄴ. (철수 말로는) 영희 곱게 생겼<u>는매</u>.
>
> ㄷ. (철수 말하는게) 온할랄 일해서 피곤<u>한매</u>.

(18)은 모두 '-는/(으)느 매'가 쓰인 간접인용문이다. (18ㄱ)은 '집이 매우 잘 산대.'와 같이 단순히 남의 말을 인용하여 전하는 담화기능을 가질 수도 있고 청자에게 남의 말을 인용하여 전하면서 집이 부자라고 말하였지만 화자는 동의하지 않는다거나 자랑한 것에 대해 좋게 생각하지 아니한다는 뜻으로도 쓰일 수도 있다. (18ㄴ, ㄷ)도 단순히 '예쁘게 생겼대.', '온 하루 일해서 피곤하대.'와 같은 간접인용의 뜻을 가질 수도 있으나 예쁘다고 말하지만 그 말에 대해 반감을 갖거나 온 하루 일해서 피곤하다고 하지만 화자는 그렇게 생각하지 않는다는 뜻을 나타낼 수도 있다.

신현숙(2013:162)는 한국어 '모양이다'의 구문에는 거리감/무관심/거부감/불쾌감과 같은 언어사용자의 주관성을 인지할 수 있다고 하였다.[21] 이것이 사실이라면 '-는/(으)ㄴ 매'에 나타난 비아냥거림의 의

---

20 비아냥거림의 담화기능은 방언조사에서는 나타나지 않았지만 방언화자들에게 물어보았을 때 모두 그런 의미를 가진다고 하였다.
21 영어 잘 하는 모양이구먼! 거기 책 한번 해석해봐
　자네 생각은 그렇지 않은 모양이지.
　이번 일도 그래서 나한테 묻는 모양이더라.
　어지간히들 지루한 모양이다.
　이와 같은 예문들에서 부정적인 의미 가치를 인지할 수 있으며 상황에 따라서는

미는 표준어와 상통하는 데가 있다.

4. 결 론

이 글은 연변지역어에 쓰이는 간접인용의 '-는/(으)ㄴ 매'의 쓰임과 용례를 통해 형성과정과 통사·의미기능을 살펴보았다. 지금까지 논의된 결과를 요약하면 다음과 같다.

'-는/(으)ㄴ 매'는 '-는/(으)ㄴ 모양이-'가 탈락, 축약, 절단, 융합이라는 과정을 거쳐 문법형태로 자리를 잡게 되었다. '-는/(으)ㄴ 모양이-'에서 '모양이-'의 '양'이 탈락한 후 '모이'가 [oj>ö>wɛ>ɛ]와 같은 축약과정을 거쳐 '매'로 변하였다. 그 후 '-는/(으)ㄴ 매-'는 비종결형 '-는/(으)ㄴ 매-'와 종결어미가 절단된 '-는/(으)ㄴ 매'로 분화되었는데 비종결형 '-는/(으)ㄴ 매-'는 원래의 의미를 유지하였으나 종결형 '-는/(으)ㄴ 매'는 융합과정을 거치면서 새로운 통사·의미적 특징을 갖고 간접인용의 의미를 나타내게 되었다.

'-는/(으)ㄴ 매'는 '해라체' 문장에 쓰이고 평서문에만 나타난다. 담화기능 면에서 다른 사람에게서 들어 알고 있는 사실을 듣는 사람에게 전함을 나타내는 기능이 있는 반면 다른 사람의 말을 인용하면서 비아냥거림의 뜻도 가지고 있다.

❚이 논문은 『방언학』 제20호(2014년)에 게재되었던 것이다.

언어 사용자의 [불쾌감]까지 인지할 수 있다고 하였다.

연변방언 연구

제2장

연변지역어의 부정소에 관한 일고찰
─단형 부정문에서의 위치를 중심으로─

1. 서 론

이 논문은 연변지역어의[1] 언어 내적 구조와 부정소(否定素)위치의 상
관관계를 살피는 데 목적이 있다. 연변지역어의 부정소 '아니'와[2] '못'
은 문장 내에서의 위치가 독특하다. 중부방언에서는 단형 부정문의 부
정소가 대개 서술어 앞에 나타나는 것이 일반적이나 이 지역에서는 복

---

1 연변지역어는 중국 연변지역에 거주하는 함경북도 이주민과 그 후대들이 쓰는 모
  국어를 말한다. 따라서 연변지역어의 음운·문법현상은 함경북도 음운·문법현상
  의 반영이다.
2 곽충구(1998b:89)는 육진방언에서 '아니', 동북방언에서 '아~이'를 쓴다고 하였
  다. 필자가 조사한 제보자들이 '아~이'를 사용하였으므로 이 논문의 예문은 이를
  따른다. 단 기술의 편의상 콧소리는 생략한다, 부정소 '안'의 옛말은 '아니'였으므
  로 이 지역에서는 옛말의 모습을 유지하고 있는 셈이다.

합어 내부, 본 용언과 보조 용언 사이에 나타나기도 하는 것이다.[3]

이와 같은 부정소 위치의 특이성은 한영순(1967)에서 함경도와 육진방언 공통의 통사적 특징으로 언급된 이래, 이병근·박경래(1988), 정용호(1988), 곽충구(1995, 1998a, b), 전학석(1998), 최명옥 외(2002), 이기갑(2003) 등에서도 함경도방언과 연변지역어의 특징으로 지적되었다. 그중 대표성을 띤 곽충구(1998a:1023)의 논의는 부정소의 문장 내에서의 위치를 다음과 같이 네 가지로 분류하였다. 첫째, 본 용언과 보조 용언 사이에 삽입됨이 일반적이다. 둘째, 통사적 합성어 사이에 삽입된다. 셋째, '동사 어간+-어지다'와 같은 구성에서 그 사이에 삽입된다. 넷째, 본디 복합동사이나 단일어처럼 굳어져 쓰이는 단어에도 삽입되는 경우가 있다. 본 논문은 기존의 논의를 바탕으로 조사를 진행하여 연변지역어 부정문에 나타나는 서술어와 부정소 사이의 일반성 있는 연계를 찾으려 한다.

이 논문은 임홍빈·장소원(2002)의 분류체계를 받아들여 서술어를 단어와 구로 나누어 부정소와의 상관관계를 서술한다. 서술의 편의상 단어는 단일어, 파생어, 합성어로 나누고 구는 본 용언과 보조 용언의 결합형에 국한한다. 단일어를 원래 단일어인 것과 복합어에서 단일어로 바뀐 것, 파생어를 접두 파생어와 접미 파생어, 합성어를 통사적 합성어와 비통사적 합성어로 재분류한다. 본 용언과 보조 용언의 결합형은 다시 '본 용언+보조 동사' 구성과 '본 용언+보조 형

---

3 이기갑(2003:523)은 부정소가 복합어 내부 및 본 용언과 보조 용언 사이에 나타나는 현상이 다른 지역에서도 발견된다고 보고하였다.
눈물 앉 지다, 출렁 안 거리다, 사랑 안 스럽다, 이거라도 잡아 앉 두면 나중에 큰일 나 [서남방언] 날아 못 올라가고, 일어 못 나고 [강원도 횡성]

용사' 구성으로 나누어 고찰한다.

이 글에서 논의할 서술어에 대해 그 분류체계를 표로 보이면 다음과 같다.[4]

〈표 1〉 서술어 분류체계

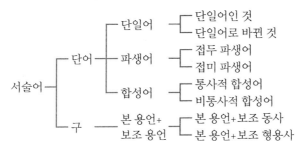

참고로 이 논문의 자료는 다음 제보자를 통해 조사되었다.

〈표 2〉 제보자

이름	출생지	출생년도	성별	학력	거주경력	비고
김무진	함북 부령군	1928	여	초등학교	이주민 1대	주 제보자
한경애	용정시	1956	여	고등학교	이주민 2대	부 제보자

주 제보자 외에 부 제보자를 둔 것은 자료의 정확성을 확보하기 위한 것이다. 위 제보자들은 모두 함북지역 출신이고 현재 용정시에 거주하면서 연변지역어를 쓰고 있다. 다른 방언의 영향을 받지 않았거

4　단일어, 파생어, 합성어에 대한 판단은『표준국어대사전』을 기준으로 한다.

나 거의 받지 않았다고 생각되어 제보자로 삼았다. 조사한 자료 외에도 자료의 폭을 넓히기 위한 방법으로 연변지역어 화자인 필자의 해석도 반영되었음을 밝힌다.

부정소 '아니', '못'은 명령문에 쓰일 수 없고, 특수 부정어(말다, 없다, 모르다, 아니다)와 어울릴 수 없다. 또한 단순 부정 혹은 의도 부정을 나타내는 '아니'는 인지 동사(알다, 느끼다, 감지되다 등)를 부정할 수 없다. 더불어 능력 부정 혹은 타의 부정을 나타내는 '못'은 형용사 앞에 놓일 수 없으며 능력이 있다면 피하고자 하는 상황을 나타내는 동사(망하다, 잃다, 걱정하다, 굶주리다 등)를 부정할 수 없다(이익섭·채완 2007:319). 이는 한국어 부정소의 공통되는 의미 제약으로 연변지역어에도 적용된다. 따라서 이 논문에서 다루게 될 예문은 이런 의미제약을 염두에 두고 쓴 것임을 밝혀둔다.

2. 서술어가 단일어인 경우

본 장에서는 부정문의 서술어가 단일어일 때 부정소 '아니'와 '못'이 문장에서 나타나는 위치에 대해서 다룬다.[5] 단일어를 원래 단일어인 것과 복합어에서 단일어로 바뀐 것으로 나누어 살펴보면 다음과 같다.

---

5 이 지역에서는 부정소로 '아니'와 '못'이 공존하지만 '아니'를 더 선호한다. 표준어에서는 능력·타의 부정을 나타낼 때 부정소 '못'을 쓴다고 규정하고 있지만 이 지역에서는 이 경우에도 '아니'의 쓰임이 보편적이다.
　감기 와서 학교르 아이 가오. (감기에 걸려 학교에 못 가오.)

2.1. 단일어인 것

> (1) ㄱ. 해자브르 <u>아이</u> 먹었습꾸마. (해바라기씨를 안 먹었습니다.)
>
> ㄴ. 그 새:기 얼굴이 얼그망채인게 <u>아이</u> 곱습꾸마. (그 처녀가 얼굴에곰보가 있는 것이 안 예쁩니다.)
>
> ㄷ. 아까바서 <u>아이</u> 던지겠소. (아까워서 안 버리겠소.)
>
> ㄹ. 그 사람은 <u>아이</u> 어지오. (그 사람은 어질지 않소.)
>
> ㅁ. 바빠서 <u>아이/못</u> 가리키겠습꾸마. (어려워서 안/못 가르치겠습니다.)
>
> ㅂ. 제만하면 <u>아이</u> 게으르오 (자네만큼만 하면 안 게으르오.)

(1)은 부정소가 단일어인 서술어와 결합한 예이다. (1ㄱ), (1ㄴ)은 각각 1음절 동사 어간 '먹-', 형용사 어간 '곱-'이 서술어가 된 것이고, (1ㄷ), (1ㄹ)은 2음절 동사 어간 '던지-', 형용사 어간 '어지-'가 서술어가 된 것이다. 그리고 (1ㅁ), (1ㅂ)은 각각 3음절 동사 어간 '가리키-', 형용사 어간 '게으르-'가 서술어가 된 예들이다. 이때 부정소 '아니', '못'은 모두 이들 서술어 앞에 놓인다. 이는 단형 부정문에서 부정소가 단일어 앞에 놓이는 중부방언과 쓰임이 같다.

2.2. 단일어로 바뀐 것

> (2) ㄱ. 이기르 떠두 몬나구 (여기를 떠나지두 못하고) (한영순 1967:191)

ㄴ. 뜸물이 빠 안 져서 (뜨물이 안 빠져서) (최명옥 외 2002:176)

(2)는 기존의 논의에서 이 지역어 부정문의 독특한 현상으로 제기된 예들이다. '떠나다, 빠지다' 등 동사들은 『표준국어대사전』에서 단일어로 간주하는 것들인데 이들이 부정문을 이룰 때 부정소 '아니', '못'이 단일어 사이에 쓰이는 것이 타 방언과 구별된다. 후술하겠지만 이 지역에서는 부정소가 통사적 합성어 사이에 개재되어 단형 부정문을 이루는데 '떠나다, 빠지다'를 각각 '연결형+동사' 구성인 통사적 합성어로 볼 수 있다. 이 지역어에서 부정소가 통사적 합성어 사이에 개재할 수 있다는 점을 감안한다면 이 단어들이 오늘날에 와서는 단일어로 쓰이지만 본래는 통사적 합성어였다는 것을 짐작할 수 있다. 비록 중부 방언에서 단일어로 보지만 이 지역인들은 아직도 복합어로 인식하여 쓰고 있다.

3. 서술어가 파생어인 경우

본 장에서는 부정문의 서술어가 파생어일 때 부정소가 문장에서 나타나는 위치에 대해서 다룬다. 우선 파생어를 접두사에 의한 파생어와 접미사에 의한 파생어로 분류, 다음 접미사에 의한 파생어를 다시 '-하-' 접미 파생어와 기타 접미 파생어로 나눈다. 이들 파생어와 부정소와의 상관관계를 살펴보면 다음과 같다.

3.1. 접두사에 의한 파생어

(3) ㄱ. 우리 가만히 가서 <u>아이</u> 엿듣겠니? (우리 가만히 가서 엿듣지 않겠니?)

ㄴ. 내 <u>아이</u> 들볶갰스이까 쩩가닥 해라. (내가 들볶지 않겠으니깐 냉큼 해라.)

ㄷ. 바람에두 <u>아이</u> 휘날립꾸마. (바람에도 휘날리지 않습니다.)

ㄹ. 당원인데두 열정이 <u>아이</u> 드높소. (당원인데도 열의가 드높지 않소.)

ㅁ. 하늘이 <u>아이</u> 새파랗소 (하늘이 새파랗지 않소.)

ㅂ. 누기두 <u>아이</u>/못 짓밟습꾸마. (누구도 짓밟지 못합니다.)

　

(3)은 '엿-, 들-, 휘-, 드-, 새-, 짓-' 등 접두사에 의한 파생어가 부정문에서 서술어가 된 예들이다. 위 예들에서 볼 수 있는바 부정소 '아니'와 '못'은 항상 서술어인 접두 파생어 앞에 놓인다. 이는 부정소가 접두 파생어 앞에 놓이는 중부 방언과 쓰임이 같다.

　

3.2. 접미사에 의한 파생어

3.2.1 '-하-' 접미 파생어

'-하-' 접미 파생어를 품사에 따라 동사와 형용사로 분류하여 고찰해 보면 다음과 같다.

(4) ㄱ. 일(으) <u>아이</u> 하구 놀기만 하오. (일하지 않고 놀기만 하오.)

ㄴ. 노래(르) <u>아이</u> 함두우? (노래하지 않습니까?)

ㄷ. 교통규칙으 위반(違反)(으) <u>아이</u> 합꾸마. (교통규칙을 위반하지 못 합니다.)

ㄹ. 그래프 서방재질(으) 못 합꾸마. (그러면 서방질하지 못합니다.)

(5) 소식으 듣구두 기뻐 <u>아이</u> 한다. (소식을 듣고도 기뻐하지 않습니다.)

(6) 둘이 소곤소곤 <u>아이</u> 합던두우? (둘이 소곤소곤하지 않았습니까?)

(7) ㄱ. 마음이 <u>아이</u> 동(動)하니? (마음이 동하지 않니?)

ㄴ. *마음이 동(動) <u>아이</u> 하니?

(4)~(7)은 접미사 '-하-'에[6] 의해 형성된 동사가 부정문에서 서술어가 된 예들이다. (4)는 '명사+-하-' 구성인 동사가 부정문에서 서술어가 된 예들로 (4ㄱ)은 접미사 '-하-'와 1음절 명사 '일', (4ㄴ)은 접미사 '-하-'와 2음절 명사 '노래', (4ㄷ)은 접미사 '-하-'와 2음절 한자어 명사 위반(違反)', (4ㄹ)은 접미사 '-하-'와 3음절 명사 '서방질'이 결합

---

6 '어근+하다'형 구성을 파생어로 볼 것인가 합성어로 볼 것인가 아니면 두 단어의 결합으로 볼 것인가 하는 문제가 있지만 이를 논하는 자리가 아니므로 파생어로 보고 다루기로 한다.

하여 서술어가 된다. 이때 부정소 '아니', '못'은 그 사이에 위치한다. 물론 이들은 단어 '일하다', '노래하다', '위반하다', '서방질하다'의 부정일 수도 있고 동사구 '일을 하다', '노래를 하다', '위반을 하다', '서방질을 하다'의 부정일 수도 있다. 부정소가 이들 파생어 사이에 개재하는 부정법은 한국어 모든 방언에 걸쳐 두루 공통되게 나타난다. (5)는 부정소가 '형용사+-하-' 구성인 동사와 결합할 때 어근과 접미사 사이에 놓인 예이다. 이와 같은 동사에는 '기뻐하다' 외에도 '좋아하다, 슬퍼하다, 두려워하다' 등이 있다. 중부 방언에서는 '안 기뻐하다', '기뻐하지 않다'로 나타나며 부정소가 '기뻐하다' 사이에 개재할 수 없다. (6)은 부정소가 '부사+-하-' 구성인 동사사이에 놓임을 나타낸다. (7)은 부정소가 '1음절 한자어 어근+-하-' 구성의 동사와 결합한 예이다. (7ㄱ)과 같이 부정소가 서술어 앞에 놓여야 하며 (7ㄴ)처럼 어근과 접미사 사이에 놓일 때는 비문이 된다. 이는 '동'(動)이 단어의 자격을 갖지 않는 1음절 한자어 어근으로서 '하다'와 분리되면 의미 전달에 영향을 주기 때문이다. 이와 같은 유형의 단어에는 '망(亡)하다, 구(救)하다, 금(禁)하다, 파(破)하다' 등이 있다.

(8)   내 찾아갔을 때두 <u>아이</u> 친절(親切)합데. (내가 찾아갔을 때도 친절하지   않았습니다.)

(9)   ㄱ. 가슴이 <u>아이</u> 쩽하오? (가슴이 쩽하지 않소?)

　　　ㄴ. 둥기에 물이 <u>아이</u> 잔뜩함두우? (독에 물이 가득하지 않습니까?)

　　　ㄷ. <u>아이</u> 얼떨떨함두우? (얼떨떨하지 않습니까?)

255

ㄹ. 떨어질것 같은게 <u>아이</u> 아슬아슬하오? (떨어질 것 같은 것이
    아슬아슬하지 않소?)

(10) ㄱ. 일이 <u>아이</u> 헐하오. (일이 헐하지 않소.)

　　ㄴ. 다 내보내:까 <u>아이</u> 서분함두우? (다 내보내니깐 서운하지 않
    습니까?)

　　ㄷ. <u>아이</u> 어색(漁色)합꾸마. (안 어색합니다.)

　(8)~(10)은 접미사 '-하-'에 의해 형성된 형용사가 부정문에서 서
술어가 된 예들이다. (8)은 부정소가 '명사+-하-' 구성인 형용사와 결
합할 때 그 앞에 위치함은 나타낸 것이다. 이와 같은 형용사는 '친절
(親切)하다' 외에도 '분명(分明)하다, 엄숙(嚴肅)하다, 엄격(嚴格)하다'
등이 있다. (9)는 부정소가 '부사+-하-' 구성의 형용사와 결합한 예들
이다. (9ㄱ)은 '-하-' 접미사가 1음절 부사 '쨍', (9ㄴ)은 2음절 부사 '잔
뜩', (9ㄷ)은 3음절 부사 '얼떨떨', (9ㄹ)은 4음절 부사 '아슬아슬'과 결
합하여 파생어가 된 것들로서 부정문에 쓰일 때 부정소는 이들 형용
사 앞에 놓인다. (10)은 부정소가 '어근+-하-' 구성의 형용사와 결합
한 예들이다. (10ㄱ)은 1음절 어간 '헐'이 '-하-'와 통합하여 서술어가
된 예이고 (10ㄴ)은 2음절 고유어 어간 '서분'이 '-하-'와 결합하여 서
술어가 된 예이며 (10ㄷ)은 2음절 한자어 어간 '어색(漁色)'이 '-하-'와
결합하여 부정문의 서술어가 된 예이다. 이때에도 부정소는 모두 이
들 파생 형용사 앞에 위치한다.
　위에서 보았듯이 접미사 '-하-'가 어근과 결합하여 동사를 형성할

때는 부정소가 그 사이에 쉽게 개재 가능하였으나 접미사 '-하-'가 어근과 결합하여 형용사를 이룰 때는 부정소의 개재가 불가하였다. 이는 어근에 접미사가 결합하여 동사를 이룬 파생어는 통사적 합성어로 볼 수도 있는 것들이나 어근에 접미사가 결합하여 형용사를 이룬 파생어는 통사적 합성어로 볼 수 없기 때문이다. 즉 '일하다'는 '일을 하다', '위반하다'는 '위반을 하다', '기뻐하다'는 '기쁘-+-어하다'와 같은 통사적 합성어의 형태로 볼 수 있지만 '친절하다', '잔뜩하다', '어색하다'는 *'친절을 하다', *'잔뜩을 하다'나 *'어색을 하다'와 같은 통사적 합성어의 형태로 볼 수 없다.

3.2.2. 기타 접미 파생어

기타 접미 파생어도 위와 마찬가지로 품사가 동사인 경우와 형용사인 경우로 나누어 살펴보기로 한다.

(11) ㄱ. 오늘 아침에는 길이 <u>아이</u> 막히었소. (오늘 아침에는 길이 막히지 않았소.)

ㄴ. 모긴데 <u>아이</u> 물리구 잘 잤소. (모기한테 물리지 않고 잘 잤소.)

(12) ㄱ. 답으 잘 <u>못</u> 맞추겠슴두우? (답을 잘 맞추지 못하겠습니까?)

ㄴ. 채소르 다 <u>못</u> 없앴다. (야채를 다 없애지 못하였다.)

ㄷ. 장대르 <u>못</u> 세우겠더라. (장대를 세우지 못하겠더라.)

(11)~(12)는 부정소가 '어근+피·사동사 형성 접미사' 구성의 파생 동사와 결합한 예들이다. (11)은 부정소가 '어근+피동사 형성 접미사' 구성의 파생 동사와 통합한 것이고 (12)는 부정소가 '어근+사동사 형성 접미사' 구성의 파생 동사와 결합한 예들이다. 이때 부정소가 모두 이들 파생 동사의 앞에 놓인다.

  (13) ㄱ. 몸이 <u>아이</u> 휘청거립던두우? (몸이 안 휘청거리였습니까?)

     ㄴ. <u>아이</u> 덜렁댑꾸마. (안 덜렁댑니다.)

     ㄷ. 별이 <u>아이</u> 깜빡이오. (별이 안 반짝이오.)

     ㄹ. 홍수가 울 집만 <u>아이</u> 덮쳤소. (홍수가 울 집만 안 덮쳤소.)

     ㅁ. 유리병새리를 <u>아이</u> 깨뜨렸니? (유리병을 안 깨뜨렸니?)

  (13)은 부정소가 '어근+강세 접미사' 구성의 파생 동사와 결합한 예들이다. 이들 파생어가 부정문의 서술어로 쓰일 때 부정소는 항상 그 앞에 위치한다. 이 역시 표준어와 현상을 같이 한다.

  (14) ㄱ. 남자 <u>아이</u> 답₁ 다. (남자답지 않다.)

     ㄴ. 고향에 오니 아이 정답₂ 소? (고향에 오니 정답지 않소?)

     ㄷ. <u>아이</u> 아름답₂ 슴두우? (아름답지 않습니까?)

  (15) ㄱ. 잘 먹는 것두 살(이) <u>아이</u> 집더꾸마. (잘 먹는 것도 살지지 않습니다.)

     ㄴ. 오늘 밥이 기름(이) <u>아이</u> 지오. (오늘 밥이 기름지지 않소.)

ㄷ. <u>아이</u> 건방짐두우? (건방지지 않습니까?)

(16) ㄱ. <u>아이</u> 멋쩍소? (멋쩍지 않소?)

ㄴ. 그 사람 행동이 <u>아이</u> 미심쩍소? (그 사람 행동이 의심쩍지 않소?)

(17) ㄱ. 몸에 <u>아이</u> 해롭씀두우? (몸에 해롭지 않습니까?)

ㄴ. 이 꽃이 <u>아이</u> 향기롭소. (이 꽃이 향기롭지 않소.)

(18) 늦게까지 돌아 아이 오는데 <u>아이</u> 근심스럽슴두우? (늦게까지 돌아오지 않는데 근심스럽지 않습니까?)

(19) <u>아이</u> 아깝소? (아깝지 않소?)

(20) <u>아이</u> 놀랍습꾸마. (놀랍지 않았습니다.)

(14)~(20)은 부정소가 '어근+-답-, -지-, -쩍-, -롭-, -스럽-, -압/업-, -ㅂ-' 구성의 파생 형용사와 결합된 예들이다. (14)은 부정소가 '어근+-답-' 구성의 파생어와 결합한 예들로서 '-답-'이 명사구에 붙어 형용사구를 형성하는 '-답₁-'일 때 부정소가 어근과 접미사 사이에 개재할 수 있으나 진정으로 형용사를 파생하는 '-답₂-'일 때 파생어 앞에 놓인다.[7] (15)은 부정소가 '어근+-지-' 구성의 파생어와 결합하는 예들로서 (15ㄱ)~(15ㄴ)의 파생어 '살지다', '기름지다'는 동사구 '살이

259

지다', '기름이 지다'로 볼 수 있으므로 부정소가 그 사이에 개재할 수 있다. 그러나 (15ㄷ)의 파생어 '건방지다'는 통사적 합성어 혹은 동사구로 볼 수 없기에 부정소가 그 사이에 개재할 수 없다. (16)은 부정소가 각각 '어근+-쩍-' 구성의 1, 2음절 파생어 '멋쩍다', '미심쩍다'와 결합한 예이고 (17)은 부정소가 각각 '어근+-롭-' 구성의 1, 2음절 파생어 '해롭다', '향기롭다'와 결합한 예다. 이때 부정소가 모두 이들 파생어 앞에 위치한다. (18)은 부정소가 '어근+ -스럽-' 구성의 파생어 '걱정스럽다'와 결합한 것이고 (19)은 부정소가 '어근+압/업-' 구성의 파생어 '아깝다'와 결합한 것이며 (20)은 부정소가 '어근+-ㅂ-' 구성의 '놀랍다'와 결합한 것이다. 이때에도 부정소는 모두 파생어 앞에 위치한다.

위에서 보았듯이 부정소가 '어근+기타 접미 파생어' 구성의 파생어와 결합할 때 그 앞에 놓이는 것이 일반적이나 동사구로 볼 수 있는 파생어와 통합할 때 그 사이에 개재할 수 있다.

이상의 파생어에 대한 검토에서 알 수 있는바 접두파생어, '어근+-하' 구성인 파생 형용사 및 기타 접미 파생어가 부정문의 서술어가 될 때 부정소 '아이', '못'은 그 앞에 놓인다. 그러나 '어근+-하-' 구성인 파생 동사가. 부정문의 서술어가 되거나 또는 '남자답다', '살지다', '기름지다'와 같이 구로 볼 수 있는 파생어가 부정문의 서술어가 될 때 부정소는 그 사이에 개재한다.

---

7 '-답-'의 분류 기준에 대해서는 김창섭(1984) 참조.

4. 서술어가 합성어인 경우

위에서도 언급했다시피 이 지역어에서는 합성어 내부에 부정소가 오는 것이 자연스럽다. 중부 방언에도 '시집가다'와 같은 합성어 내부에 부정소가 개입되어 '나이가 많음에도 불구하고 시집 안 가다.'로 부정문을 만들 수 있다. 합성어에 부정소 '아니'가 오는 상황이 중세 및 근대어에도 있었다는 것을 고려할 때 연변지역어의 이러한 통사적 특징은 기이한 현상이 아니며 역사적 근원을 갖고 있는 것이다.[8]

합성어에서 합성 동사와 합성 형용사가 그 구성 방식에서 차이가 없지 않으나 대체로 비슷한 방식으로 이루어졌다. 따라서 서술의 편의상 통사적 합성어와 비통사적 합성어로만 나누어 기술한다.

4.1. 통사적 합성어

(21) ㄱ. 아직 셈(이) <u>아이</u> 들어 그렇소. (아직 셈들지 않아 그렇소.)

　　ㄴ. 재미(가) <u>아이</u> 납꾸마. (재미나지 않습니다.)

(21)은 '주어+동사'의 통사적인 구성 방식으로 이루어진 '셈들다,

---

8 이기갑(2003:254)에서는 "이는 동북 방언 등의 상황이 적어도 중세 및 근대어 상황에 흡사함을 말해주는 것이며, 중부 방언 등 다른 방언에서 복합어의 내부에 부정어가 오지 않게 된 변화는 적어도 근대어 이후에 일어난 새로운 변화의 결과로 해석되어야 함을 의미한다." 라고 하였다.

재미나다'가 부정문의 서술어가 된 경우이다. 이때 부정소 '아니'는
서술어인 합성 동사 사이에 쓰인다.

> (22) ㄱ. 낯(이) <u>아이</u> 선 모양이지? (낯설지 않은 모양이지?)
>
> ㄴ. 그리 많이 먹었는데두 배(가) <u>아이</u> 부릅꾸마. (그렇게 많이 먹
> 었는데도 배부르지 않습니다.)

(22)는 '주어+형용사'의 통사적인 구성방식으로 이루어진 '낯설
다, 배부르다' 등 합성 형용사가 부정문의 서술어가 된 예들이다. 이
때 부정소는 모두 합성어 사이에 위치한다.

> (23) ㄱ. 심(으) <u>못</u> 쓰겠습데다. (힘쓰지 못하겠습니다.)
>
> ㄴ. 그 사람은 장가(르) <u>아이</u> 갔소. (그 사람은 장가가지 않았소.)
>
> ㄷ. 호통(으) <u>아이</u> 치면 마르 아이 듣소. (호통치지 않으면 말을 듣
> 지않소.)

(23)은 '목적어+동사'의 통사적인 구성방식으로 이루어진 '힘쓰
다. 장가가다, 호통치다'가 부정문의 서술어가 된 경우이다. 이때에
도 위와 마찬가지로 부정소가 합성 동사 사이에 쓰인다.

> (24) ㄱ. 들어 <u>아이</u> 감두우? (안 들어갑니까?)
>
> ㄴ. 집에서 기른게 대서 잡아 <u>못</u> 먹겠소. (집에서 기른 것이 라서
> 못 잡아먹겠소.)

ㄷ. 날아 못 다닙꾸마. (못 날아다닙니다.)

(24)는 부정소 '아니'와 '못'이 '연결형+동사'의 통사적인 구성방식으로 이루어진 '들어가다, 잡아먹다, 날아다니다'와 같은 합성 동사 사이에 쓰인 예이다. 기존의 논의에서는 통사적 합성어 사이에 부정소가 쓰이는 예들을 '연결형+동사' 구성에서 많이 찾았다. 김영황(1982:101)의 "술기도 넘어못 가는데/밀게 안 나가구"(밀려나가지 않고), 곽충구(1998:1023)의 "함경도말으느 지내 바빠서 알아 못 듣소."(함경도 말은 너무 어려워서 못 알아듣소.) 황대화 (1986:102)의 "여기 오이까데 말이 잘 나 <u>아이</u> 가오."(여기 오니깐 말이 잘 안 나가오.) 등이 그것이다.

(25) ㄱ. 그 총각이 잘 못 생겠습꾸마. (그 총각이 잘 생기지 못하였습니다.)

ㄴ. 어릴 때 바로 <u>아이</u> 잡으므, 지금이사 뱅베비 없지. (어릴 때 바로잡지 않으면 지금이야 방법이 없지.)

(25)는 부정소 '아니'와 '못'이 '부사어+동사'의 통사적인 구성방식으로 이루어진 '잘생기다, 바로잡다'와 같은 통사적 합성어 사이에 개재된 경우이다. 이와 같이 이 지역어에서는 통사적 합성어가 부정문의 서술어가 될 때 부정소가 그 사이에 쓰인다.

263

4.2. 비통사적 합성어

(26) ㄱ. 우리 집 식기들은 <u>아이</u> 굶주렸소. (우리 집 식구들은 굶주리지
　　　 않았소.)

　　ㄴ. 애기르 잘 못 감쌌습꾸마. (애기를 잘 감싸지 못했습니다.)

　　ㄷ. 오금이 나빠서 층계두 못 오르내리오. (관절이 나빠서 계단도
　　　 못오르내리오.)

　　ㄹ. 어진간해서 사람 <u>아이</u> 헐뜯소. (웬만하면 사람 안 헐뜯소.)

　　ㅁ. 이지가 <u>아이</u> 굳세오. (의지가 안 굳세오.)

　　ㅂ. 느린게 <u>아이</u> 재빠르오. (느린 것이 재빠르지 않소.)

　(26)은 '굶주리다, 감싸다, 오르내리다, 헐뜯다, 굳세다. 재빠르다'
등과 같은 '어간+어간'의 구성방식으로 이루어진 합성 동사가 서술
어가 된 것이다. 이들이 부정문의 서술어가 될 때 부정소는 그 앞에
놓인다.

　종합하면 부정소가 통사적 합성어 사이에서의 쓰임이 매우 자연
스럽다. 보통 이 지역에서는 통사적 합성어가 서술어가 될 때 이와
같은 단형 부정문을 선호한다. 부정소가 비통사적 합성어 사이에는
놓일 수 없는데 이것은 비통사적 합성어가 두 어간을 분리하면 의미
를 올바로 전달할 수 없기 때문일 것이다.

5. 서술어가 '본 용언 +보조 용언' 구성인 경우

본 용언과 보조 용언이 있는 구성에서 부정어는 일반적으로 본 용언의 앞에 놓는다. 예를 들어 '먹어 보다'는 '안 먹어 보다'처럼 되는 것이 보통이다. '먹어 안 보다'처럼 부정어가 본 용언과 보조 용언 사이에도 올 수는 있지만 이런 경우는 대체로 보조사가 첨가되는 것이 보통이다. 즉 '먹어도 안 보고 어떻게 알 수 있나?'나 '먹어는 안 보았지만 냄새는 맡아 보았다'와 같은 예가 이에 해당한다. 그러나 보조사가 첨가되지 않는 경우에도 부정어가 보조용언 앞에 놓이는 방언이 있다. 대표적으로 동북방언이 이런 특징을 보인다(이기갑 2003: 525).

기존의 논의에서는 부정소가 본 용언과 보조 용언 사이에 삽입되는 것을 동북 방언의 두드러진 통사 특징으로 기술하였다. 그에 해당하는 예문은 김영황(1982:101)의 '아랜말: 가못바:서'(아래 마을 가 보지 못해서), 한영순(1986:191)의 '읍:에두 세월이 좋:게 돼:서 능~가 못봤:슴'(읍에두 세월이 좋게 되어서는 가 보지 못했습니다.), 곽충구(1998a:1023)의 '그런 임석으느 아직 먹어 아이 보았소'(그런 음식은 아직 먹어 보지 않았소.), 곽충구(1997:245)의 '궁개 뚫어 아이 진다'(구멍이 뚫어 지지 않는다.), 정용호(1998:254)의 '가지구 간거느 써 아이먹구'(갖고 간 것은 써 먹지 않고), '능달에 숨군거는 커아이지구'(능달에 숨키운 것은 커 지지 않고) 전학석(1998:175)의 '읽어 못 밧다.'(못 읽어 봤다.) 이기갑(2003:525)의 '그런 말으 우리 써 아이 봤소'(그런 말은 우리 써 보지 않았소.) 등이다. 예들을 살피면 보조 용언이 '보다, 지다. 먹다'에 국한된다. 그럼 본 용언과 보조 용언 사이

265

에서의 부정소의 쓰임이 일반적인가를 더 많은 예문을 통해 살펴 볼 필요가 있다.

보조 용언은 품사에 따라 보조 동사와 보조 형용사로 나눌 수 있다.

5.1. '본 용언+보조 동사' 구성

(27) ㄱ. 가르 <u>아이</u> 봤습두우? (흘겨 보지 않았습니까?)

　　ㄴ. 도자: 찍어 <u>아니</u> 준다. (도장 찍어 주지 않는다.) (전학석 1998 :175)

　　ㄷ. 다리르 주물러 <u>못</u> 드렜습꾸마. (다리를 주물러 드리지 못했습니다.)

　　ㄹ. 비지깨르 잃어 <u>아이</u> 버렜습두우? (성냥을 잃어 버리지 않았습니까?)

　　ㅁ. 팔아 <u>못/아이</u> 치웠소. (팔아 치우지 못하였소.)

　　ㅂ. 짐치르 절궈 <u>아이</u> 둬서 해미 없소. (김치를 절여 두지 않아서 반찬이 없소.)

　　ㅅ. 떠들어 <u>아니/못</u> 대오. (떠들어 대지 못하오)

　　ㅇ. 덩때 언저 <u>아이</u> 났소. (시렁에 얹어 놓지 않았소.)

　　ㅈ. 부레 <u>못/아이</u> 먹다. (부려 먹지 못하다.)

　　ㅊ. 가새 베 <u>아이</u> 지지. (가위 베어 지지 않습니다.)

　　ㅋ. 흘러 <u>아이</u> 들었소. (흘러 들지 않았소.)

　　ㅌ. 추위르 이게 <u>못</u> 내겠습꾸마. (추위를 이겨 내지 못하겠습니다.)

(27)은 부정소가 '본 용언+보다, 주다, 드리다, 버리다, 치우다, 두다, 대다, 놓다, 먹다, 지다, 들다, 내다' 구성의 서술어와 결합하여 부정문을 이룬 예이다. 부정소가 본 용언과 보조 동사 사이에 쓰일 수 있다.[9]

이상의 검토에서 알 수 있는바 '본 용언+보조 동사' 구성이 부정문의 서술어가 될 때 부정소는 그 사이에 개재할 수 있다.

5.2. '본 용언+보조 형용사' 구성

(28) ㄱ. 너 아까 자는체 <u>아이</u> 했니? (너 금방 자는 양 하지 않았니?)

　　ㄴ. 이만하면 먹을만 <u>아이</u> 하오? (이만하면 먹을 만 하지 않소?)

(29) ㄱ. <u>아이</u> 놀기 싶니? (놀고 싶지 않니?)

　　ㄴ. *놀기 <u>아이</u> 싶니?

(28)~(29)은 부정소가 '본 용언+보조 형용사' 구성의 서술어와 결합한 예들이다. (28)은 부정소가 '본용언+-양 하다, -만 하다' 구성의 서술어와 결합할 때 그 사이에 개재할 수 있음을 나타내고 (29)는 부정소가 '본용언+-고 싶다' 구성의 서술어와 결합할 때 그 사이에 삽

9　이 지역에서는 '본용언+보조동사' 구성이 서술어로 될 때 부정소가 그 앞에 놓일 수도 있는데 이는 그 사이에 개재되는 쓰임보다 훨씬 자연스럽고 많이 쓰인다. 당연히 장형 부정문도 쓰인다.

267

입할 수 없음을 나타낸다.

종합하면 '본 용언+보조 용언' 구성의 구가 서술어가 될 때 부정소가 그 사이에 개재되는 것이 일반적이다. 그러나 서술어가 '본 용언+싶다' 구성의 구일 때 부정소가 그 사이에 개재될 수 없는데 그 이유에 대해서는 미해결로 남겨둔다.

6. 결 론

이 논문은 연변지역어의 언어 내적 구조와 부정소 위치의 상관관계를 검토하였다. 결론을 정리하면 다음과 같다.

1) 부정문의 서술어가 단일어일 때 부정소가 단일어 앞에 위치하는 것이 일반적이나 본디 통사적 합성어였던 단일어가 서술어가 될 때 부정소가 그 사이에 쓰일 수 있다.

2) 부정문의 서술어가 '어근+-하-' 구성의 파생 동사일 때와 통사적 합성어(혹은 구)로 볼 수 있는 파생 형용사일 때 부정소가 그 사이에 개재한다.

3) 부정문의 서술어가 통사적 합성어일 때 부정소가 그 사이에서의 쓰임이 매우 자연스럽다.

4) 부정문의 서술어가 '본 용언+보조 용언' 구성일 때 부정소가 그 사이에 나타나기도 한다.

▎이 논문은 『어문연구』 55(2007년)에 개재되었던 것이다.

제3장

연변지역어의 호격조사에 관한 일고찰
－선행 체언과 상대높임법과의 관계를 중심으로－

1. 서 론

이 글은 연변지역어(앞으로 '이 지역어'라 부름)의 호격조사가 어떤 것이 있는가를 살펴보고, 선행체언 및 상대높임법과의 관계를 논의하는 것을 목적으로 한다. 이 지역어의 호격조사는 '-아/야', '-이', '-Ø', '-에'가 있다. 한국어의 호격조사는 선행체언 및 상대 높임의 등급과 관련되는데[1] 이 지역어도 특정한 대상을 부를 때 선행체언과 상대 높임의 등급에 따라 방식을 달리한다.

기존 논의에서 이 지역어의 호격조사는 그다지 관심의 대상이 되

---

1 호격조사가 문장의 종결형과 호응한다는 사실은 임홍빈(1983), 이필영(1986), 유동석(1990), 황문환(1993) 등 여러 논의에서 지적된 바 있다.

지 않았다. 다만 전학석(1998)에서 '-아'와 '-야', 최명옥 외(2002)에서 하대의 기능을 가진 '-아/야', 평대의 기능을 가진 '-Ø', 그리고 채옥자(2005)에서 친족 호칭어 "아부제, 어머네, 형님에……"에 쓰인 '-에'의 존재를 보고하였을 뿐이다. 따라서 호격조사와 선행체언 및 상대높임법과의 관계에 대한 논의가 충분히 이루어지지 못하였다. 그리하여 이 글에서는 호격조사 '-아/야', '-이', '-Ø', '-에'의 쓰임을 밝히고 호격조사와 선행체언 및 상대높임법과의 관계를 살펴보고자 한다. 또한 호격조사 '-에'는 주로 친족호칭과 함께 나타나는 독특한 양상을 보이기에 친족호칭도 함께 다루게 될 것이다.

이 지역어의 상대높임법의 등급도 표준어와 마찬가지로 주로 문장의 종결어미에 의해 표현되는데 그 등급에 대해서는 박경래(2003, 2005)의 논의를 받아들여 '응응체', '야야체', '예예체' 세 가지로 나누어 기술한다. 표준어와 비교하면 '응응체'는 '해라체'에 가깝고 '야야체'는 '하오체'에 가까우며, '예예체'는 '합쇼체'에 가깝다.[2]

이 글에 이용된 자료는 필자가 2007년 1월 10일부터 2007년 1월 26일까지와, 2008년 1월 28일부터 2008년 2월 10일까지 두 차례에 걸쳐 중국 길림성 용정시 용문가에서 조사 수집한 것이다.

---

2 표준어에서 일컫는 '반말체' 종결어미, '하게체' 종결어미, '해요체' 종결어미가 이 지역어에 나타나지 않는다. 최명옥(2000)은 이 지역어의 종결어미를 아래와 같이 분류하였다.

	서술법	의문법	명령법
해라체	-(은/는)다, -더라, -으께 등	-니, -을까, -더니 등	-아라, -자 등
하오체	-오/소, -(읍/습)떼 등	-오/소, -(읍/습)떼 등	-오/소, -기요 등
하압쏘체	-(으/스)꾸마, -(읍/습)떠마 등	-(읍/습)두, -(읍/습)떤두 등	-읍/깁쏘 등

조사 방법은 조사목록을 만들고 면접조사를 하였으며 주로 아래와 같은 방식으로 질문을 하였다.[3]

問: 마을에 반장 외에 어떤 간부(幹部)들이 있었습니까?

答: 리장, 서기장이……

問: 그럼, 그런 사람들을 부를 때 어떻게 불렀습니까? 리장을 불러 보십시오.

答: 리장이 집에 있소?

자료는 다음 제보자를 통해 조사되었다.

〈표 1〉 제보자

이름	성별	출생년도	출생지	학력	거주경력	직업	비고
김무진[4]	여	1928	함북 부령군	초졸	이주민 1대	간호사	주제보자
오홍근[5]	남	1953	중국 연길시	고졸	이주민 2대	자영업	보조 제보자

이 글의 논의는 아래와 같이 이루어진다. 2장에서 이 지역어에 나타나는 비존칭의 호격조사 '-아/야', '-이', '-Ø'를 살펴보고 이들 호격

---

3 필자가 이 지역 화자이므로 질문은 이 지역어로 하였다.

4 제보자 할머니는 함경북도 부령군 서상면 양현리에서 출생하여 23살에 용정시로 이주한 분이다. 제보자의 남편은 함경북도 회령군 출신으로 중국에서 태어났다고 한다. 제보자는 연세가 많음에도 불구하고 기억력이 좋고 발음이 정확한 편이었으며 심지어 방언과 표준어를 구별해주기까지 하여 많은 도움을 얻을 수 있었다.

5 보조 제보자는 부모가 종성출신이고 고등학교를 졸업하고 회사를 다니다가 자영업을 하는 분이다. 제보자한테서 조사된 내용이 보조 제보자 세대에서도 사용되는가 하는 질문에 해답을 주었다.

조사와 선행체언 및 종결어미와의 상관관계를 서술한다. 3장에서는 이 지역어의 친족호칭을 바탕으로 존칭의 호격조사 '-에'가 나타나는 환경과 종결어미와의 상관관계를 서술한다.

2. 비존칭의 호격조사 '아/야', '이', 'Ø'

이 지역어의 호격조사는 비존칭과 존칭으로 나눌 수 있는바 비존칭의 호격조사로 '-아/야', '-이', '-Ø'가 쓰인다. 이들은 다시 상대높임법의 등급에 따라 두 가지로 나누어진다. 하나는 인명에 붙어 손아랫사람을 부를 때 사용되며 '응응체' 종결어미와 호응하는 '-아/야', 이고, 다른 하나는 인명 혹은 직함에 붙어 대등한 자격을 가진 사람을 부를 때 사용되며 '야야체' 종결어미와 호응하는 '-이', '-Ø' 이다.

2.1. '아/야'

'-아/야'는 비존칭을 나타내는 호격조사로서 나이가 어린 손아랫사람을 부를 때, 혹은 어린 동년배끼리 서로를 호칭할 때 쓴다.

   (1) a. 미옥아, 고내 임내르 내 바라. (미옥아, 고양이 흉내를 내어봐라.)

         b. 영금아, 애기 보채는데 얼리재쿠 머하니! (영금아, 아기가 보채는데 달래지 않고 뭘하니!)

         c. 학봉아, 가매치르 거러마에다 넣구 가메 먹어라. (학봉아, 누

룽지를 호주머니에 넣고 가면서 먹어라.)

   (2) a. 광호야, 제빠두 서지 말라. (광호야, 기대어 서지 말아라.)

         b. 춘자야, 도투고기르 불게 싸 먹어 바라. (춘자야, 돼지고기를
             상추에 싸서 먹어 봐라.)

         c. 춘수야, 입성 입구 나가라. (춘수야, 옷 입고 나가라.)

   (1)~(2)에 쓰인 호격조사들은 모두 인명 뒤에 쓰인다. 이들은 종결
어미와 호응하면서도 선행체언의 음절구조와 일정한 관계를 맺고
있다. 우선 선행체언 말음의 음절환경에 따라 달리 실현된다. (1)은
'미옥', '영금', '학봉' 등 폐음절로 끝나는 인명에 호격조사 '-아'가
쓰인 예이고 (2)는 '광호', '춘자', '춘수' 등 개음절로 끝나는 인명에
호격조사 '-야'가 실현된 예이다.[6]

   다음 호격조사 '-아/야'와 종결어미와의 관계를 보면 호격조사 '-
아/야'는 '응응체' 종결어미와 어울려 쓰인다. (1)에서 호격조사 '-아'
는 '-어라/아라', '-니' 등 종결어미와 (2)에서 호격조사 '-야'는 '-어라/
아라' 등 종결어미와 호응한다.

   여기에서 알 수 있는바 호격조사 '-아/야'는 손아랫사람 중에서도
나이가 어린(결혼하지 않은) 사람을 부를 때 또는 어린 동년배끼리
서로를 부를 때 쓰인다.

---

6 한영순(2001)의 다음 언급이 참조된다; 옛날 국문문헌에 의하면 호격토 '아'는 개
   음절이나 폐음절에 관계없이 쓰이었다. '아'는 명사어간의 완결형에서 분리되었
   음을 보여주는데 후대로 이어지는 과정에 개음절에 첨가되는 호격토 '야'가 생겨
   나면서 '아'는 폐음절에만 첨가되게 되었다.

2.2. '-이', 'Ø'

호격조사 '-이', 'Ø'는 이 지역어에서 부름을 나타내는 인명 혹은 직함 뒤에 오며 '야야체' 종결어미와 어울려 쓰인다. 홍기문(1947)은 인명에 오는 '-이'가 나타나는 환경을 지적하면서 '-이'가 종성으로 끝난 인명 뒤에 결합하지만 호(號)일 때, 중국, 일본을 제외한 외국인 일 때, 문장을 힘 있게 할 때, 성(姓)만 부를 때, 호격후치사(호격조사) 가 올 때는 결합하지 않는다고 하였다. 이런 환경에 나타나는 '-이'의 성격을 밝히기 위해 많은 연구가 이루어 졌다. 최현배(1937, 1961)의 소리 고루는 씨가지로부터 시작하여 정인승(1965)의 이름씨를 낮추 어 일컫는데 쓰이는 것, 고영근(1968)의 어떤 뜻을 지닌 접사, 허웅 (1975)의 소리를 고루기 위한 유사접사, 안병희(1977)의 유정물 지칭 어를 무정물 지칭어와 구별시켜주는 접미사, 이광호(1986)의 평칭의 인칭명사 지칭 접미사, 송철의(1992)의 유정명사를 파생시키는 접미 사, 구본관(1997, 2002)의 통사구성요소, 송원용(2000)의 임시어 형성 접사 등이 그것이다. 이들 논의는 크게 두 가지로 대별될 수 있는데 첫째는 의미와는 관계없는 조음소 혹은 변이형태로의 관점이고 둘째는 의미특성을 첨가한 접미사 혹은 통사구성요소로 보는 관 점이다.

평칭의 인칭명사 지칭 접미사로 본 이광호(1986)의 논의를 보자.

경어법의 등급에 따라 호격조사의 체계가 각각 다르다. (3a)와 같 이 '하라체'의 문장에서는 '아/야'가 문장표면에 실현되어야 적격문 이 되는 데 비하여 (3b)와 같이 '하게체'는 호격조사가 실현되지 않을 때 적격문이 된다. (3c)는 '하게체'가 실현된 적격문이므로 '옥순이'

의 '이'는 호격조사가 아니다.

(3) a.   철수야, 자거라.

       b.   철수, 이리 오게.

       c.   옥순이, 이리 오게.

그런데 이 지역어는 '야야체'에서 호격조사가 'Ø'로 실현될 때 "적격문"이 된다. 다시 말하여 '야야체'의 문장에서 호격조사가 'Ø'로 실현될 때 부자연스러운 문장이 되는 경우가 있어 문제가 된다.

(4) a.   *면장, 면장이 말이 옳소.

       b.   면장이, 면장이 말이 옳소. (면장, 면장의 말이 옳소.)

(4a)는 직함을 나타내는 명사에 호격조사가 실현되지 않아 비문이 된 예로 적격문이 되려면 (4b)와 같이 직함 뒤에 '이'가 쓰여야 한다. 이 지역어에서는 '야야체'의 문장에서 'Ø' 뿐만 아니라 '이'도 실현되며 모두 호격조사로서의 역할이 있다.

(5) a.   미옥이르 깨와라.   (미옥이를 깨워라)

       b.   (오늘 수업에) 미옥이마 빠졌다. (미옥이만 빠졌다.)

       c.   미옥이두 놀러 왔다.   (미옥이도 놀러 왔다)

       d.   * 미옥이야 놀러 가자.   (미옥아, 놀러가자.)

또 (5a~c)에서 볼 수 있듯이 '이'는 체언과 조사 사이에서 실현될 수 있다. (5a)는 '이'가 대격조사 '를'과 결합된 예이고, (5b)는 특수조사 '만'과 결합된 예이며, (5c)는 특수조사 '도'와 결합된 예이다. 그러나 (5d)와 같이 조사 중에서도 호격조사만 제외되는데('인명+이+아/야'로 부르지 않음) 이는 '이'가 호격조사의 기능을 하기 때문에 또 다른 호격조사인 '아/야'를 중복할 필요가 없어 '아/야'가 쓰이지 않은 것이라고 해석할 수 있다.[7] 따라서 '이'가 호격조사로 기능한다는 점에 의해 호격조사로 처리하였다.

(6) a. (어른이 된 친구에게) 어금이, 오늘 지부에서 회이 한답떼.
   (어금이, 오늘 지부에서 회의를 한다 그러더라.)

 b. 경숙이, 우리 결혼하기오. (경숙이, 우리 결혼해요.)

 c. 철호, 가찹에 와 앉소. (철호, 가까이에 와 앉아요.)

 d. 경애, 지금 쌍발(上班)하는 길이오? (경애, 지금 출근하는 길이오?)

(7) a. (부모가 결혼한 아들에게) 흥근이, 이거 고체주오. (흥근이, 이것 수리해 달라.)

 b. (부모가 결혼한 딸에게) 복금이, 나느 안질이 아이 좋아서 어째 이게 잘 베우재오. (복금이, 나는 눈이 나빠서 왜 이것이 잘 보이지 않소.)

---

7 송철의(1977)은 '이'가 호격조사 '아/야' 앞에서 탈락하는 것으로 보았다.

(8) a. 반장이, 여기 옵소. (반장, 여기 오세요.)

b. 리장이, 집에 있소? (이장, 집에 있나요?)

c. 서기장이, 볼일 좀 보깁소. (서기장, 볼일 좀 보기오.)

d. 김교장이, 전번에 자빠제서 다쳤다던게 일없소? (김총장, 전번에 넘어져서 다쳤다고 들었는데 괜찮소?)

e. 김서기(書記), 무사했소? (김서기, 무사했소?)

(6)은 어른이 된 동년배 사이에 쓰인 예들이다. (6a~b)는 인명인 '어금', '경숙' 뒤에 호격조사 '이'가 후행하였고 (6c~d)는 인명인 '철호', '경애'에 호격조사 'Ø'가 결합하였다. (7)은 부모가 결혼한 자녀를 부를 때 쓰인 예들이다. (7a)는 부모가 아들인 '흥근'이를 부를 때 호격조사 '이'를 사용한 예이며 (7b)는 부모가 딸인 '복금'이를 부를 때 호격조사 '이'를 사용한 예이다. (8)은 호격조사 '이', 'Ø'가 직함 뒤에 쓰인 예들이다. (8a~d)는 직함인 '반장', '이장', '서기장', '교장' 뒤에 호격조사 '이'가 쓰인 예이고 (8e)는 직함인 '서기' 뒤에 호격조사 'Ø'가 쓰인 예이다.

이들 호격조사도 선행체언의 음절구조와 일정한 관계를 맺고 종결어미와 호응한다. 우선 선행체언의 어간말 음절구조와 호격조사 '이', 'Ø'의 관계를 살펴보면 '이'는 폐음절 체언 뒤에 쓰이며 'Ø'은 개음절 체언 뒤에 나타난다. 즉 '이'는 폐음절 명사 '어금, 경숙, 반장. 이장, 서기장, 교장' 등과 결합하였고 'Ø'은 '철호, 경애, 서기' 등과 같이 개음절 명사 뒤에 쓰였다. 다음 호격조사 '이', 'Ø'가 종결어미와 결합하는 양상을 살펴보면 '-음/습떼', '-오/소' 등의 '야야체' 종결어미와 함께 쓰임을 알 수 있다.

277

3. 친족호칭과 존칭의 호격조사 '에'

이 글에서 논의하게 될 호격조사 '-에'는 친족호칭에 주로 쓰이는 독특한 양상을 보이므로 아래에 친족호칭에 대해서 언급하기로 한다.

친족명칭(kinship terms)은 일반적으로 친족을 직접 부를 때 사용되는 호칭(terms of address)과 친족을 제3자에게 지시할 때 사용되는 지칭(terms of reference)을 합한 것이 된다. 친족 호칭은 또 직접호칭과 간접호칭으로 하위 구분된다. 직접호칭은 화자가 친족원을 앞에서 직접 부를 때의 호칭을 말하고 간접호칭은 서신 등을 통하여 친족원을 간접적으로 부를 때의 호칭을 말한다(최명옥 1998). 이 글에서는 서술의 편의상 '호칭'을 '직접호칭'과 대등한 개념으로 사용한다. 이 지역어의 친족호칭 중에서 直系, 傍系 및 傍系 尊·卑屬의 호칭어를 중심으로 조사된 자료를 제시하고 이 지역어 친족호칭의 특징과 세대 차이에서 나타나는 친족호칭의 변화 및 친족호칭에 쓰이는 호격조사 '-에'에 대해 살펴본다.

3.1. 친족호칭

친족은 혈족과 인척의 관계로 맺어지는 인간관계의 집단이다. 혈족은 부계나 모계의 直·傍系에 속하는 남녀를 통틀어 말하고 인척은 배우자의 일방을 뜻한다.[8] 친족의 범위는 혈연과 인척에 의해 관계되는 인간 집단 가운데 종횡으로 무한정 확대되어 질 수 있으나 이 글에서 연구대상으로 삼는 친족범위는 크게 父系 直系 尊屬 4代上 卑屬 3代下, 傍系 4寸까지이고 母系 直系 尊屬 3代上 卑屬 1代下, 傍系 4寸까지이며 妻系는 直系 尊屬 1代上 卑屬 1代下 傍系 2寸까지이다. 서술의 편의상 친족호칭에 대해 父系親, 母系親, 父·妻系親 등으로 분류 고찰하되, 부계친에서 화자가 남자, 여자에 따라 호칭이 다를 때는 재분류하여 고찰한다.

父系親과 母系親의 부모 이상 항렬의 친족호칭을 표로 보이면 아래와 같다.

〈표 2〉 부친계·모친계의 부모 이상 항렬 친족호칭

父系		母系	
표준어	연변지역어	표준어	연변지역어
증조부	노클(큰)아바이		
증조모	노클(큰)아매		
조부	클(큰)아바이	외조부	클(큰)아바이
조모	클(큰)아매	외조모	클(큰)아매
백부	맏아바이	외삼촌(母上)	맏아바이
백모	맏아매	외숙모	맏아매
고모 (父上)	맏아매	이모 (母上)	맏아매
고모부	맏아바이	이모부	맏아바이
부	아부지[9], 아바지		
모	제:마		
숙부	아즈바이, 삼추이	외삼촌(母下)	아즈바이, 삼추이
숙모	아즈마이	외숙모	아즈마이
고모 (父下)	아재	이모 (母下)	아재
고모부	아즈바이	이모부	아즈바이

---

8 民法 777條 1號~6號 참조.
9 곽충구(1993)에서는 '아바이'(부령, 경성)로 조사되었다.

이 지역어의 친족호칭은 부계친과 모계친의 구별이 없는 체계적 특징을 가진다(곽충구 2000). 부계친이든 모계친이든 부모 항렬의 인물에 대한 호칭어 중에서 男系는 그 대상이 아버지와 어머니를 기준으로 하여 손위면 '맏아바이', 손아래면 '아즈바이', '삼추이';[10] 女系는 그 대상이 아버지와 어머니를 기준으로 하여 손위면 '맏아매', 손아래면 '아재', '아즈마이'라고 부른다. 여기서 지적해 둘 것은 부계친과 모계친의 구별이 뚜렷하지는 않지만 혈연관계의 유무에 따라 호칭이 세분화 된다는 것이다. 곽충구(2000)와 최명옥 외(2002)에서는 전체 육진 지역(온성, 경원, 경흥, 종성, 회령, 부령)에서 고모(父下), 이모(母下), 숙모(숙부의 妻)에 대한 호칭으로 '아재'가 두루 쓰인다고 하였다. 그러나 '숙모'는 '아즈마이'라 하여 '아재'와 구별된다. 즉 '아재'는 혈연관계가 있는 고모(父下)나 이모(母下)를 가리키고 '아즈마이'는 혈연관계가 없는 숙모를 가리킨다. 또 '아즈바이'와 '삼추이'도 혈연관계의 유무에 의해 구별된다. 즉 혈연관계가 있는 숙부와 외삼촌에 대해 '아즈바이'와 '삼추이'를 두루 썼으나 혈연관계가 없는 고모부나 이모부는 '아즈바이'만 썼다.

이 지역 친족호칭의 또 다른 하나의 특징으로 다른 방언에서는 부와 모의 호칭어가 핵심친족호칭이 되는데 이 지역에서는 조부와 조모의 호칭이 핵심 친족호칭이 되는 것을 들 수 있다(최명옥 외 2002). 예를 들어 경북방언에서는 아버지의 호칭어 '아배'와 어머니의 호칭어 '어매'를 핵심 친족호칭으로 하고 이에 서열을 매기는 '맏'을 결합

---

10 '아즈바이'와 '삼추이'가 구별 없이 쓰인다.

하여 '맏아배'와 '맏어매'가 되는데 비해 연변지역어에서는 할아버지의 호칭어 '아바이'와 할머니의 호칭어 '아매'를 핵심 친족호칭으로 하고 이에 서열을 매기는 '맏'을 결합하여 '맏아바이'와 '맏아매'가 된다.[11]

이 지역어의 친족호칭은 아래와 같은 단어 형성원리에 의해 만들어졌다고 볼 수 있다.

(9) a. 압+아이 > 아바이[12]

　　　　암+아이 > 아마이 > 아매

　　b. 맏+아바이 > 마다바이

　　　　맏+아매 > 마다매

　　c. 앚+아바이 > 아자바이 > 아즈바이[13] > 아즈바이

　　　　앚+아마이 > 아자마이 > 아즈마이 > 아즈마이

　　d. 클+아바이 > 클아바이

　　　　클+아매 > 클아매

　　e. 노(老)+클아바이 > 노클아바이

　　　　노(老)+클아매 > 노클아매

(9a)는 '아이'에 접두사 '압', '암'이 결합되어 각각 '아바이', '아매'

11　이 제보자는 육진 지역에서 넓게 쓰이는 '아바이'와 '아매'를 쓰지 않았다.

12　천소영(1994), 조항범(1997), 문무영(1989)는 '아바'를 어근, '니'를 접미요소로 분석하고, '니'는 존칭접미사 '님'의 'ㅁ'이 탈락한 것으로 이해하고 있는 반면 곽충구(1993)은 '압'을 어근으로, '아니'를 접미요소로 이해하고 '니'를 'ㄴ'에 인칭명사 'ㅣ'가 결합한 것으로 보았다.

13　이기문(1983)참조.

281

가 형성되었다고 볼 수 있다. (9b)는 '아바이'와 '아매'에 서열을 매기는 접두사 '맏'이 결합되어 각각 '마다바이', '아즈바이'가 된 것이고 (9c)는 접두사 '앚'이 결합되어 각각 '아즈바이'와 '아즈마이'가 형성된 것이다. (9d)는 서열을 매기는 접두사 '클(큰)'이 '아바이'와 '아매'에 결합되어 각각 '클아바이', '클아매'가 된 예이고 (9e)는 서열을 매기는 접두사 '노(老)'가 결합되어 '노클아바이', '노클아매'가 형성되었다.

　동항렬의 친족을 부를 때 화자의 성별에 따라 차이가 난다. 화자가 남자일 때 자신의 형을 '형님'이라 부르고 형의 아내인 형수를 '아즈마이'라고 부른다. 누나는 '누님'이라고 부르고 누나의 남편은 '매비'라고 부른다. 또 자신의 남동생은 결혼 여부를 막론하고 보통 직접 이름을 부르며, 남동생의 아내를 '제수'라고 부른다. 여동생도 결혼 여부를 막론하고 이름을 부르며 여동생의 남편은 '매비'라고 부른다. 화자가 여자일 때 자신의 오빠를 '오라바이', 오빠의 아내를 '형님'이라 부르고 언니를 '제세', 형부를 '아즈바이'라고 부른다. 또 남동생을 '오래비', 올케를 '올찌세미'라고 부르고 여동생은 '애끼'라고 부르거나 이름을 부르며 제부는 '새워이'라고 부른다. 이를 표로 보이면 아래와 같다.

〈표 3〉 동항렬 친족호칭

화자가 남자일 때		화자가 여자일 때	
표준어	연변지역어	표준어	연변지역어
형	형님	오빠	오라바이
형수	아즈마이	새 언니	형님
누나	누님	언니	제세
누나 남편	매비	형부	아즈바이
남동생	이름부름	남동생	오래비
남동생 아내	제수	올케	올찌세미
여동생	이름부름	여동생	애끼, 이름부름
여동생 남편	매비	제부	새워이

부계친에서 부모 이상 항렬의 친족호칭은 세대 간의 차이가 적어 대체로 <표 1>과 같이 쓰임에 비해 동항렬의 친족명칭은 세대에 따라 차이를 보인다. 80대가 '매비', '제세', '누예', '애끼', '오라바이', '오래비'와 같은 호칭을 사용했다고 하는 반면 이삼십대는 이를 거의 쓰지 않고 표준어를 구사한다. 그리고 80대가 자신의 누나를 '누님'이라고 했다는 데 반해 50대 이하 사람들은 '누나'라고 부른다. 또 50대의 여자들도 형부를 '아즈바이'라 부르지 않고 그 후에 쓰인 단어인 '아저씨'를 사용하며 제부가 아이를 가져 아버지가 되면 '00아버지'라고 부른다. 동항렬의 친족호칭은 이와 같이 표준어로의 변화가 심하다. 이로 보아 이 지역 친족호칭의 표준어로의 변화는 동항렬의 친족호칭에서 시작되어 부모 이상 항렬의 친족호칭으로 이어질 것으로 예측할 수 있다.

이 지역어에서 손아래 항렬에 대한 친족호칭은 화자의 성별에 따른 차이가 그다지 크지 않다. 화자가 남자든 여자든 사위와 며느리를 부르는 호칭은 동일하여 '싸우, 메느리. 00애비, 00에미'가 그것이다. 시어머니가 며느리에 대해 '애기네'를 쓰기도 하였다고 한다. '며느리', '사위에' 대한 호칭은 자식이 생기면 '00애비', '00에미'라고 불렀지만 오늘날에는 '애비', '에미'가 내포한 비하의 뜻으로 '00아버지', '00어머니'가 주로 쓰인다. 이를 표로 보이면 아래와 같다.

〈표 4〉 손아래 항렬 친족호칭

화자가 남자일 때		화자가 여자일 때	
표준어	연변지역어	표준어	연변지역어
사위	싸우	사위	싸우
며느리	메느리	며느리	애기네, 메느리
00애비	00애비	00애비	00애비
00에미	00에미	00에미	00에미

결혼한 여자가 父系親을 부를 때 시아버지는 '아버님'이라고 부르고 시어머니는 '어머님'이라고 부른다. 시형은 '아즈반님', 시형댁은 '형님'이라 부르며 시누이(夫上)는 '형님', 시누이 남편은 '아즈반님'이라고 부른다. 시동생은 '새워이', 시동생 댁은 '동세'라고 부르며 시누이(夫下)는 '시누비', 시누이 남편은 '새워이'라고 부른다. 결혼한 남자가 妻系親을 부를 때 장인은 '아부지'라고 부르고 장모는 '어마이'라고 부른다. 처남은 '형님', 처남댁은 '아즈마이'라고 부르고 처형은 '아즈마이', 처형 남편은 '형님'이라고 부른다. 또 처

남은 직접 이름을 부르고 처남댁은 '아즈마이'라고 부르며 처제와 처제 남편은 직접 이름을 부른다. 夫·妻系親의 친족호칭도 부모 이상 항렬의 친족호칭과 마찬가지로 세대 차이가 적어 노년층에서 중년층까지 폭넓게 쓰고 있다. 상술한 내용을 표로 보이면 아래와 같다.

〈표 5〉 夫 · 妻系 친족호칭

父系		妻系	
표준어	연변지역어	표준어	연변지역어
시아버지	아버님	장인	아부지
시어머니	어머님	장모	어마이
시형	아즈반님	처남 (妻上)	형님
시형댁	형님	처남 댁	아즈마이
시누이 (夫上)	형님	처형	아즈마이
시누이 남편	아즈반님	처형 남편	형님
시동생	새워이	처남 (妻下)	이름 부름
시동생댁	동세	처남 댁	아즈마이
시누이 (夫下)	시누비	처제	이름 부름
시누이 남편	새워이	처제 남편	이름 부름

3.2. '-에'

이 지역에는 존대의 호격조사 '-에'가 쓰인다.[14] 이는 동남방언의 조

---

14 호격조사 '에'는 멀리 있는 대상을 소리쳐 부를 때 사용한다. 대상이 가까이 있을 때는 친족호칭을 그대로 쓴다. 예: (가까이에 있는 아버지를 부를 때) 아부지, 담배르 그만 피웁소. (아버지, 담배를 그만 피우세요.)

사 '-예'와 형태면에서 매우 유사하다. 그러나 동남방언의 '-예'와 연변
지역어의 '-에'는 분포 면에서 상당한 차이를 보인다. (10)에서 보듯 동
남방언의 '-예'는 체언뿐만 아니라 어미, 조사, 접속어 뒤에도 결합된다.

(10) 행님예, 제가예 어저예 집에서예 낮잠을예 자고 있는데예 손님이
예 찾아와서예 억수로예 당황했어예. (문병우 2000)

하지만 연변지역어의 '-에'는 친족호칭 뒤에만 나타난다.

(11) a. 아바에, 어디 감두우? (아바이, 어디로 갑니까?)

b. 아부제, 여기 좀 와보쇼. (아부지, 여기 좀 와서 보세요.)

c. 어머네, 조심해 들갑소. (어머니, 조심해 들어가십시오.)

d. 아즈바에, 내 말 좀 들어봅소. (아즈바이, 내 말 좀 들어보십시
오.)

e. 아즈마에, 여기 와서 날 도바주겠슴두우? (아즈마이, 여기와
서 날 도와주겠습니까?)

호격조사 '에'가 올 수 있는 친족호칭은 위에서 제시한 것뿐만 아
니라 '노클아바이, 클아바이, 외클아바이, 맏아바이, 삼추이, 외삼추
이, 형님, 누님, 아저씨, 아즈반님, 시누비' 등이 더 있다. 이를 표로 제
시하면 아래와 같다.

〈표 6〉'–에'가 쓰인 친족호칭

친족호칭		'에'가 쓰이는 경우
노클아바이	(증조부)	노클아바에
클아바이	(조부)	클아바에
외클아바이	(외조부)	외클아바에
아바이	(조부)	아바에
아부지	(아버지)	아부제
맏아바이	(백부)	맏아바에
아즈바이	(숙부)	아즈바에
아즈마이	(숙모, 형수)	아즈마에
삼추이	(삼촌)	삼추에
외삼추이	(외삼촌)	외삼추에
형님	(형님)	형님에
누님	(누님)	누님에
누이	(누나)	누예
형님	(새 언니)	형님에
아저씨	(형부)	아저쩨
아즈반님	(시형)	아즈반님에
시누비	(시누이) (夫下)	시누베

여기에서 '-에'가 놓이는 환경을 관찰해 보면 친족호칭이 화자보다 높임의 대상이 되며 이들 친족호칭의 마지막 음절이 'ㅣ'와 '님'으로 끝남을 알 수 있다.

(12) a. 노클아매(증조모), 클아매(조모), 아매(조모), 제:마(어머니), 맏아매(이모), 아재(이모), 오빠 ······

b. 오래비(남동생), 00애비(00아버지), 00에미(00어머니), 애끼

287

(여동생) ……

　c.　싸우(사위), 애기네(며느리), 동세(동서), 제세(남동생 아내)
　　　……

(12)는 호격조사 '-에'가 올 수 없는 친족호칭의 예들이다. (12a)의 친족호칭들은 모두 화자에 대해서는 높임의 대상이지만 'ㅣ'로 끝나지 않았기에 '-에'가 쓰이지 않고 (12b)는 체언의 말 음절이 'ㅣ'로 끝났지만 높임의 대상이 아니어서 '-에'가 쓰이지 않으며 (12c)는 높임의 대상도 아니고 'ㅣ'로 끝나지도 않았기에 '-에'가 쓰이지 않는다.

즉 '-에'가 쓰이는 환경은 친족호칭이 화자에 비해 높임의 대상이 되는 경우이면서 친족호칭의 말 음절이 'ㅣ'와 '님'으로 끝나는 경우이다. 높임의 대상이고 'ㅣ'로 끝나더라고 친족호칭이 아니면 '-에'가 쓰이지 않는데 그 예로 '선생님'을 들 수 있다. '선생님'은 '형님, 아즈반님'과 같은 음절말 구조를 가지고 있지만 친족호칭이 아니기에 '-에'가 쓰이면 비문이 된다(*선생님에). 이로써 호격조사 '-에'는 말 음절이 'ㅣ'로 끝나는 높임의 대상을 나타내는 친족호칭에 쓰인다고 정의할 수 있다. (13)의 예에서 볼 수 있듯이 '-에'는 '-읍/습두우, -읍/습소' 등과 같은 종결어미들과 호응한다. 이로써 호격조사 '에'는 '예예체' 종결어미와 어울린다고 결론지을 수 있다. '-에'가 왜 마지막 음절이 'ㅣ'나 '님'으로 끝나는, 높임의 대상이 되는 친족호칭 뒤에만 쓰이는지에 대해서는 미해결의 문제로 남겨 두며 이 지역어에 대한 활발한 연구가 이루어질 때 이 문제도 풀리게 되리라 생각한다.

4. 결 론

지금까지 논의된 결과를 정리하면 아래와 같다.

이 지역에서는 호격조사로 '-아/야', '-이', '-Ø', '-에'가 쓰이고 있다.

'-아/야'는 나이가 어린 손아랫사람을 부를 때 혹은 어린 동년배끼리 서로를 호칭할 때 주로 쓴다. 선행체언과의 관계에서 '-아'는 폐음절인 인명 뒤에, '-야'는 개음절 인명 뒤에 실현된다. '-아/야'는 세대 간의 쓰임에 차이가 없어 호격조사로서의 자리를 확고히 지키고 있다. 상대높임법과의 관계에서 이들 호격조사는 '-어라/아라, -니, -야' 등과 같은 '응응체' 종결어미와 호응한다.

'-이'와 '-Ø'는 어른이 된 친구사이, 부모가 결혼한 자녀에게, 직함이 존칭이 아닌 하나의 호칭으로 사용될 때 쓰인다. '-이'는 인명뿐만 아니라 직함 뒤에도 나타나는데 '-이'가 호격조사로 기능한다는 점에 입각하여 호격조사로 처리하였다. 선행체언과의 관계에 '이'는 폐음절 체언 뒤에 나타나고 'Ø'는 개음절 체언 뒤에 나타난다. 상대높임법과의 관계에서 이들 호격조사는 '-음/습떼, -오/소' 등의 '야야체' 종결어미와 호응한다.

이 지역어의 친족호칭에 대해 父系親, 母系親, 父・妻系親 등으로 나누어 여기에 호격조사 '-에'가 후행할 수 있는가를 살펴보았다. '-에'는 선행체언의 말음절이 'ㅣ, 님'으로 끝나는, 높임의 대상이 되는 친족호칭에 쓰이며 '-읍/습두우, -읍/습소' 등과 같은 '예예체' 종결어미와 호응한다.

▌이 논문은 『방언학』 제6호(2007년) 에 게재되었던 것이다.

연변방언 연구

제4장

연변지역어의 종결어미
'-재'에 대한 일고찰

1. 서 론

　이 글은 연변지역어[1] 화자의 일상적인 발화에서 나타나는 종결어미 '-재'를 대상으로, 그 형성 과정을 살펴보고 용례 검토를 통하여 통사·의미론적 특징을 밝히는 것을 목적으로 한다. 연변지역어의 종결어미 '-재'는 연상의 화자가 연하의 청자에게, 혹은 동년배 사이에 사용되며 젊은층으로 갈수록 사용빈도가 높다.[2]

1　연변 지역은 주로 함경북도 이주민들에 의하여 개척되었으며 현재 거주민의 대부분이 역시 함경북도 이주민의 2세대 및 3세대이다. 연변 지역에도 집단이주 또는 자유이주에 의하여 경상도나 평안도 등 기타 지역 출신들이 있기는 하지만 극소수에 불과하다(전학석 1998:153). 그러므로 여기에서 말하는 연변지역어는 연변 지역에서 대다수를 이루는 함경북도 출신 주민들의 말을 가리킨다.

그러나 이 종결어미에 대해 기존의 연구에서는 거의 논의를 하지 않았다. 다만 '-재'가 함경도 혹은 연변지역어에서 부정의 어미로 장형 부정문에 쓰임으로 하여 해당 지역의 부정문을 다루는 논의에서 간략하게 다루어져 왔다.[3] 이 종결어미에 대해 본격적인 논의를 한 것은 고홍희(2011)이다. 고홍희(2011)는 '-재'를 선어말 어미 '-재-'를 개재한 의문법어미로 보고 그 용례를 통해 분포와 의미, 사용양상과 제약에 대해 소개한 바가 있다. 그러면서 '-재'를 가부 의문문에만 사용되는 '해라체' 의문법어미로만 간주하였다. 그러나 '-재'는 평서문에도 그 쓰임을 발견할 수 있다. 따라서 이 글은 의문문에 사용되는 경우뿐만 아니라 평서문에 사용되는 경우도 다루어 연구의 폭을 넓히려 한다.

이 글에 사용된 방언 자료의 일부는 필자가 2011년 8월 27일, 고향이 중국 연변조선족자치주 연길시 조양천진인 제보자를 대상으로 그들의 일상적인 대화를 녹음하여 전사한 자료에 바탕을 둔 것이다.[4] 제보자의 출생지인 조양천진은 용정시와 연길시에 인접해 있는 진

---

2 고홍희(2011)은 '-재'의 사용양상과 제약을 다루면서 '-재'는 연상의 화자가 대체로 20세 이하의 연하 청자에게, 친척 관계일 경우 20세 이상의 동생, 조카, 자녀, 손녀에게도 사용가능하며, 친척 관계가 아니더라도 아주 친숙한 허물없는 사이일 경우, 연상의 화자가 20세 이상의 연하 청자에게 사용가능하다고 하였다. 또 20세 이하의 동년배들 사이, 20세 이상, 60세 이하 아주 친숙한 허물없는 사이의 동년배들 사이에 사용되고 출현빈도가 비교적 낮은 편이고 젊은 층으로 갈수록 사용빈도가 높다고 하였다.

3 이에 대한 논의는 정용호(1988), 곽충구(1998a), 전학석(1998), 최명옥(2000), 최명옥 외(2002), 고홍희(2011) 등이 있다.

4 연변지역어의 예문은 기존 자료와 실제 담화 자료를 위주로 하였으며 조사한 예문 외에도 논의에 따라 직관에 의해 만든 예문을 사용하였다. 여기에서 기존 자료에 나타난 예문은 '기존'이란 표시를 하고, 만든 예문은 '만듦'이라는 표시를 해 둔다. 그리고 담화분석이 문법 차원에서 이루어졌기 때문에 예문에 대해서는 형태음소 표기를 하고 표준어로 대역하였다.

으로 현재 총 인구가 5.4만 명이고 그중 조선족이 65%를 차지한다. 제보자의 신상은 다음과 같다.[5]

<표 1> 제보자

이름	성별	출생년도	약호	출생지	학력	직업
김 화	여	1981	김	조양천진 태양촌	석사	조사 연구원
박향란	여	1982	박	조양천진	대졸	사무직

이 글의 논의는 다음과 같다. 2장에서 종결어미 '-재'의 형성에 대해 살펴본다. 3장에서는 선행요소와의 결합, 문장종결법과의 결합 및 의미를 다루어 '-재'의 통사·의미론적 특징에 대해 살펴본다.

2. '-재'의 형성 과정

연변지역어에는 종결어미 '-재' 외에도 통사·의미론적 특징이 같은 '해라체' 종결어미 '-재이야', '-재야', '-재니'가 존재한다. 또 '합쇼체' 종결어미 '-잼까', '-잼다', '하오체' 종결어미 '-재오/-잲소'가 존재하는데 이들은 모두 선어말 어미 '-재-'를 가지고 있는 것이 공통

---

5 두 제보자는 모두 함경북도 이주민 3세대이다. 제보자 김화는 연변조선족자치주 연길시 조양천진 태양촌에서 태어났고 제보자 박향란은 연변조선족자치주 연길시 조양천진에서 태어났다. 모두 대학교 입학 전까지 연변지역에서 생활하여 함경도 방언에 기반한 연변지역어를 잘 구사하고 있다. 제보자 김화는 아버지의 고향이 조양천진 태양촌이고, 어머니의 고향이 용정시 삼합진이다. 한편, 제보자 박향란은 아버지의 고향이 조양천진 광석향이고, 어머니의 고향이 훈춘시이다.

적이다. 여기에서는 '-재-'가 서술어의 어간과 어미 사이에서 실현되기에 선어말 어미로 간주한다.[6] 이는 선어말 어미 '-재-'를 밝힘으로써 종결어미 '-재'에 접근할 수 있음을 뜻한다.

선어말 어미 '-재-'의 형성은 장형 부정문 '-지 아니ㅎ-'의 융합과정과 연관된다. 융합(fusion)은 특정한 문법적 환경에서 두 단어 이상이 줄어서 한 단어로 됨과 동시에 문법적, 의미론적 기능에 변화가 발생하는 현상이다(안명철 1990:125). 장형 부정의 '-지 아니하-'가 하나의 단위로 굳어져서 융합형 선어말 어미 '-재-'로 발전하였다. 그리고 장형 부정의 '-지 아니하-'가 '-재-'로 융합되어 새로운 문법 기능을 수행한다. 이와 같은 융합의 강도를 결정하는 요소는 관련성이다. 한 의미 요소의 의미 내용이 둘째 요소의 의미내용에 직접 영향을 미치거나 수식할 때, 이 의미요소는 다른 요소에 대해 관련성이 있고 관련성이 커지면 융합의 정도가 가능해진다(Bybee 1985:13, 안명철 1990:126). 이 논리에 의하면 '-지 아니하-' 구문에서 '-지-'는 '아니하-'와 의미론적으로 밀접한 관계에 있어 이 구문이 융합될 조건을 갖추었다고 할 수 있다.

아래에 종결어미 '-재'의 형성과정을 자세히 살펴보도록 한다. 서술어 '아니ㅎ-'가 '아닣-'으로 축약되고 '*아닣-'은 움라우트 현상을 거쳐 '*애닣-'으로 실현되었을 가능성이 크다. 그것은 연변지역어에서 일부 노년층 화자들이 '아니-'를 '그런 게(것이) 애니우?'에서와 같이 '애니-'로 발음하는 경우가 존재하기 때문이다(고홍희 2011:18).

---

6   이는 최명옥(2000)을 참고하였다. 최명옥(2000:50)은 '-지 아니하-'의 줄임형태 '-재잏-'을 선어말 어미로 본 바 있다.

'-재닝-'은 바로 '-지'와 '애닝-'의 통합으로 보이는데, [-지+애닝→재닝-]의 변화를 거친 것이다. '-지 아니ㅎ-'의 변화로 형성된 연변지역어의 선어말 어미에는 '-재닝-' 외에도 '-재잉-', '-쟁-'이 있다. '-재잉-'은 [-재닝→재잉-]의 변화를, '-쟁-'은 [-재닝→재잉→쟁-]의 변화를 거친 것으로 보인다. 즉 '-지 아니하-'가 융합되어 형성된 선어말 어미 '-재잉-'은 모음사이에서의 'ㄴ' 탈락과 축약을 거친 것이고 선어말 어미 '-재잉-'은 다시 축약을 거쳐 '-쟁-'으로 단일화한 것으로 추정된다. 노년층에서 젊은층으로 내려갈수록 '-재닝-'에 비해 '-재잉-'을, '-재잉-'에 비해 '-쟁-'을 더 많이 사용한다. 이들은 대체로 자음으로 시작되는('ㄴ', 'ㅁ' 제외) 어미 앞에서 실현되며, 모음으로 시작되는 어미나 'ㄴ', 'ㅁ'으로 시작되는 어미와 통합할 경우에는 'ㅎ' 말음이 탈락하여 '-재-', '-재니-', '-재이-'로 실현된다. 그러므로 '-쟁-'과 '-재-', '-재닝-'[7]과 '-재니-', '-재잉-'과 '-재이-'는 상보적 분포를 이루는 이형태 관계라고 할 수 있다(최명옥 2000:47-51).

이와 같은 변화로 형성된 '-쟁-'은 연변지역어의 '합쇼체' 종결어미 '-ㅁ까', '-ㅁ다', '하오체' 종결어미 '-오/소', '해라체' 종결어미 '-니', '-야'와 결합하여 위에서 말한 통합형 '-잼까', '-잼다', '-재오', '-쟁소', '-재이야', '-재야', '-재니'를 형성하였다. 종결어미 '-재'는 바로 '-쟁-'이 '해라체' 종결어미 '-니', '-야'와 통합하여 '-재니', '-재야'로 된 후 통합형의 종결어미가 '-니', '-야'가 다시 절단된 것이다.

---

7 현재 연변지역어에서 '-재닝-'과 '-재니-'는 잘 사용되지 않는다. 이는 이 지역어에서 모음 사이에서의 'ㄴ'탈락 현상이 매우 활발하기 때문이다.

(1) ㄱ. 늙대넣다.(기존‖늙지 않다.)

ㄴ. 묻대잏구.(기존‖묻지 않고.)

ㄷ. 아바이, 가재잏겠슴두?(기존‖아버지, 집에 가지 않겠습니까?)

ㄹ. 배우잫다.(기존‖보이지 않다.)

(2) ㄱ. [어머니가 딸에게] 한제 비 오재이(야)?(기존‖밖에 비 오지
않니?)

ㄴ. [어머니가 딸에게] 어제 저낙에(저녁에) 천기(일기)예보 오눌
에 비온다 했재이(야)?(기존‖어제 저녁에 일기예보에서 오늘
에 비 온다고 했지 않니?)

(3) ㄱ. 학교까 멀재(야)?(김‖학교와 멀지 않아?)

ㄴ. 제일 처까메 번호재(야)?(박‖제일 첫 번호잖아?)

ㄷ. 통쓰지간에 좀 그렇재(야)?(김‖同事사이에 좀 그렇잖아?)[8]

ㄹ. 영어 잘하재(야)?(김‖영어 잘하잖아?)

(1)은 연변지역어를 쓰고 있는 노년층에게서 조사된 기존의 자료
들인데 (1ㄱ~ㄴ)은 구개음화를 겪지 않은 예이고 (1ㄷ~ㄹ)은 구개음
화를 겪은 예들이다. 현재 이 지역 노년층 화자들에게서 구개음화가
되지 않은 형태를 거의 찾아 볼 수 없다. 이는 구개음화가 이미 완성
되었음을 보여준다. 여기에서 '-대넣-', '-대잏-', '-재잏-', '-잫-' 등의

8　연변지역어를 쓰고 있는 30대들은 중국에서의 漢語의 영향으로 漢語音借語를 많
이 사용하고 있는데 이는 담화에서도 나타났다.

형태들은 독립적으로 쓰이지 않고 항상 용언 어간과 어말어미 또는 기타 선어말어미 사이에서 하나의 선어말어미처럼 기능한다. (2)는 '-재잏-'이 단순 의문을 나타내는 의문법 어미 '-야'와 통합하여 '-재이야'로 나타난 것이고 (3)은 '-쟇-'이 의문법 어미 '-야'와 통합하여 '-재야'로 나타난 것이다. 의문법어미 '-야'의 출현은 수의적이다.

위의 예문들에서 (1)~(3)은 '-쟇/재-', '-재잏-/재이-' 등과 같은 여러 형태들이 선어말 어미처럼 기능을 하였으나 (3)에서는 종결어미로 기능함을 보여준다. 즉 (3)의 '-재'는 문장에서 종결어미로 쓰였다.

3. 통사 · 의미론적 특징

3.1. 선행요소와의 결합

이 절에서는 필자가 조사한 자료를 바탕으로 종결어미 '-재'가 여러 선행요소들과 결합하는 예들을 다룬다. 이를 통해 연변지역어 종결어미 '-재'의 쓰임을 보여주려 한다.

(4)　ㄱ. 일본에서 양력설 쎄기 쇠재?(박‖일본에서 양력설 잘 쇠잖아?)

　　　ㄴ. 땀으 흡수해 주재?(박‖땀을 흡수해주잖아?)

　　　ㄷ. 어저느 재미없재?(박‖이젠 재미없잖아?)

　　　ㄹ. 집이 화룡 동성이재?(김‖집이 화룡 동성이잖아?)

　　　ㅁ. 한라산은 해발이 한국에서 제일 높은 산이재?(박‖한라산은 한국에서 제일 높은 산이잖아?)

(5) ㄱ. 아바이 저기서 오시<u>재</u>?(아버지 저기서 오시잖아?)

ㄴ. 니 약해졌<u>재</u>? (김 ‖ 너 약해졌잖아?)

ㄷ. 가 감옥 갔댔<u>재</u>?(박 ‖ 걔가 감옥 갔었잖아?)

ㄹ. *이거 주므 좋아하겠<u>재</u>?(만듦 ‖ 이거 주면 좋아하겠잖아?)

ㅁ. *날씨가 춥더<u>재</u>?(만듦 ‖ *날씨가 춥더잖아?)

(4)는 '-재'가 용언 어간들과 결합한 예들이다. (4ㄱ)은 동사 어간, (4ㄴ)은 보조 동사 어간, (4ㄷ)은 형용사 어간, (4ㄹ~ㅁ)은 계사 '이'와 결합한 것이다. 이렇듯 '-재'는 용언어간과의 결합이 가능하다. (5)는 '-재'가 선어말 어미와 결합한 예들이다. (5ㄱ)은 주체존대 표시의 선어말 어미 '-으시-', (5ㄴ)은 과거의 선어말 어미 '-었-', (5ㄷ)은 대과거의 선어말 어미 '-었었-'과 결합한 것이다. 이렇듯 '-재'는 용언 어간 외에도 '-으시-', '-었-', '-었었-' 등과 같은 선어말 어미들과 결합한다. 그러나 (5ㄹ), (5ㅁ)과 같이 추측을 나타내는 선어말 어미 '-겠-'과 회상의 선어말 어미 '-더-'와는 통합이 제약된다.[9]

이로써 종결어미 '-재'는 용언어간이나 체언의 용언형, 존대의 선어말 어미 '-으시-', 과거의 선어말 어미 '-었-', '-었었-' 등과 결합할 수 있으나 추측의 선어말 어미 '-겠-', 회상의 선어말 어미 '-더-'와 결

---

9 '-재'는 회상의 선어말 어미 '-더-'를 제외하고는 시제의 제약을 받지 않는다.
지금 비 오재?(지금 비 오지?)-현재
이제 비 오재?(이제 비 오지?)-미래
어제 비 왔재?(어제 비 왔지?)-과거
어제 비 왔댔재?(어제 비 왔었지?)-대과거
*비가 오더재. -회상

합할 수 없다는 것을 알 수 있다.

3.2. 문장종결법과 의미

연변지역어의 '-재'는 명령문, 청유문, 감탄문, 약속문을 제외한 의문문, 평서문에 쓰일 수 있다. 먼저 연변지역어의 '-재'가 의문문에 쓰이는 경우부터 보기로 한다. 의문문은 일반적으로 가부 의문문(판정 의문문), 선택 의문문, 설명 의문문으로 갈라 볼 수 있다(이익섭·채완 2007:238).

(6)　ㄱ: 니 책 계속 보<u>재</u>?(김∥너 책 계속 보잖아?)

　　　ㄴ: 응, 계속 본다.

　　　ㄴ': 아이, 요새 아이 본다.

(7)　ㄱ: 금값이 썩어지라구 올라가<u>재</u>? (김∥금값이 대폭 올라가잖아?)

　　　ㄴ: 응, 올라간다.

　　　ㄴ': 아이, 요즘은 떨어지더라.

(8)　ㄱ. *니 책으 샀재 안샀<u>재</u>? (너 책을 샀잖아 안 샀잖아?)

　　　ㄴ. *니 밥으 먹었재 안 먹었<u>재</u>?(너 밥을 먹었잖아 안 먹었잖아?)

(9)　ㄱ. *여기가 어디<u>재</u>?(여기가 어디잖아?)

　　　ㄴ. *니 생일이 어느날이<u>재</u>?(너 생일이 어느날이잖아?)

(10)　ㄱ. *그게 언제 일이었<u>재</u>?(그게 언제 일이었잖아?)

　　　ㄴ. *그거 어데다 뒀<u>재</u>?(그걸 어디에다 뒀잖아?)

　　　ㄷ. *그거 어쨌<u>재</u>?(그걸 어찌했잖아?)

(6)~(7)은 '-재'가 가부 의문문에 쓰인 예들이다. 가부 의문문에 대한 답은 긍정 혹은 부정이며 '-재'가 가부 의문문에 쓰였을 때 대답역시 긍정 혹은 부정이다. 그러나 화자는 '-재'를 써서 일반적으로 자신이 이미 알고 있는 사실에 대한 확인을 요구한다. 따라서 대답은긍정이 올 개연성이 엄연히 높다. (6ㄱ)은 화자가 '청자가 책을 꾸준히 볼 것'이라고 생각하면서 청자에게 확인하여 물을 때 사용한 것이며 (7ㄱ)은 화자가 '금값이 올라갈 것이다'고 생각하면서 확실하지않아 청자에게 확인하여 물을 경우에 사용되며, '금값이 올라가는 거아니냐'의 의미를 나타낸다. 이와 같이 '-재'는 대화와 같은 상관적장면에만 쓰이고 단독적 장면에 쓰이는 일은 없다. (8)은 선택 의문문이고 (9)는 설명 의문문이다. '-재'는 선택 의문이나 의문사가 있는 설명 의문에는 쓰일 수 없다.[10] 그리고 '-재'는 자문에도 쓰이기 어렵다. (10)은 혼잣말로 은근히 청자의 대답을 기대하고 있는 문장으로 쓰였는데 비문이다. 그것은 자기가 알고 있는 것을 다시 자기에게 확인하는 것이 불가능하기 때문이다. 이로써 연변지역어의 '-재'는 종결어미 '-지'와 대응하는 것이 아닌 '-잖아'와 대응하는 어미라고 보는것이 적합하다. 연변지역어의 이러한 용법은 표준어의 용법과 일치하다. 표준어에서 확인 의문문은 '-지 않니'로 실현되기도 한다. 표준어에서 '-지 않니'로 실현된 의문문은 '-지'로 실현된 의문문보다 확

---

10 그러나 '니 머어 샀재?(너 뭘 샀잖아?)', '니 어디 가재?(너 어디 가잖아?)'와 같이
    '뭘'이 'what'의 뜻을 가진 의문사가 아니고 'some thing'의 뜻으로 쓰일 때나 '어디'
    가 'where'의 뜻을 가진 의문사가 아니고 'some where'의 뜻으로 쓰일 때에는 '-재'
    의 연결이 가능하다. 그것은 "네가 뭔가를 샀다", "네가 어디론가에 간다"고 확신
    하는데 과연 그러냐를 묻는 질문으로 'what', 'where'를 묻는 것이 아니다.

인의 의미가 더 강하여 화자가 거의 확신하고 물을 때 사용된다.

(11) ㄱ. 날씨 추으므 이따메 뚝 떼버리므 되재.(박‖ 날씨 추우면 이후
     에 뚝 떼어 버리면 되잖아.)

   ㄴ. 공기 덥어 가지구 그느제 가두 덥재.(박‖ 공기 더워 갖고 그
     늘에 가도 덥잖아.)

   ㄷ. 북경에 있으때 신뚱황(新東方)이 쎄기 그랬재. 상해두 신뚱황
     많은데 지금 다른 영어 학원들이 많재.(박‖ 북경에 있을 때 新
     東方학교가 많이 그랬잖아. 상해도 新東方 학교가 많은데 지금
     은 다른 영어 학원들이 많잖아.)

   ㄹ. 이기 너무 먼 거 아니재.(김‖ 여기 너무 먼 것 아니잖아.)

   ㅁ. 너네랑 또 좋은 치칸(期刊)에다 내재.(김‖ 너네랑 또 좋은 학
     술지에 다 내잖아.)

   ㅂ. 성격이가 가만이 있는 성격이 아니재.(김‖ 성격이 가만히 있
     는 성격이 아니잖아.)

   ㅅ. 사실 말해 조건이 별로재.(김‖ 솔직히 말해 조건이 별로잖아.)

   ㅇ. 우리 둘이 전번에 그 저기 우죠우챵(五角場) 백화랑 돌았댔
     재.(박‖ 우리 둘이 전번에 그 저기 五角場 백화점이랑 돌았었
     잖아.)

   ㅈ. 너네 로꿍(老公) 간 담에 내 왔댔재.(박‖ 너 남편이 간 다음에
     내 왔었잖아.)

   ㅊ. 작년에 필업해서 회사생활 일 년밖에 안 했재.(박‖ 작년에 졸
     업해서 회사 생활 일 년밖에 안 했잖아.)

301

ㅋ. 빈부차이가 너무 크게 나타나지 않재.(박‖빈부차이가 너무 크게 나타나지 않잖아.)

ㅌ. 일본뉴스는 진짜 데게 빨리 말하재.(김‖일본뉴스는 진짜 매우 빨리 말하잖아.)

ㅍ. 그램 이튿날에 다 마르재.(박‖그럼 이튿날에 다 마르잖아.)

ㅎ. 사인방 그거 땜에 어찌구 마지막에 죽구머 그랬재. (박‖사인방이 그것 때문에 어쩌고 마지막에 죽고 그랬잖아.)

ㄲ. 좀 탐탐하재.(박‖좀 갑갑하잖아.)

ㄸ. 제주도 같은 경우는 바다 거기재.(박‖제주도 같은 경우는 바다 거기잖아.)

ㅃ. 한번 아이 가기 시작하므 계속 아이 가재.(김‖한번 안 가기 시작하면 계속 안 가잖아.)

ㅆ. 뿌리 아이 깊은 같재.(김‖뿌리 깊지 않은 것 같잖아.)

(12) ㄱ. *나도 좀 극장에 데리고 가시재.(나도 좀 극장에 데리고 가시잖아.)

ㄴ. *나 먹을 것도 좀 낳겨 놓재.(나 먹을 것도 좀 남겨 놓잖아.)

ㄷ. *영화나 보러 갈거재.(영화나 보러 갈 것이잖아.)

(13) 가: 남아 있던 떡 니 먹었재?(남아 있던 떡 너 먹었잖아?)

나: *응, 내가 먹었재.(응, 내가 먹었잖아.)

가: 마당에 있던 병아리 봤니?

나: *응, 봤재.(응, 봤잖아.)

종결어미 '-재'는 이 지역어에서 평서문에도 쓰인다. 같은 종결어미가 의문문과 평서문에 두루 쓰이는데 이때 억양에 의해 두 문을 구별할 수 있다. 억양이 상승조이면 의문문이고 억양이 하강조이면 평서문이다.

(11)은 '-재'가 평서문에 쓰인 예들이다. 이때에도 화자가 미리 알고 있는 주관적 진술에 쓰인다. '-재'는 평서문에 쓰여 어떤 상황에 대해 말하는 사람이 상대방에게 확인시켜주는 의미를 나타낸다. 이때 화자는 이미 자기의 의지를 가지고 있으므로 비중립적인 태도를 지니고 있다. 즉 '-재'는 표준어의 '-잖아'라는 긍정의 의미를 강하게 나타내고 있다. (11ㄱ)은 화자가 '날씨가 추우면 떼어버리면 된다'는 자신의 생각을 청자에게 확인시켜주는 평서문이다. (11ㄴ)은 화자가 '공기가 더워서 그늘에 가도 덥다'는 사실을 청자가 공감하기를 바라며 청자에게 확인시켜주고 있다. (11ㄷ)~(11ㅆ)도 마찬가지로 해석된다. 그러나 (12)와 같이 이미 일어난 어떤 사건이나 상황이 화자가 원하는 방향으로 되지 않은 것에 대해 못마땅함을 표시하며 바람과 요구를 나타내는 문장에는 쓰일 수 없다. 또 (13)과 같이 물음에 대답하는 문장에도 '-재'가 쓰이지 않는다.

이와 같이 문장종결법과 의미 기능에 대한 고찰을 통하여 연변지역어의 '-재'는 가부 의문문과 대답이 아닌 평서문에만 쓰이며 화자가 말하고자 하는 정보에 대해 자기가 알고 있다는 전제 아래 청자에게 확인 받으려는 담화기능을 갖고 있음을 확인할 수 있다.

위에서 논의된 내용을 개괄하여 표로 보이면 다음과 같다.

〈표 2〉 형성과정 및 통사·의미 기능

	형성 과정	선행요소와의 결합	문장 종결법	의미
-재	-지 아니ㅎ- +-야)-재닝- +-야)-재잉- +-야)-쟁- +-야)-재야)-재	'이다'의 어간, 용언 어간 이나 어미 '-으시-', '-었-' 뒤에 붙음. 단 추측을 나 타내는 선어말어미 '-겠' 과 회상의 선어말 어미 '-더-'와는 통합이 제약됨.	평서문, 가부 의문 문	화자가 말하고자 하 는 정보에 대해 자기 가 알고 있다는 전제 아래 청자에게 확인 받으려는 담화기능 을 가짐.

4. 결 론

지금까지 필자는 연변지역어의 융합형 종결어미 '-재'의 형성과 정과 통사·의미론적 특징을 다루었다. 이를 다시 정리함으로써 결론 을 삼으려 한다. 이 글에서 다루어진 내용은 다음과 같이 요약될 수 있다.

1. 한국어의 장형부정 '-지 아니ㅎ-'는 '-재닝-', '-재잉-', '-쟁-'과 같 은 형태들로 융합된다. 즉 [-지+아니ㅎ→지+애닝→재닝-], [-지 + 아니ㅎ→지+애닝→재닝>-재잉-], [-지+아니ㅎ→지+애닝→ 재잉→쟁]과 같은 변화를 겪은 것이다. 단일화를 겪은 선어말 어미 '-쟁-'은 '-야', '-니'와 같은 어미와 결합하여 '-재야', '-재 니'로 되었다가 종결어미가 다시 절단되면서 종결어미 '-재'로 자리를 굳히게 된다.

2. 종결어미 '-재'는 선행요소와의 결합에서 '이다'의 어간, 용언
   어간이나 어미 '-으시-', '-었-'과 통합이 가능하나 추측의 선어
   말 어미 '-겠-', 회상의 선어말 어미 '-더-'와는 결합할 수 없다.
   또 문장종결법으로 평서문과 가부 의문문에만 쓰인다.

3. '해라체'에 쓰이는 '-재'는 표준어의 '-지'보다 확인의 의미가 강
   하며 표준어의 '-잖아'와 같은 확인의 의미를 나타낸다. 이는 '-
   재'가 가지고 있는 화자가 말하고자 하는 정보에 대해서 청자가
   알고 있다는 전제 아래 청자에게 확인을 요구하는 담화기능과
   관련된다.

▌이 논문은 『방언학』 제16호(2014년)에 게재되었던 것이다.

연변방언 연구

제5장

함경도 방언의 담화 표지
'응'과 '야'의 고찰

1. 서 론

이 글은 함경도 방언에 나타나는 담화 표지(discourse markers)[1] '응'
과 '야'에 대해 그 통사적 특성과 담화 기능을 밝히는 데 목적이 있다.
함경도 방언에는 여러 가지 담화 표지가 존재하지만 대상을 '응'과
'야'에 한정한 것은 이들 담화표지가 상대높임법과 일정한 관계를

---

[1] 담화표지는 일정한 발화의 명제 의미, 또는 진리 조건적 의미에는 아무런 영향을
미치지 않은 채 말하는 이의 믿음, 전제, 태도 등을 보여주는 모든 언어적 형태를
가리킨다(이한규, 1996). 담화표지는 군말, 입버릇, 주저어, 부가어, 담화 불변화
사, 간투사, 담화 대용 표지, 담화표지어, 화용표지 등의 용어로 불리어 왔으나 담
화에서 실현되는 환경을 중시하는 입장인 담화표지가 일반적으로 사용되고 있다
(전영옥, 2002).

맺을 것이고 담화 기능에 있어 공통점이 많을 것이라는 이유 때문이다.[2] '응'과 '야'는 이 방언에서 상대방의 말에 긍정적인 반응을 하는 형식인 감탄사 '응'과 '야'와 관련되어 있다. 그리고 감탄사 '응'과 '야'가 상대높임법의 등급을 고려한 반응임을 고려할 때, 이들이 상대높임법과 일정한 관계를 맺을 것이 기대된다. 또한 '응'과 '야'는 문중과 문미에 두루 쓰이고, 억양 면에서 항상 상승조로 나타나면서 어떤 사실을 확인하고 강조하려는 의도나 청자에 대한 친밀감과 같은 화자의 심리적 태도를 드러내는 담화장치라고 볼 수 있다.[3]

이와 같은 면에 관심을 가지고 담화표지 '응'과 '야'를 다루되, 기초자료는 함경남도 삼수 지역어 화자인 노인의 발화를 전사한 것을 사용한다.[4] 실제 담화 자료를 위주로 하고 그 외에 직관에 의해 만든 예문을 사용한다.[5] 실제 담화 자료는 아무런 출처 표시를 하지 않고, 만든 예문에 대해서만 '만든 예문'이라 표시를 한다. 전사는 음성형으로 되어 있으나 담화분석이 문법 차원에서 이루어 졌기에 예문에 대해서는 형태음소 표기를 하고 표준어로 대역하였다.

---

2 이 방언의 담화표지로 '응'과 '야' 외에 '예'도 있다(박경래 2005:60). '예'는 존대의 담화표지인바, 손아랫사람이 손윗사람에게 쓴다. 제보자와 조사자의 연령 특성상 제보자가 존대의 '예'를 쓰지 않아 자료에 나타나지 않았기에 논의에서 제외하였다.

3 이 방언의 '응', '야'는 그 분포상으로 오늘날 표준어의 구어에서, 특히 청소년층의 발화에서 보이는 '요'의 쓰임과 견주어 볼 만하다. 단 공손 표현으로 쓰일 때 문미의 '요'는 생략이 불가하나 문미의 '응', '야'는 생략이 가능하다. 이는 이 둘 사이에 담화 기능에서 차이가 있음을 나타낸다.

4 김춘자 선생님이 조사·녹음한 2시간 분량의 자료에 대해 필자가 전사를 하였다. 제보자에 관해서는 김춘자(2007)을 참조. 자료 사용을 흔연히 승낙하신 김춘자 선생님께 다시 한 번 감사를 드린다.

5 이 글은 방언 화자의 직관을 중요시하는 입장을 취한다.

기존의 한국어 담화 표지에 대한 연구는 개념과 특성 및 기능에 대한 일반적인 논의에서부터 개별 담화 표지에 대한 세부적인 분석에 이르기까지 그 연구가 상당히 활발하게 이루어져 왔다.[6] 그러나 상당수의 기존 연구들이 표준어의 그것에 국한되었고 방언 담화 표지를 대상으로 하여 이루어진 논의는 소략한 편이다.[7] 더욱이 함경도 방언의 담화 표지를 다룬 논의는 거의 이루어지지 않았다. 다만 박경래 (2005:60)에서 중국 정암촌 방언에 사용되는, 상대방의 질문에 반응하는 '응', '야'가 청자의 지위에 따라 화자가 군더더기 말로 첨가하는 간투사의 기능이 있다고 지적하였다. 그러나 박경래(2005:60)의 '응'과 '야'는 반드시 부정표현 앞에 나타나는 간투사로서[8] 이 글에서 논의하게 될 문중과 문미에 두루 쓰이는 담화표지와는 차이를 보인다.

---

6 담화 표지의 개념과 특성 및 기능에 대해서는 전영옥(2002) 참조. 한국어의 개별 담화 표지에 대한 연구로는 '거시기'(김영철, 2004), '그래'(신현숙, 1990, 이한규, 1996), '그러니까(근까), 그러나, 그렇지만'(신현숙, 1989, 이기갑, 1994), '글쎄'(이원표 1993, 이혜영, 1994, 김선희, 1994), '말이야'(임규홍, 1998), '말이다'(김향화, 2006), '무슨'(김명희, 2006), '뭐'(김선희, 1994, 이한규 1999, 구종남 2000), '뭐, 어디, 왜'(박석준, 2007), '뭐냐, 있지'(임규홍, 1995), '뭐랄까'(김선희, 1994), '뭐야'(이원표 2001), '아'(김영철, 2005), '아니'(이원표, 1993, 송병학, 1994, 김미숙, 1997), '어'(김영철, 2006), '-어 가지고'(임규홍, 1994), '어디'(구종남, 1999), '어디, 이거, 거, 저(기), 가만'(김선희, 1994), '와, 웨, 잉'(강희숙 2006), '왜'(김선희, 1994, 이한규, 1997, 김영란, 2000), '이'(이윤구, 1995, 이희두, 2007), '이제(인자)'(이원표, 1993, 이기갑 1995, 임규홍, 1996), '자'(임규홍, 2005), '정말'류(임규홍, 1998) 등이 있다.

7 방언의 담화표지를 다룬 논의는 이기갑(1995), 이윤구(1995), 김영철(2004), 강희숙(2006) 등이 있다.

8 ㄱ. 밥 먹었음두? →응, 아이 먹었으꾸마.
　　소 잘 큼두? →응, 소 잘 큰다.
　ㄴ. 밥 먹었소? →야, 밥 아이 먹었소.
　　여기서 거기 머오? →야, 여기서 머오.

이 글의 논의는 아래와 같이 이루어진다. 2장에서 담화표지 '응'과 '야'의 통사적 특성을 다룬다. '응'과 '야'는 상대높임법의 제약을 받음을 언급하고 나아가 '응'과 '야'의 등급 차이를 밝힌다. 3장에서는 담화표지 '응'과 '야'의 담화 기능을 다룬다. 조사된 자료와 만든 예문을 통해 '응'과 '야'가 '집중시켜 호응얻기', '친밀감 나타내기' 등의 담화 기능이 있음을 언급하고 이들 기능을 각각 본질적인 것과 부차적인 것으로 분류한다.

2. '응'과 '야'의 통사적 특성

일반적으로 담화 표지의 통사적 특성은 두 가지로 규정되는바 첫째, 담화표지는 통사적으로 문장의 다른 성분에 독립적이다. 곧 문장의 다른 성분과 문법적 관계를 갖지 않는다는 의미이다. 둘째, 담화표지는 통사적으로 문장의 수의적인 성분이다. 곧 담화표지가 생략되어도 명제의 의미에는 변화가 없음을 의미한다(Schiffrin 1987, Brinton 1996).

이 장에서는 함경도 방언의 담화표지 '응'과 '야'가 문중과 문미에서 실현될 때 위의 두 조건을 만족시키는가를 검토하고 아울러 '응'과 '야'의 통사적 특성을 밝히고자 한다.

2.1. '응'과 '야'의 실현 양상

'응'과 '야'가 문장에서 나타나는 양상을 문중인 경우와 문미인 경우로 나누어 기술한다.

우선 문중에 나타나는 경우를 보면 아래와 같다.

(1) ㄱ. 중국여자 체네읗 따라서 작년에 애기 낳는데읗 아이 그 어마너랑 허이너랑 다 있는데 이장 따라와 산다. (중국여자 처녀읗 따라 와서 작년에 애기 낳는데읗 아니 글쎄 그 엄마랑 형이랑 다 있는데 지금 따라와 산다.)

ㄱ'. 중국여자 체네 따라서 작년에 애기 낳는데 아이 그 어마너랑 허이너랑 다 있는데 이장 따라와 산다.

ㄴ. 벵신이 ……고뿌두읗 술을 먹는게읗 입으르 물어서 고뿌두 고뿌에 술으 입으르 물어 먹지. (병신이 ……컵도읗 술을 먹는것이읗 입으로 물어서 컵도 컵에 술을 입으로 물어 먹지.)

ㄴ'. 벵신이 ……고뿌두 술을 먹는게 입으르 물어서 고뿌두 고뿌에 술으 입으르 물어 먹지.

ㄷ. 중국여자 …… 애기르 선서나르 낳서읗, 그래 삼네.(중국여자 ……애기를 남자애를 낳아서읗 그렇게 사네.)

ㄷ'. 중국여자 …… 애기르 선서나르 낳서, 그래 삼네.

ㄹ. 이기 장백이느읗 거반다 이혼하구 살메, 제 새시방하구 제 엠네가 사는게읗 만채요. (여기 장백은 거반 이혼하고 살면서 자기 새신랑하고 자기 여자가 사는 것이읗 많지 않소.)

ㄹ'. 이기 장백이느 거반다 이혼하구 살메, 제 새시방하구 제 엠네
가 사는게 만채요.

ㅁ. *(할아버지에게 손녀가) 내옹 가서옹 놀겠습니다/어요. (만든
예문)

ㅁ'. 내 가서 놀겠습니다/어요.

(2) ㄱ. 벵신이 …… 발르야 이 발가락을르야 이렇게 하구 책으느야
책으느 입으르 먹는다. (병신이 …… 발로야, 이 발가락으로야,
이렇게 하고 책은야, 책은 입으로 먹는다.)

ㄱ'. 벵신이 …… 발르 이 발가락을르 이렇게 하구 책으느 책으느
입으르 먹는다.

ㄴ. 뉘 집에 가서야 뉘기 와두 이 문으 뒤디리므 우리가 열어 준단
말이오. (누구 집에 가서야 누가 와도 이 문을 두드리면 우리
가 가서 열어 준단 말이오.)

ㄴ'. 뉘 집에 가서 뉘기 와두 이 문으 뒤디리므 우리가 열어 준단 말
이오.

ㄷ. 이재 전화 오는게야 빠류류빠치(八六六八七) 그거 함매. (이제
전화 오는 것이야 팔육육팔칠 그것을 함매.)

ㄷ'. 이재 전화 오는게 빠류류빠치 그거 함매.

ㄹ. 요모태야 남자아야 다리 한 짝으 지내 못 쓰구 이거 집구 이렇
게 하구…… 작년에 따라서 애기 낳소. (이 부근에야 남자아야,
다리 한 쪽을 전혀 못 쓰고 이걸 집고 이렇게 하고……작년에
따라 와서 애기 낳소.)

ㄹ'. 요모태 남자아 다리 한 짝으 지내 못 쓰구 이거 집구 이렇게 하
구 …… 작년에 따라서 애기 낳소.

ㅁ. *(할아버지에게 손녀가) 내야 가서야 놀겠습니다/어요. (만든
예문)

ㅁ'. 내 가서 놀겠습니다/어요.

위의 (1ㄱ~ㄹ)은 담화표지 '응'이 문중에 쓰인 경우이고 (2ㄱ~ㄹ)은
담화표지 '야'가 문중에 쓰인 경우이다. 이 예들을 보면 담화표지 뒤
에 조사가 후행하지 않는다. 이는 담화표지가 문장의 다른 성분과 문
법적 관계를 갖지 않는 것처럼 보인다. 그런데 (1ㅁ)과 (2ㅁ)은 '응',
'야'가 문장에 쓰여 비문이 되었는바, 바로 '응'과 '야'가 종결어미와[9]
의 대응에서 부적합하였기 때문이다. (1ㄱ~ㄹ), (2ㄱ~ㄹ)에서 '응'과
'야'는 다양한 종결어미와 호응하고 있다. (1ㄱ), (2ㄱ)은 '응'과 '야'
가 '해라체' 종결어미와 어울린 경우이고, (1ㄴ)은 '응'이 '해체' 종결
어미와 어울린 경우이며 (1ㄷ)은 '응'이 '하게체' 종결어미와 어울린
경우이고 (1ㄹ), (2ㄷ~ㄹ)은 '응'과 '야'가 '하오체' 종결어미와 어울린
경우이다. 또 (1ㅁ), (2ㅁ)은 '응'과 '야'가 '해요체', '합쇼체' 종결어미
와 어울릴 수 없음을 나타낸다. 즉 '응'과 '야'는 '해라체', '해체', '하
게체', '하오체' 종결어미들과 호응하고 '해요체', '합쇼체' 종결어미
들과는 호응할 수 없다. 따라서 담화표지 '응'과 '야'는 문장성분들과
일정한 관계를 맺고 있음을 알 수 있다. (1ㄱ'~ㄹ')은 '응'이 생략된 경

---

9 함경도의 종결어미에 대해서는 곽충구(1998:1011-1018), 최명옥(2002:141) 참조
할 수 있다.

우이며 (2ㄱ'~ㄹ')은 '야'가 생략된 경우이다. '응'과 '야'가 생략되어도 문장의 명제 의미에 변함이 없다. 이로부터 담화표지 '응'과 '야'는 문장의 수의적인 성분임을 알 수 있다.

다음 '응'과 '야'가 문미에 나타나는 양상을 보면 아래와 같다.

(3) ㄱ. 남자느 한족이다응. 여자느 조선사램인데 (여자는 조선사람인데 남자는 한족이다응.)

ㄱ'. 남자느 한족이다. 여자느 조선사램인데

ㄴ. 죄 많다는 게지비응. (죄 많다는 것이지응.)

ㄴ'. 죄 많다는 게지비.

ㄷ. 조선여자요응. 조선옷으 입은거(조선옷을 입은 것을 보면 조선여자요응.)

ㄷ'. 조선여자요 조선옷으 입은거

ㄹ. *(할아버지에게 손녀가)내 가서 놀겠습니다/어요응. (만든 예문)

ㄹ'. 내 가서 놀겠습니다/어요.

(4) ㄱ. 삼대르 이거 그거 이렇게 쥔다야. 여기다 대구(삼대를 이거 그거 이렇게 쥔다야. 여기다 대고)

ㄱ'. 삼대르 이거 그거 이렇게 쥔다. 여기다 대구

ㄴ. 남자야 우는거 ……기차에 우지비야. 못살게 하니까 (남자야 우는거 ……못살게 하니까 기가 차게 울지야.)

ㄴ'. 남자야 우는거 ……기차에 우지비. 못살게 하니까

ㄷ. 이게 관절이요야. (이것이 관절이요야)

ㄷ'. 이게 관절이요.

ㄹ. 저낙 먹구 위강창(魚缸場) 가기오야. (저녁 먹고 어항 공장에 가기오야.)

ㄹ'. 저낙 먹구 위강창 가기오.

ㅁ. *(할아버지에게 손녀가)내 가서 놀겠습니다/어요야. (만든 예문)

ㅁ'. 내 가서 놀겠습니다/어요.

위의 (3ㄱ~ㄷ)은 담화표지 '응'이 문미에 쓰인 경우이고 (4ㄱ~ㄷ)은 담화표지 '야'가 문미에 쓰인 경우이다. 이 예들은 '응'과 '야'가 문미에 쓰여 문장의 어느 성분과도 관계를 맺지 않는 듯이 보인다. 그러나 (3ㄹ)과 (4ㅁ)은 '응'과 '야'가 문미에 쓰여 '해요체'와 '합쇼체' 종결어미와 어울릴 때 비문이 됨을 보여주어 종결어미와 일정한 관계를 맺음을 나타낸다. (3ㄱ), (4ㄱ)은 '응'과 '야'가 '해라체' 종결어미와 어울린 경우이고 (3ㄴ), (4ㄴ)은 '해체' 종결어미와 어울린 경우이며 (3ㄷ), (4ㄷ~ㄹ)은 '하오체' 종결어미와 어울린 경우이다. '응'과 '야'는 모두 '해라체', '해체', '하오체' 종결어미들과 호응하고 '해요체', '합쇼체' 종결어미들과는 호응할 수 없다. 따라서 문미의 '응'과 '야'도 문장에 독립적으로 쓰이는 것이 아님을 알 수 있다. (3ㄱ'~ㄷ')은 '응'이 생략된 경우이고 (4ㄱ'~ㄹ')은 '야'가 생략된 경우인데 '응'과 '야'가 생략되어도 문장의 명제 의미에는 변함이 없다. 이는 문미의 '응'과 '야'도 문장의 수의적인 성분임을 나타낸다.

이로부터 함경도 방언의 담화 표지 '응'과 '야'는 문중과 문미에 올 때 생략이 가능하며, 또 손윗사람이 손아랫사람에게 쓸 때 사용되어 상대높임법과 일정한 관계를 맺고 있음을 확인하였다.

2.2. '응'과 '야'의 등급

앞의 논의에서는, '응'과 '야'는 손윗사람이 손아랫사람에게 쓸 때 사용되는 담화표지로 손아랫사람이 손윗사람에게 사용할 때는 비문이 됨을 보여주었다. 손윗사람이 손아랫사람에게 쓸 수 있는 담화표지 '응'과 '야'는 '해라체', '해체', '하게체', '하오체'에 두루 쓰여 분석의 기초자료만을 통해서는 그 구별을 알 수 없다. 또한 '응'과 '야'는 한 문장에 함께 나타나 그 구별을 더욱 어렵게 한다.

(5) ㄱ. 원디르 …… 많이 사서리응 벗겨서리응 써료때(塑料袋)다가야 여서 땐삥쌍(電冰霜)에 넣었다가 동삼에 꺼내서 밥에 나먹소. (원두를 …… 많이 사응, 벗겨응 비닐봉지에다가야 넣어 냉장고에 넣었다가 겨울에 꺼내 밥에 놓아 먹소.)

ㄴ. 이장 이사레르 가니까 여기 이장 여름이랑야 딸이 있을 때느 딸집으응 놀러 가므 …… 어저는 갈 데 없소. (이제 이사를 가니까 여기 이제 여름이랑야 딸이 있을 때는 딸집을응 놀러 가면…… 이제는 갈 데 없소.)

(5)는 '하오체' 종결어미로 된 문장에 담화표지 '응'과 '야'가 함께 나타난 예이다. 만약 '응'과 '야'가 동일한 것이라면 굳이 형태를 달리 할 이유가 없다. 그런데 '응'과 '야'는 아래의 예문들에서 등급의

차이를 보인다.

(6)　ㄱ. 의원으 거기서 배우라 해라웅 여기 와 뭘 하개? (의사를 거기
　　　　서 보여라 해라웅 여기 와서 뭘 하겠니?)

　　ㄱ'. ? 의원으 거기서 배우라 하오웅 여기 와 뭘 하겠소? (만든 예문)

　　ㄴ. 그거 말리므 곶감이 옳지웅. (그거 말리면 곶감이 옳지웅.)

　　ㄴ'. ? 그거 말리므 곶감이 옳네웅. (만든 예문)

(6ㄱ~ㄴ)은 담화표지 '응'이 '해라체', '해체' 종결어미에 쓰인 예들
이다. 즉 '응'은 '해라체' 종결어미 '-어라'와 '해체' 종결어미 '-지'와
호응한다. (6ㄱ'~ㄴ')이 부적합하게 느껴지는 원인은 바로 '응'이 '하
오체'와 '하게체' 종결어미와 호응했기 때문이다. 따라서 '응'은 '하
오체', '하게체' 종결어미보다는 '해라체', '해체' 종결어미와 더욱 자
연스럽게 어울린다는 것을 알 수 있다.

(7)　ㄱ. 남자야 …… 기차게 우지비야 못살게 하니까. (남자야 …… 몹
　　　　시 울지야, 못 살게 하니까.)

　　ㄱ'. ? 남자야 …… 기차게 운다야 못살게 하니까 (만든 예문)

　　ㄴ. 단지야 동그란게 어떤 단지느 곱운게 있잖구 뭐요야. (단지야
　　　　동그란 것이 어떤 단지는 고운게 있잖고 무엇이요야)

　　ㄴ'. ? 단지야 동그란게 어떤 단지느 곱운게 있잖구 뭐니야. (만든
　　　　예문)

　　ㄷ. 오늘 저기 광차이(廣場) 있소야. (오늘 저기 볼거리 있소야.)

ㄷ'. ? 오늘 저기 광차이 있어요야. (만든 예문)

(7ㄱ~ㄷ)은 담화표지 '야'가 '해체', '하오체' 종결어미들에 쓰인 예들이다. 즉 '야'는 (7ㄱ)에서 '해체' 종결어미 '-지비'와 어울리고 (7ㄴ)에서 '하오체' 종결어미 '-요'와 어울리며 (7ㄷ)에서는 '하오체' 종결어미 '-소'와 호응한다. (7ㄱ'~ㄷ')은 담화표지 '야'가 '하오체' 종결어미 외의 다른 종결어미들과 쓰인 예들로 그 쓰임이 어색하다. (7ㄱ')은 '야'가 '해라체' 종결어미 '-다'와 어울린 것이고 (7ㄴ')은 '야'가 '해라체' 종결어미 '-니'와 연결한 것이며 (7ㄷ')은 '야'가 '해요체' 종결어미 '-어요'와 호응한 것이다. 따라서 담화표지 '야'는 '해라체', '해요체', '합쇼체' 종결어미들과 호응하지 않고 '해체', '하오체' 종결어미와만 호응하여 쓰인다는 것을 알 수 있다.[10] 단 '해체' 종결어미 '지'는 '응'과 '야'와 모두 호응하였다.[11]

이로부터 '응'은 '해라체' 종결어미들과 어울리고 '야'는 '하오체' 종결어미들과 어울린다고 결론지을 수 있다. 따라서 함경도 방언의 담화표지 '응'은 '해라체 담화표지'이고 '야'는 '하오체 담화표지'라 할 만하다.

이렇듯 '응'과 '야'는 등급의 차이를 갖고 있는바 그 원인을 이 두

---

10 함경남도 방언의 상대경어법은 일반적으로 '해라체', '하오체', '합쇼체' 등 3개 등급으로 나눌 수 있을 듯하나 '해체', '하게체', '해요'체 종결어미도 쓰이고 있었다. 자료에서 '하게체' 종결어미는 '-네' 하나밖에 나타나지 않아 일반화하기 어렵지만 '야'와 호응하는 것으로 보면 큰 무리가 없을 것이다.
11 이 방언에서 '해체'의 종결어미로 '지', '지비'가 쓰이며 '아/어, -야'와 같은 종결어미는 잘 쓰이지 않는다.

단어의 어휘 의미에서 찾고자 한다. Brinton(1996)은 담화표지의 의미적 발달이 문법화의 결과임을 말한다. 이정애(2002:33)은 담화표지가 그 표지가 지닌 구상적인 어휘의 의미를 기저로 하여 점차 추상적이고 다양한 화용적 의미가 강화된 것으로 보았다. 원래의 명제적인 의미를 지닌 어휘가 탈색되면서 다른 기능으로 전이되어 사용된 것이라고 한다. 즉 담화표지는 기원적으로 그 성분의 의미 기능을 전제하며 어휘적 의미가 담화기능으로 변화, 확대한 것이라는 것이다.[12] '응'과 '야'는 이 방언에서 감탄사로 쓰인다. 상대방의 질문에 대한 반응이나 상대방의 질문에 긍정적으로 대답하는 형식으로 감탄사 '응'과 '야'를 사용하며, '응'은 손아랫사람의 물음에 손윗사람이 수긍할 때 혹은 어린 동년배사이에 반응할 때 쓰이고 '야'는 어른이 된 동년배사이에 서로 수긍할 때 혹은 어른이 된 손아랫사람에게 손윗사람이 대우하여 반응할 때 쓴다. 이 방언의 감탄사 '응'과 '야'의 쓰임을 예로 보이면 아래와 같다.

(8) ㄱ. (어린 친구사이) 영수: 영호야. 지금 가자. (만든 예문)

　　　　　　　　영호: 응.

　　ㄴ. 어린 아들: 많이 드시우다. (만든 예문)

　　　　　아버지: 응.

---

12 전영옥(2002)는 담화표지는 다양한 언어 형식이 구어 담화에서 획득하는 기능을 중요시한 개념이라 하여 그 언어형식을 제시하였다. 그 언어형식은 감탄사, 부사, 동사, 형용사, 관형사 등의 품사와 동사구나 문장이 포함된다.

(9)　ㄱ. (어른이 된 친구사이) 철수: 철호, 조심해 가오. (만든 예문)

　　　　　　　　　　　　철호: 야.

　　　ㄴ. 어른이 된 아들: 장마당 나감메? (만든 예문)

　　　　아버지: 야.

　　(8)~(9)는 '응'과 '야'가 감탄사로 쓰인 예들이다. (8ㄱ)은 어린 동년
배사이의 대화로 감탄사 '응'이 사용되고 (8ㄴ)은 아버지가 어린 아
들에게 '응'을 사용하여 반응을 하고 있다. (9ㄱ)은 어른이 된 동년배
사이의 대화로 '야'가 사용되고 (9ㄴ)은 어른이 된 아들에게 아버지
가 '야'를 써서 대우해주면서 수긍을 나타낸다. (8ㄴ), (9ㄴ)의 감탄사
'응'과 '야'는 손윗사람이 손아랫사람에게 모두 사용할 수 있지만 손
아랫사람을 대우하느냐 대우하지 않느냐에 따라 차이를 보인다. 이
로써 담화표지 '응', '야'는 이 방언의 감탄사 '응', '야'에서 전이되어
쓰인다고 결론지을 수 있다.[13]

　　이 자료에서 '응'과 '야'가 담화표지로 쓰일 때 등급의 차이가 뚜렷
하지 않는 것은 조사자와 제보자의 관계가 친숙하기 때문이다. 손아
랫사람이 어른일지라도 허물없는 친숙한 사이일 때는 손윗사람이
손아랫사람에게 '응'을 쓰는 것이 일반적이다. 즉 손윗사람이 손아
랫사람을 대우해야 할 경우임에도 '응'이 쓰인 것은 두 사람의 친숙
한 관계에서 연유된다.[14]

---

13 감탄사 '응', '야'가 문중과 문미 중 어느 위치에서 먼저 문법화 되었는가에 대해서
　　는 판단하기가 쉽지 않다. 빈도상으로 문중에서의 쓰임이 문미의 쓰임보다 훨씬
　　우세한 점을 보아 문중에서 먼저 발생하였다고 잠정적인 결론을 내린다.
14 조사 자료에서도 제보자와 조사자가 친숙한 사이라는 것을 엿볼 수 있다.

3. '응'과 '야'의 담화 기능

담화기능의 분석에 앞서 한국어 담화표지의 일반적 기능을 서술할 필요가 있다. 함경도 방언도 한국어의 일부분으로 일반 담화표지의 기능이 본 연구의 기술과 관련하여 제시하는 바가 크기 때문이다. 담화표지의 기능에 대해 전영옥(2002:139)은 세 가지 범주별로 나누어 각 범주별로 구체적인 기능과 함께 담화 표지의 유형을 제시하였다. 각 범주별로 제시된 구체적인 기능을 보이면 아래와 같다.

(10) ㄱ. 화제의 화제 결속: 화제 시작, 화제 진전, 화제 전환, 화제 연결,
화제 마무리

ㄴ. 화자와 화제 결속: 시간 벌기 얼버무리며 넘어가기, 주장 약화
하기. 주장 강조하기, 디딤말 기능, 수정하기, 부정적인 태도
표현하기

ㄷ. 화자와 청자의 결속[15]: 주의 집중(관심 끌기), 대화 진행 조정
하기, 발언권 가져오기, 정중하게 말하기. 호응하기.

앞에서 서술했다시피 담화표지는 원래의 어휘 의미에서 확장된 담화기능을 수행한다. '응'과 '야'의 기능을 담화 기능이라 함은 이것

---

15 '화자와 청자의 결속'은 화자와 청자의 상호작용을 원활히 하기 위한 기능들로 이
루어 졌는데 발언권을 얻기 위해 사용하는 '아니, 근데'와 같은 부사, 상대방의 발
화를 적극적으로 받아들이면서 상대방의 발화를 촉진시키는 반응 발화의 기능을
하는 '응, 예, 음' 등과 같은 감탄사, 정중하게 말하기 위해 사용하는 '저, 저기, 있잖
아요' 등과 같은 표현들이 여기에 속한다.

이 담화상황과 관련된 정보를 전달한다는 것에서 연유한다. 문장 안의 어떤 정보로부터도 알 수 없는 것을 알 수 있다면 그것은 담화와 관련된 정보일 가능성이 높다. '응'과 '야'를 통하여 어떤 것을 알아낼 수 있는가를 살펴보면 우선 '응'과 '야'가 문장에 쓰인 분지점을 통하여 화자에 의한 전달 정보 가운데 특히 화자는 무엇에 관심을 가지는가를 알아낼 수 있다.

3.1. 호응얻기

담화표지 '응'과 '야'는 청자의 응답을 요구하는 '호응얻기'의 담화기능을 갖고 있다.

(11) ㄱ. 제보자:　사램이 거기 많이 오니까 그 칸으 가제 갔는 모얘라구웅 (사람이 거기 많이 오니깐 그 칸으로 가져 갔는 모양이다웅)

　　　　　　내 말 알아들어? (내 말 알아들어?)

　　　조사자:　예

　　ㄴ. 제보자:　꽃이 펬다 아이 왔소, 꽃이 펬다 말이웅 (꽃이 폈다가 안 왔소. 꽃이 폈단 말이다웅.)

　　　조사자:　응.

　　ㄷ. 제보자:　여 고무동이란데야 옛날에야 …… 둘이 남자느 한족이다웅 (여기 고무동이라는 곳이야, 옛날에야 …… 둘이 남자는 한족이다웅.)

조사자: 으, 으.

(11)은 담화표지 '응'이 서술문의 문미에 쓰인 경우로 화자(제보자)의 말에 청자(조사자)가 모두 반응을 하고 있다. 이로써 화자가 '응'을 사용하여 청자의 호응을 기다리고 있다는 것을 알 수 있다. (11ㄱ)에서 화자의 '그 칸으로 가져 갔는 모양이다응'에 대해 청자가 아무런 반응을 보이지 않자 화자는 '내 말 알아들어?'로 재차 질문하여 호응을 유도하고 있다. '응'이 문미에 쓰이면 반응을 얻어 호응얻기의 담화기능이 완성되어야 하는데 그 담화기능이 실패하자 화자는 질문법으로 청자의 호응을 다시 요구한 것이다. '응'이 문미에서 청자의 호응을 얻는 담화기능을 하기 때문에 억양은 종결어미에서는 하강조이고 '응'에서는 상승조이다.

(12) ㄱ. 제보자: 부모느 그러므 죽어사라 하개? (부모는 그러면 죽어라 하겠니?)

　　　　　조사자: ……

　　　　　제보자: 아이 그러지야. (안 그렇지야.)

　　　　　조사자: 그래.

　　ㄴ. 제보자: 오날 좀 날이 좋음 저낙 먹구 위강창(魚缸場) 가기오야.(오늘 좀 날이 좋으면 저녁을 먹고 어항 공장 가기오야.)

　　　　　조사자: 예.

　　ㄷ. 제보자: 이 집에서 동의 아이 한단 말으 하지 마우야. (이 집

에서 동의하지 않는다는 말을 하지 마오야.)

    조사자: 응.

(12)은 담화표지 '야'가 각각 서술문, 청유문, 명령문의 문미에 쓰인 경우로 화자의 말에 청자가 모두 호응을 하고 있다. (12ㄱ)에서, 화자의 '부모는 그럼 죽어라 하겠니?'라는 질문에 청자가 반응을 보이지 않자 '안 그렇지야'의 '야'라는 '호응얻기' 담화장치를 사용하여 청자의 호응을 요구하고 있다. 따라서 발화에 대하여 '야'가 '호응얻기'의 담화 기능을 함을 알 수 있다. 여기서도 그 억양은 담화표지 '응'이 쓰인 예문들과 마찬가지로 종결어미에서는 하강조이고 '야'에서는 상승조이다.

3.2. 주의 집중

담화표지 '응'과 '야'는 화자가 청자에게 자신의 말에 주의를 집중해 달라고 요청하는 담화기능을 갖고 있다.

(13) ㄱ. 중국 여자 체네응 따라서 작년에 애기 낳소 애기 낳는데응 …… (중국 여자 처녀응 따라와서 작년에 애기 낳소, 애기 낳는데응……)

     ㄴ. 큰 강이 붙었던게응 큰 강이 붙었던게 동삼에 이렇게 하므 큰 강이 좀 꺼진다. (큰 강이 붙었던 것이응 큰 강이 붙었던 것이 겨울에 이렇게 하면 큰 강이 좀 꺼진다.)

ㄷ. 우리 애비응 그래니까 그러더란 마리. (우리 아들이응 그러니까 그러더란 말이다.)

ㄹ. 별거 놀아두응 별거 춤치구 노래해두 …… (별것 놀아도응 별것 춤추고 노래해도……)

(14) ㄱ. 내야 그때 감기르 만나 앓으까야 아 에미 사다줍데. (내야 그때 감기를 만나 앓으니까야 아 엄마 사다줍데.)

ㄴ. 누기 옴메야 점슴 지나간 담에. (누가 옴메야, 점심 지나간 다음에.)

ㄷ. 눈물이<u>야</u> 많이 흐르므<u>야</u> 눈물이 많소. (눈물이야 많이 흐르면야 눈물이 많소.)

ㄹ. 가<u>야</u> 하브차 집에서 때르 아이 함메. (그 아야 혼자 집에서 밥을 안 함메.)

(13)은 '응'이 평서문의 문중에 쓰인 예들로 화자가 청자에게 선행한 정보에 관해 주의를 집중시키면서 후행 정보에 귀를 기울이게 하는 방법으로 담화표지의 기능을 수행하고 있다. (14)는 '야'가 평서문의 문중에 쓰인 예들로 선행정보에 관한 주의력을 환기시키는 동시에 후행 정보 및 발화에 대하여 주의를 집중시키고 있다.

문중과 문미에 쓰인 담화표지에 대한 검토를 통하여 '응', '야'가 문미에 있을 때 '호응얻기' 담화기능을 수행하고 문중에 있을 때 '주의 집중' 담화기능을 수행함을 확인하였다. 그러나 '응'과 '야'의 '호응얻기'와 '주의 집중' 담화기능은 불가분의 관계에 있다. 다시 말하여 '응'과 '야'는 문중에 있든 문미에 있든 '주의 집중'과 '호응얻기' 담화기능을 두루 갖는다. 단지 위치에 따라 담화기능의 정도에 약간의 차이가 있을 따름이다. 문중의 '응'과 '야'도 '호응얻기'의 담화기능이 작용하지만 대화가 하나로 이어지기 때문에 청자가 사이에 끼어들 수 없어 청자의 반응이 나타나지 않은 것뿐이다.

(15) ㄱ. 제보자: 이기 장백이느응 거반다 이혼하구 살메 제 새시방 하구 제 엠네가 사는게응 만채요…… (여기 장백은 거반 이혼하고 살면서 자기 신랑하고 자기 여자가 사는 것이응 많지 않소.……)

　　　조사자: ……

　 ㄱ'. 제보자: 이기 장백이느응

　　　조사자: 예.

　　　……

　　　제보자: 제 새시방하고 제 엠네가 사는게응

　　　조사자: 예.

　　　……

(16) ㄱ. 제보자: 근데야 남자들이야 팔이 없구야 다리 없는 것두야 과연 곱게 생겼단말이야 ……(그런데야, 남자들이야 팔이 없고야 다리 없는 것도야 과연 곱게 생겼단 말이야……)

　　　조사자: ……

ㄱ' 제보자: 근데<u>야</u>

조사자: 예.

제보자: 남자들이<u>야</u>

조사자: 예.

제보자: 팔이 없구<u>야</u>

조사자: 예.

제보자: 다리 없는 것두<u>야</u>

조사자: 예.

......

위의 (15ㄱ)~(16ㄱ)은 담화표지 '응'과 '야'가 문중에 쓰인 경우인데 이를 화자가 각각 (16ㄱ')~(16ㄴ')처럼 휴지를 두고 발화할 수 있다. 이때 청자는 그에 호응을 해야 한다.

위의 예로부터 '주의 집중'과 '호응얻기'라는 담화기능은 '집중시켜 호응얻기' 하나로 묶일 수 있으며 평서문, 청유문, 명령문에 쓰여 그 앞에 오는 요소에 초점을 준다는 것을 알 수 있다. 이런 담화표지를 통하여 청자에게 담화내용에 대하여 좀 더 관심을 갖게 함으로써 자신이 원하는 발화 의도를 정확하게 전달할 수 있으며 이를 통하여 원활한 의사소통을 꾀할 수 있다. 따라서 '응'과 '야'는 '집중시켜 호응얻기'라는 담화기능을 가짐을 알 수 있다.

3.3. 친밀감 나타내기

담화표지는 표현적 기능으로서 화자, 청자의 대인적 관계에서 화자의 태도를 주관적으로 표현하거나 화자와 청자 사이에서 친밀감을 얻기 위해 사용한다. 다시 말해 청자와 화자 간의 친밀감이나 지식 또는 감정의 공유, 상대의 이해나 확증의 표현 등의 대인적 효과를 갖는다(이정애 2002:86). '응'과 '야'의 쓰임은 담화 상황 속에서 화자와 함께 이야기를 주고받는 청자에 대하여 화자가 심리적으로 가깝게 느끼고 있음을 나타낸다. 심리적으로 가깝게 느끼지 않는다면 화자는 청자의 반응을 기대하는 '응'이나 '야'를 사용하지 않을 것이다.

(17) 벌이 가슬에 낼 때느 우리 아바이야 벌이 자래왔단말이 그런데 가슬이 낼 때느 한 통 그거 오원 주구야 그때 돈으 오원 주구 사온게 …… 종지르 한통 내놓슴에야 그담에 …… 담바 담바때르 불으 크게 만글어서야 불으 부체서야 그래가지구 돌아가메 흙으 뜯슴메. (벌을 가을에 낼 때는 우리 아바이야 벌을 자리웠단 말이오. 그런데 가을에 낼 때는 한 통 그것을 오원 주고야 그때 돈을 오원 주고 사온 것을 …… 종지를 한 통 내놓소야 그 다음에…… 담배 담배대를 불을 크게 만들어서야 불을 붙여야 그렇게 가지고 돌아가면서 흙을 뜯슴메.)

(17)은 자료에서 나타는 예문으로 화자는 담화표지 '야'를 사용하여 청자에게 친밀감을 나타내고 있다.

(18) ㄱ. 내응 여기웅 썩살이 백혔는데웅 좀웅 봐주겠니? (내응 여기응
군은 살이 생겼는데웅 좀웅 봐주겠니?) (만든 예문)

ㄱ'. 내 여기 썩살이 백혔는데 좀 봐주겠니?

(19) ㄱ. 내야 오금이 아파 그러는데야 여기서야 좀야 쉬구 가므 아이
되겠소? (내야 오금이 아파 그러는데야 여기서야 좀야 쉬고
가면 안 되겠소?) (만든 예문)

ㄱ'. 내 오금이 아파 그러는데 여기서 좀 쉬구 가므 아이 되겠소?

(18ㄱ), (19ㄱ)은 화자가 각각 '응'과 '야'를 사용하여 청자에게 친밀감을 나타내면서 청자의 동의를 요구하고 있다. (18ㄱ)은 문장에 '응'을 사용하여 청자가 화자에게 어리광을 부리는 인상을 준다. 즉 화자가 청자를 가깝게 느끼고 있다는 것을 암시하는데 이런 상황에서 청자는 화자의 요구를 거절하기 어렵게 된다. (19ㄱ)은 자기의 딱한 사정을 담화표지 '야'를 사용하여 그 정도성을 높이고 청자에게 자신은 청자를 편안하게 느낀다는 것을 말해준다. 그에 비해 (18ㄱ')과 (19ㄱ')은 담화표지를 사용하지 않아 담화표지가 쓰인 전자에 비해 동정심 유발 정도가 약하고 경직된 느낌이 있다.

(20) ㄱ. 영희야, 조용히 해라. (만든 예문)

ㄱ'. 영희야, 조용히응 해라응.

(21) ㄱ. 선희동무, 내일 당번(當番)이니깐 일찍 오오. (만든 예문)

ㄱ'. 선희동무, 내일야 당번이니깐야 일찍 오오야.

또 (20~21)과 같은 명령문에서 (20ㄱ, ㄴ)이 그 명령의 정도성이 강하다. 반면 (20ㄱ'~21ㄱ')은 명령의 정도성이 약하여 구슬려 타이르는 느낌이 있다. 여기에서도 문장에 '응'과 '야'를 사용함으로써 화자가 청자에 대한 친밀감을 높이고 있음을 알 수 있다.

이로써 '응'과 '야'에 나타난 담화기능을 살펴보았다. '응'과 '야'에 나타난 담화 기능은 그 앞에 오는 요소에 초점을 주기 위한 '집중시켜 호응얻기'의 담화 기능I과 화자가 청자에 대하여 심리적인 거리감을 해소하고 '친밀감 나타내'기라는 담화 기능II로 나눌 수 있다. 전자는 '응', '야'의 통사적 특징이 담화기능에 반영되었다는 점에서 부차적이고 후자는 '응', '야'가 문장에 실현되어 갖는 새로운 담화 기능이라는 데서 본질적이다.

> (22) '응'과 '야'의 담화 기능
> 담화기능I: 집중시켜 호응얻기 (부차적 기능)
> 담화기능II: 친밀감 나타내기 (본질적 기능)

4. 결 론

연구 결과 함경도 방언의 담화표지 '응'과 '야'는 문중과 문미에 두루 쓰이며 일정한 통사적 특성과 담화 기능을 갖는다는 사실을 확인하였다. 지금까지 논의된 결과를 요약하여 결론을 대체한다.

통사적으로 담화표지 '응'과 '야'는 문장의 수의적인 성분이나 문장에 나타날 때는 상대높임법과 일정한 관계를 맺고 있다. 즉 '응'은 '해라체' 종결어미와 어울리고 '야'는 '하오체' 종결어미와 호응한다. 그리하여 '응'은 '해라체 담화표지'로, '야'는 '하오체 담화표지'로 보았다. 또한 '응'과 '야'의 이러한 등급 차이는 담화표지 '응'과 '야'가 이 방언의 감탄사 '응'과 '야'의 어휘의미에서 전이한 문법화 현상으로 간주하였다.

담화 기능에서 '응'과 '야'는 그 앞에 오는 요소에 초점을 주기 위한 '집중시켜 호응얻기'의 담화 기능I과 화자가 청자에 대하여 심리적인 거리감을 해소하고 '친밀감 나타내기'라는 담화 기능II로 나눌 수 있다. 전자는 '응', '야'의 통사적 특징이 담화기능에 반영되었다는 점에서 부차적이고 후자는 '응', '야'가 문장에 실현되어 갖는 새로운 담화 기능이라는 데서 본질적이다.

위에서 앞의 논의를 정리해 보았다. 이 논의가 함경도 방언의 담화 표지 '응'과 '야'의 본질을 밝히는데 작은 도움이 되리라고 믿는다. 더 많고 다양한 담화 자료가 채록·전사될 때 보다 나은 논의가 이루어지리라 생각하며 후고를 기약한다.

❙ 이 논문은 『방언학』 제8호(2008년)에 게재되었던 것이다.

참고문헌

강상호(1989), 『조선어 입말체 연구』, 평양: 사회과학출판사.
강신항(1967), 「현대국어의 가족명칭에 대하여」, 『대동문화연구』 4, 성균관대, pp.75
　　-117.
강희숙(2006), 「소설 태백산맥의 화용론-담화 표지 '와, 웨, 잉'을 중심으로」, 『한국언어
　　문학』 57, 한국언어문학회, pp.5-31.
고영근(1969), 「주격조사의 한 종류에 대하여」, 『이숭녕박사송수기념논총』, pp.17-30.
고홍희(2011), 『연변지역어 조선어 의문법 연구』, 료녕민족출판사.
곽충구(1993), 「함경도방언의 친족명칭과 그 지리적 분화-존속의 조부모, 부모, 백숙부
　　모의 호칭을 중심으로」, 『진단학보』 76, pp.209-239.
곽충구(1994), 『咸北 六鎭方言의 音韻論』, 國語學叢書 20, 太學社.
곽충구(1997), 「연변지역의 함북 길주 명천 방언에 대한 조사 연구-음운 어휘 문법 조사
　　자료」, 『애산학보』 20, pp.179-274.
곽충구(1998a), 「동북·서북방언」, 『문법연구와 자료』(이익섭 선생 회갑 기념 논총), 태
　　학사, pp.985-1027.
곽충구(1998b), 「동북방언」, 『새국어생활』 8-4, 국립국어연구원, pp.75-94.
곽충구(2000), 「육진방언의 현상과 연구과제」, 『한국학논집』 34, 한양대한국학연구소,
　　pp.327-362.
곽충구(2003), 「현대국어의 모음체계와 그 변화의 방향」, 『국어학』 41, pp.59-91.
구본관(1997), 「의미와 통사범주를 바꾸지 않는 접미사류에 대하여-15세기 국어 파생
　　접미사를 중심으로」, 『국어학』 29, pp.113-140.
구본관(2002) 「접미사 '-이'의 종류와 성격에 대하여」, 『국어연구의 이론과 실제』(이광
　　호 교수 회갑기념논총) 태학사, pp.1169-1190.
국립국어원(1999), 『표준국어대사전』, 두산동아.
국립국어원(2010), 『외국인을 위한 한국어문법 2』. 커뮤니케이션북스.
권재일(1996), 「경북방언의 인용구문 연구」, 『인문논총』, 36권 1호 pp.151-166.
권재일(1998), 「문법변화와 문법화」, 『방언학과 국어학』, 태학사.
김동식(1980), 「현대국어 부정법의 연구」, 『국어연구』 42, 국어연구회.
김동식(1990), 「부정법」, 『국어연구 어디까지 왔나』, 서울대학교 대학원 국어연구회 편,
　　pp.452-466.
김명희(2006), 「국어 의문사 '무슨'의 담화표지 기능」, 『담화와 인지』 13.2, 담화 인지언
　　어학회, pp.21-42.
김미숙(1991), 「전라방언의 '아니'에 의한 부정문 연구 -완도 지역어를 중심으로」, 이화
　　여대 석사논문.
김병제(1980), 『방언사전』, 과학 백과사전출판사.
김영철(2004), 「우리말 담화표지의 기능 고찰-'거시기'를 대상으로」, 『한국언어문학』
　　제52, 한국언어문학회, pp.23-36.
김영철(2006), 「국어 담화표지 '어'의 고찰」, 『국어문학』 41, 국어문학회, pp.249-266.
김인숙(1984), 「한국어 부정의 제약에 관한 연구-아니를 중심으로-」, 연세대 대학원 석

사논문.

김창섭(1990), 「복합어」, 『문법 연구와 자료』(이익섭 선생 회갑 기념 논총), 태학사, pp.753-774.

김창섭(1993), 「형용사 파생 접미사들의 기능과 의미-'-답-', '-스럽', '-롭-', '-하'와 '-的'의 경우-」, 『형태』, 태학사, pp.151-181.

김춘자(2007), 『함경남도 삼수지역어의 음운론적 연구』, 서울대학교 박사학위 논문.

김태균(1981), 「함경북도 종성군 방언(자료)」, 『경기어문학』 2, pp.239-256.

김태균(1982), 「함북육읍방언연구」, 『경기어문학』 3, 경기대학교, pp.11-37.

김태균(1986), 『함북방언사전』, 경기대학교 출판국.

김태엽(2000), 「국어 종결어미화의 문법화 양상」, 『어문연구』 33, pp.47-68.

김태엽(2002), 「국어문법화의 양상」, 『인문과학연구』 24, pp.1-22.

김향화(2005), 「담화표지 '말이다'에 대한 고찰」, 『중국조선어문』 2, 길림성민족사무위원회, pp.13-16.

문병우(2000), 「경남 방언 [-예]에 관한 연구」, 『경상어문』 5·6 합집, 경상대국어국문학과, pp.191-204.

문병우(2002), 『한국어 화용표지 연구』, 국학자료원.

문숙영(2012), 「방언 문법과 국어학」, 국어학회·한국방언학회 공동학술대회 발표자료집.

박경래(2003), 「중국 연변 정암촌 방언의 상대경어법」, 『이중언어 학』 23, 이중언어학회, pp.43-65.

박경래(2005), 「충북출신 중국 연변 조선족 언어집단의 경어법 혼합양상에 대한 사회언어학적 고찰」, 『사회언어학』 제13권 1호, pp.53-81.

박경래(2007), 「구술발화의 조사와 정리」, 『방언학』 6, 한국방언학회, pp.74-116.

박석준(2007), 「담화표지화의 정도성에 대한 한 논의-'뭐, 어디, 왜'를 중심으로」, 『한말연구』 21, 한말연구학회, pp.87-106.

박영순(2007), 『한국어 화용론』, 박이정.

방언연구회(2001), 『방언학사전』, 태학사.

배주채(1998), 「서남방언」, 『문법연구와 자료』(이익섭 선생 회갑 기념 논총), 태학사, pp.877-932.

백낙천(2007), 「국어의 문법화 현상에 대하여」, 『한국언어문화』 39, pp.241-257.

송석중(1981), 「한국말의 부정의 범위」, 『한글』 173, pp.327-351.

송철의(1977), 「파생어형성과 음운현상」, 『국어연구』 38, 서울대 학교 석사학위논문.

송철의(1990), 「합성어」, 『문법연구와 자료』(이익섭 선생 회갑 기념 논총), 태학사. pp.718-752.

송철의(1992), 『국어의 파생어형성 연구』, 국어학총서 18, 태학사

신지연(1988), 「국어 간투사의 위상연구」, 『국어연구』 83, 국어연구회.

신현숙(2013), 「한국어 어휘 정보:{모양/모양이다}」, 『한국어의 미학』 42, pp.141-165.

안귀남(2007), 「경북방언의 간접인용문 연구」, 『언어과학연구』 제42집, pp.45-80.

안명철(1990), 「국어의 융합현상」, 『국어국문학』 103, 국어국문학회, pp.121-137.

안병희(1977), 「초기 한글 표기의 고유어 인명에 대하여」, 『언어학』 2, pp.65-72

안주호(1994), 「동사에서 파생된 이른바 '후치사류'의 문법화 연구」, 『말』 19, 연세대학

333

교 한국어학당, pp.133-154.

안주호(2003), 「인용문과 인용표지의 문법화에 대한 연구」, 『담화와 인지』, 제10권 1호, pp.145-165.

오선화(2007), 「연변지역어의 호격조사에 대한 일고찰」, 『방언학』 6, 한국방언학회, pp.225-256.

오선화(2012), 「연변지역어의 종결어미 '-재'에 대한 일고찰」, 『방언학』 제16호, pp.275-286.

유동석(1990), 「국어 상대높임법과 호격어의 상관성에 대하여」, 『주시경학보』 6, pp.61-72.

윤석민(1994), 「'-요'의 담화 기능」, 『텍스트언어학』 2, 텍스트연구회, pp.459-484.

이경우(1983a), 「현대국어 부정법의 일고찰」, 『홍익어문』 2, 홍익대 국문과, pp.31-44.

이경우(1983b), 「부정소 '아니'와 '못'의 의미」, 『국어교육』 44 · 45, pp.287-301.

이광호(1986), 「미지의 '이'를 찾아서」, 『어문학논총』 5, 국민대 어학연구소, pp.67-83.

이금희(2006), 「인용문 형식의 문법화-문법화 과정과 문법화 정도에 대하여」, 『국어학』, pp.233-258.

이금희(2012), 「의존명사의 문법화 정도와 양태적인 의미, -'-기 마련이다, -는 법이다, -기 십상이다, -기 일쑤이다'를 중심으로」, 『어문연구』 제40권 제3호. pp.57-89.

이기갑(1982), 「전남 북부방언의 상대높임법」, 『언어학』 5, 한국언어학회, pp.143-161.

이기갑(1995), 「한국어의 담화표지 '이제'」, 『담화와 인지』 1, 담화 인지언어학회, pp.261-287.

이기갑(2000), 「국어방언의 조사체계」, 『언어학』 27, 한국언어학회, pp.201-233.

이기갑(2003), 『국어방언문법』, 태학사.

이기갑(2007), 「구술발화와 담화분석」, 『방언학』 6, 한국방언학회, pp.49-71.

이기문(1983), 「'아즈비'와 '아자미'」, 『국어학』 12, 국어학회, pp.3-12.

이병근(1978), 「國語의 長母音化와 補償性」, 國語學 6, 國語學會, pp.1-28.

이병근 · 박경래(1988), 「경기도방언의 연구와 특징」, 『국어생활』 12. pp.61-72

이병근 · 정인호(1999), 「중국 조선어 방언 조사-원평북방언을 중심으로」, 김시준 외, 『한반도와 중국 동북 3성의 역사 문화』, 서울대학교출판부, pp.1-75.

이성하(2011), 『문법화의 이해』, 한국문화사.

이숭녕(1968), 「중세국어의 가족명칭에 대하여」, 『동양문화』 67, 영남대학부설 동양문화연구소, pp.229-246.

이숭녕(1981), 『중세국어문법』, 을유문화사.

이윤구(1995), 「무주 지역어{이}의 화용적 기능에 대하여」, 『대구어문논총』 13, 대구대학교, pp.67-20.

이익섭 · 채완(2007), 『국어문법론강의』, 학연사.

이익섭(1974), 「국어 경어법 체계화 문제」, 『국어학』 2, 국어학회, pp.39-64.

이익섭(1976), 「아재攷 -방언조사방법의 한 반성」-『동아문화』 13, pp.31-58.

이익섭(2005), 『한국어문법』, 서울대학교출판부.

이익섭 · 채완(2007), 『국어문법론강의』, 학연사.

이정민 · 박성현(1991), 「'-요'의 쓰임의 구조와 기능」, 『언어』, 16-2. 한국언어학회, pp.361-389.

이정애(2002), 『국어 화용 표지의 연구』, 월인.

이필영(1995), 『국어의 인용 구문 연구』, 탑출판사.

이한규(1996), 「한국어 담화 표지어 '그래'의 의미 연구」, 『담화와 인지』 3, 담화 인지언어학회. pp.1-26.

이한규(1997), 「한국어 담화표지어 '왜'」, 『담화와 인지』 4.1, 담화 인지언어학회, pp.1-20.

이한규(1999), 「한국어 담화표지어 '뭐'의 의미」, 『담화와 안지』 6.1, 담화 인지언어학회, pp.137-157.

이환묵(1982), 「부정표현 '아니'의 통사범주와 그 의미」, 『어학연구』 18.1, pp.139-155.

이희두(2007), 「중세국어 담화표지 '이'에 대하여」, 『한국언어문학』 63, 한국언어문학회, pp.79-103.

임규홍(1995), 「담화표지 '뭐냐'와 '있지'에 대하여」, 『어문학』 56, 한국어문학회, pp.51-68.

임규홍(1996), 「국어 담화 표지 '인자'에 대한 연구」, 『담화와 인지』 2, 담화 인지언어학회, pp.1-20.

임규홍(1998), 「부사 '정말'류의 담화적 의미」, 『한국어 의미학』 2, 한국어 의미학회, pp.237-254.

임규홍(2005), 「국어 담화 표지 '자'에 대한 연구」, 『우리말글』 34, 우리말글학회, pp.99-121.

임홍빈(1978), 「부정법 논의와 국어의 현실」, 『국어학』 6, pp.185-206.

임홍빈(1983), 「국어의 절대문에 대하여」, 『진단학보』 56, 진단학회, pp.97-136

임홍빈(1987), 「국어 부정문의 통사와 의미」, 『국어생활』 10, pp.72-99.

임홍빈(1998a), 「부정법」, 『문법연구와 자료』(이익섭 선생 회갑 기념 논총), 태학사. pp.551-620.

임홍빈·장소원(2000), 『한국어문법론』 1, 한국방송대학교출판부.

전영옥(2002), 「한국어 담화 표지의 연구」, 『전통 화법과 화법 교육』 4, 한국화법학회, pp.113-145.

전학석(1998), 「연변방언」, 『새국어생활』 8, 국립국어연구원, pp.153-180.

정승철(1998), 「제주방언」, 『문법연구와 자료』(이익섭 선생 회갑 기념 논총), 태학사. pp.955-984.

정승철(2006), 「음운연구와 방언 조사 방법」, 『방언학』 3, 한국방언학회, pp.75-95.

정용호(1988), 『함경도방언연구』, 교육도서출판사.

정용호(1988), 『함경도방언연구』, 교육도서출판사.

정인승(1956), 『표준고등말본』, 신구문화사.

조항범(1987), 「국어친족호칭어의 통시적 고찰(III2)-[백숙부], [백숙모] 호칭어를 중심으로」, 『관악어문연구』 12, pp.287-318.

채옥자(2005), 『중국 연변지역 조선어의 음운연구』, 태학사.

천소영(1984), 「부모호칭어의 재고」, 『국어학』 13, 국어학회, pp.145-170.

최명옥 외(2002), 『함북북부지역어 연구』, 태학사.

최명옥(1976), 「현대국어의 의문법 연구-서남 경남방언을 중심으로」, 『학술원 논문집』 15, 대한민국학술원, pp.145-173.

최명옥(1982), 「친족명칭과 경어법- 경북 북부지역의 반촌어를 중심으로-」, 『방언』 6,

한국정신문화연구원 어문연구실, pp.1-26.

최명옥(1998),『한국어 방언연구의 실제』, 태학사.

최명옥(2000), 「중국 연변지역의 한국어 연구」,『한국문화』25, 서울대 한국문화연구소, pp.17-62.

최명옥(2007), 「구술발화 자료와 개별방언」,『방언학』5, 한국방언학회, pp.7-45.

최명옥·곽충구·배주채·전학석(2002),『함북 북부지역어 연구』, 태학사.

최현배(1961),『우리말본』, 정음사.

한국어학회(1999),『국어의 격과 조사』, 월인.

한글학회(1992),『우리말 큰 사전 4 옛말과 이두』, 어문각.

한영순(1967),『조선어방언학』, 김일성종합대학출판사.

한진건(2003),『륙진방언연구』, 역락.

허웅(1975),『우리 옛말본-15세기 국어 형태론』, 샘문화사.

홍기문(1947),『조선문법연구』, 서울신문사.

황문환(1993), 「경북 울진방언의 친족 호격어와 화계」,『국어학』23, pp.191-213.

Brinton. L. J.(1996), *Pragmatic markers in English : grammaticalization and discourse functions, Berlin :New York: Mouton de Gruyter*

Bybee, Joan L.(1985), *Morphology,* John Benjamins Publishing Company.

Schiffrin. D(1987), *Discourse Markers, Cambridge University Press*

찾아보기

연변방언 연구

조사 어휘 목록

표준어	부령지역어	페이지
감투	감티	63
갓	갇	194
강낭콩	열코~이	182
강냉이	강내~이	182
강변	갱베~이	180
개구리	머구락지, 머우리, 메구락지	157
개숫물	자싯물, 재싯물	173
개울	개굴	157
거꾸로	가꿀르	80
거름	걸금	157
거머리	거마리	128
거웃	거부지	149
거위	게사~이	180
걱정	걱저~이	182
걷다	겷다	195
검부저기	검부제기	131
겨드랑이	자대미티	173
겨릅대	저르피	173
겨	제	173
겪다	젂다	173
견디다	전디다	49, 173
견본	겐본	174
견장	겐장	174
견학	겐학	174
결석	겔석	174
결혼	겔혼	174
겹	접우티	173
경사나다(慶事나다)	겡사나다	84
경우	겡우	174
경치(景致)	겡치	84
경치	겡치	174
고기잡이	고기재비	138
고되다	고데다	73

표준어	부령지역어	페이지
고드름	고도리	104
고등어	고도~예, 처~예	57
고루고루	고로고로	109
고방	고바~	183
고생하다	고사~하다	58
고소하다	고솜하다	104
고양이	고~얘, 고내	89, 180
고프다	고푸다	103
곡괭이	꼭깨	92
곧장	꼬꼬지	169
골무	골미	63
골뱅이	골배~이	182
골짜기	골째기	132
곪다	곪다, 곪다	197
곰취	곰치	71
곳	곤	194
공장	공자~	183
과도하게(過度하게)	가도하게	91
과식(過食)	가식	91
과자(菓子)	가자	90
과학(科學)	가학	90
광란(狂亂)	강란	91
광주리(筐, 광주리)	강주리	91
괘씸하다	개씸하다	91
괜찮다	갠찮다	91
괜히	갠히	91
괴다(淳)	갑다, 개피다	45
괴다(醱)	개다	76
괴변(詭辯)	게벤	92
괴상하다	게상하다	72
구더기	구데기	131
구들	구둘	106
구렁이	구레~이	132, 182

345

표준어	부령지역어	페이지
구멍(孔)	구애, 구~애, 궁개	89,180,201
구슬	구술	106
구유	구시	152
구이	구비	150
국사당	국시	43
굴리다	구부리다	149
굶다	굶다, 긂다	197
권세(權勢)	건세	91
권총(拳銃)	건초	91,183
권하다(勸하다)	건하다	91
궤	게, 게짝	92
귀	기	70
귀뚜라미	끼뚜라미, 끼뚜래미	92
귀띔	기뜸	70
귀신(鬼神)	구신	62
귀엽다	기엽다	70
귀이개	기오비개, 기우비개, 기호비개	92
귀지	귀채	92
규율(規律)	기율	67, 88
규정(規定)	기저~	67
규측(規則)	기측	67
규측	귀측	163
그네	굴레	159
그늘	그느지	46
그루	글기	203
그으름	끄스러미	152
그을다	끄슬다, 그슬다	152
글월	글빨	143
금방	곰만	97
금봉여	금봉애	89
기다리다	지둘구다, 지달기다, 기다리다	80, 173
기다맣다	지다맣다	173
기대다	지대다	173

표준어	부령지역어	페이지
기둥	지둥, 기둥	172
기르다	지르다	173
기쁘다	지뿌다	103, 173
기슭	지슭	172
기와	지와	173
기울다	찌불다	142
기저귀	지제기	131
기지개	지지개, 기지개	172
기침	지츰	162
긷다	긿다	195
길	질	172
길다	질다	173
길마	지르매	58, 172
길잡이	길재비	139
김장	짐장	173
김	짐	173
김치	짐치	49, 173
깁다	집다	173
깆다	짖다	193
깊다	짚다	193
까마귀	까마기	70
-까지	-까장, -꺼지	47
깎이다	깨끼다	136
깜찍하다	깜쯕하다	163
깨닫다	깨닳다	198
껍질	깝질	128
꼬르륵 꼬르륵	꼬록꼬록	109
꼬집다	꼬좁다	97
꼴(草)	깔	43
꽃	꽂	192
꾀꼴새	께꼴새	72
꾸러미	꾸레기	131
꾸불꾸불	꼬볼꼬볼	109

표준어	부령지역어	페이지
꿋꿋하다	끳끳하다	62
끌다	끄스다	152
끼우다	찌우다	173

	(ㄴ)	
나누다	농구다	105
나루	날기	203
나른나른	노근노근	110
나무	낭기	201
나물	나무리	46
나쁘다	나뿌다	103
나사(螺絲)	나새	58
남편	남페~이, 남펜	84, 180
낫	날	194
내리다	네리다	47
내일	네일	50
냉수(冷水)	냉시	62
냉이	나시	151
넓다	넓다, 너르다	198
넙적골	넙덕골	170
넙적글(중국글)	넙덕글	170
넣다	옇다	179
넷	너이, 넛	56
노루	놀기	203
노을	노부리, 너부리, 느불메기	149
녹두(綠豆)	녹디	62
놀리다	놀기다	157
누구	누기	63
누더기	누데기	60
누에	누베	149
누이	누비	143
눈두덩	눈뚜베	150
눈보라	눈보래	58

표준어	부령지역어	페이지
뉘	니	71
뉘우치다	니우치다	71

	(ㄷ)	
다래끼	다라치	45
다리다	대리다	134
다리미	대래미	133
다짐	다즘	163
다투다	도투다, 다투다	104
다투막질	도투막질	104
닫히다	대끼다, 다치다	136
달래	달리	45
닮다	닮다, 딞다	197
닳다	다슬다	155
당기다	땡기다, 당개다	49
당나귀	당내기	70
대가리	다가리, 대가리	58
대궁궐(大宮闕)	대궁걸	91
대외(對外)	대에	75
대통	대토~	183
댁	덱	50
더데	다대, 더데	123
더위	더비	144
던지다	덴지다	134
덤비다	뎀비다	132
덥히다	데피다	60
도꼬마리	떼꼬리	72
도서실	도소실	105
독수리	덕수리	43
동냥하다	동야~하다	180
동무	동미	63
동서(同壻)	동세	57
동이	도~에	50

표준어	부령지역어	페이지
동정	동저~이	182
돼지	대지	92
되(升)	도박, 데박, 데	65, 73
되놈	데놈	72
되다(爲)	대다, 데다	72, 76, 147
된장	덴장	72
두꺼비	뚜께비	60
두드러기	두드레기	131
두드리다	두두리다	106
두렁	두레~	57
두루마기	저매기	132
두멍	둥기	201
두어	두어, 두서	152
둘	두울	147
뒤	두, 두에	62
뒤주	두지	62
뒤집다	두집다, 디집다, 대비다, 드비다,	62, 149
뒤통수	디통수	71
뒷걸음	딧걸음	71
듣다	듫다	195
-들	-더리, -드리	47
따뜻이	따따시	45
땅	따~	183
떨어뜨리다	떨구다	157
떫다	떫다	198
떼쟁이	야질	83
똬리	따바리	149
뚜껑	뚜베	150
뚫다	듫다, 뚧다	80,150,197
(ㅁ)		
마렵다	마랍다	124,134
마루	말기	203

표준어	부령지역어	페이지
마르다	말르다	96
마름	말밤	143
마을	마실	95
마침	마츠마게	162
마흔	마은	154
막히다	매키다	136
만지다	맨지다	135
많이	마지	95
말리다	말리다	157
맡기다	매끼다	137
머루	멀기	156
먹이다	메기다	136
먼저	만저	43
먼지	문지	49
메기	메사기	155
메뚜기	매뚜기	76
메밀	매밀	76
메밀묵	매밀묵	76
메옥수수	매옥씨	76
메우다	메꾸다	158
메주(麴)	메지	69
메주	메지	62
메추리	메초리	73
며느리	메느리	84
며칟날	며츤날	162
며칠	메츨	162
멱살(撚)	멕쌔기, 멕사리	84
명주	멩지	168
명주	멩지	63
모래	몰개	156
모서리	모소리, 모서리	105
모이	모시	152
모자(帽子)	모재	58

351

표준어	부령지역어	페이지
모향산(妙香山)	메향산	87
못	몬, 모대기	194
몽둥이	몽디~이	63
뫼	메	73
묏돼지	멧대지	91
묘(苗)	모	87
묘자리(墓자리)	멧자리, 못자리	67
묘지(墓地)	메지	67
묘향산(妙香山)	메향산, 모향산	68
무르다	물기다	157
무엇(何)	머	91
무진여	무진애	89
문서(文書)	문세	57
묻다	뭂다	195
물외	물왜	76
민들레	무슨들레	155
(ㅂ)		
바뀌다	배끼다, 배뀌다	136
바늘겨레	바늘절개	173
바로	바루, 바르, 똑바루, 똑바르	80
바르다	발르다	45
바쁘다	바뿌다	103
바위	바이	74
바퀴	바키	71, 126
박쥐	빨지	71
박히다	배키다	136
반두(澇網)	반디	63
반찬	반차~이	180
발뒤축	발디축	71
밟다	붋다	198
밟다	붋다	97
방귀	방기	70

표준어	부령지역어	페이지
배꼽	배뿌기	126
뽑다	밭다	193
버짐	버즘	162
번데기	분두지	175
벌(件)	볼	97
벌렁벌렁	펄펄	109
벌레	벌거지	156
벗기다	베끼다	136
벙어리	버버리	149
베(布)	배	77
베치마	배초매	77
베틀	배틀	77
벼락	베락	84, 85
벼룩	베리기	126
변소	뒤깐	92
병아리	배~우리	182
보습	보숲	82, 195
보얗다	보앟다	109
부스럼	부스레미, 부스러미	151
부엌	부수깨	152
부옇다	부엏다	109
부지깽이	부스때기	152
부추	염지	84
분지르다	부찔구다	158
불리다	불구다	158
붓	붇	194
붕어	부~예, 부~에	57
붙들다	붙둘다	106
비료(肥料)	비로	86
빌리다	빌기다	157
빗	빈	192
빨래	서답	84
뽀두라지	뽀두라지	87

표준어	부령지역어	페이지
뾰족하다	뻬족하다, 뽀족하다	68, 87

(ㅅ)		
사과(沙果)	사가	91
사귀다	사기다	70
사나이	선서나	47
사립문	나무문	126
사마귀	사마기	126
사위	싸우	62
사주(四柱)	사지	62
사촌	사추~이	45
사치(奢侈)	새치, 새치군	135
삯	싹	200
산	사~이	180
살구(杏)	살기	63
삶다	삶다, 삷다	197
상사	상세	50
상사	상측	162
상여(鄕徒)	항디	63
상추	불기	203
새우	새비	143
서로	서루, 서르	80
서류(書類)	서루	88
석마(石馬)	석매	58
석쇠(錉)	적새, 불적새	77
섞이다	세끼다	136
설기떡	셀기떡	134
세수	세시	63
셋	서이, 섯	56
소경	세게이	68
소고기	세고기	69
소매	사매	97
소새끼	세새끼	69

표준어	부령지역어	페이지
소	세	65
소쩍새	소쪽새	105
소쩍소쩍	소쪽소쪽, 새쪽새쪽	105
손뼉	솜뻑	84
손자(孫子)	손재	58
손잡이	손재비	139
송곳	송곧	156
송곳송곳	곤지곤지	109
송아지(犢)	새지	77
송어(松魚)	소~예	57
쇠다(過)	새다	77
쇠	세때	73
수레	술기	156
술	수울	147
수키와	수지와	173
숫돌	싯두리	62
숭늉	숭뉴~	88
숯	수끼	200
숱(膏)	숫	195
쉬	시, 시파리	71
쉽다	숩다	62
슬프다	슬푸다	103
승냥이	승애	180
시늉	시누~	88, 183
시래기	시라지	175
시루	실기	203
시원하다	씨원하다	91
시장하다	시당하다	169
식구(食口)	식기	62
싣다	싫다	195
싫다	슳다	164
심심하다(淡)	슴슴하다	163
심심하다(閑)	심심하다	175

355

표준어	부령지역어	페이지
싱겁다	승겁다	163
써레	썰게	156
썰다	쏠다, 쌀다, 썰다	82
쏘이다(螫)	쌔우다	77
쓸개	열	84
씨앗	씨가시	157
씻다(濯)	싳다	195
	(ㅇ)	
아끼다	애끼다	136
아는 듯 모르는 듯	알짱말짱	109
아니	아~이	180
아버지	애비	132
아우성	아부재기	149
아우	애끼, 아시	152
아주머니	아즈마~이	125, 180
아주버님	아즈바님	125
아지랑이	아즈래기	163
아직	안즉	46
아침	아츰	162
아프다	아푸다	103
아홉	아홉	126
안경	안게~	183
알리다	알기다	157
암소	암세	69
암키와	암지와	173
암행어사(暗行御史)	암항어사	58
앞잡이	앞재비	138
애벌	아시벌	152
야무지다	여무지다	53
야장(冶匠)	애자이, 애장간	89
약다	역다	52
어레미	얼겅채	156

표준어	부령지역어	페이지
어미	에미	132
어버이	어시	152
어스름	어슬어슬하다, 어슴마기	151
어울리다	어불다	149
어지럽다	어츠럽다	124, 162
어지럽히다	어질구다	157
어질다	어지다	168
-어치	-에치	135
얼리다	얼구다	157
엘레빗	얼게빗	156
여관(旅館)	여가이	91
여덟	아듭	52
여드레	야드레	52
여든	야든	52
여러	야라	52
여우새끼	여스새끼	152
여위다	예비	142
여위다	예비다, 여비다	132
역서(曆書)	역세	57
열넷	얄너이	52
열다섯	얄다스	52
열리다	열기다	157
열쇠(開鐵)	열세	73
열아홉	열아홉	52
열	야리	52
열여덟	얄야듭	52
열정	열저~이	182
엷다	얇다	197
염소	염세	65
옅다	얕다	83
오늘	오놀, 오널, 오늘	104
오라비	오래비	132
오얏	왜지	76

357

표준어	부령지역어	페이지
오이	웨	74
온	오분	149
올챙이	올채~이	60
와(소를 멈추게 하는 소리)	와	90
왕겨	겉제	173
외가닥	웨가닥	74
외가집	왜가집, 웨가집	75, 76
외고집	웨고집	74
외국(外國)	웨국	75
외눈이	애눈깔이	76
외롭다	웨롭다	74
외상(外商)	웨상	74
외손자(外孫)	웨손자	74
외우다	에우다, 에갈내다	75
외지(外地)	웨지	75
외출(外出)	웨출	75
왼쪽	웬쪽	74
요강	요강, 오강	179
용하다	용타	86
우습다	우뿌다	143
우엉(牛蒡)	우봉	82
운수(運數)	운시	62
울뚝불뚝	울퉁불퉁	109
울리다	울기다	157
움츠리다	움추리다	106
원래(原來)	워낙	91
원쑤(怨讐)	원씨	91
옻	유스, 유끼, 유꾸	152
-으니까	-으~이까	180
은어(銀魚)	은에	57
이남박	물햄배기	139
이마	이매	58
이사	이세	51

표준어	부령지역어	페이지
이야기	얘기	89
-이야	-사	152
이웃	이붓	142
이제는	이저느, 어저느	56
이지러지다	여즈러지다	163
인두(熨斗)	윤디	63
일러바치다	일거바치다	157
일찌감치	일쯔감치	162
일찍이	일즈끼	162
임자	임재	58
입술	입수리	150
입천장	하느바지	170
있다	잇다	193
잊어버리다	잊어뿌리다	46

	(ㅈ)	
자국	자구기	126
자귀(鐯)	손자기	70
자라	자래	84
자루	잘기	203
자비(自費)	재비	132
자연히	자여~이	45,154
자위	눈자시	151
자취	자치	126
자치기	재치기	135
작다	쪼꼬맣다	86
작두(斫刀)	작디	63
잔치	잔체	50
잠기다	잼기다	136
잠방이	잠배~이	132
잠자리	잼재리	133
잡히다	재피다	60
장구(鼓)	새장기	63

표준어	부령지역어	페이지
저고리	조고리, 저고리	106
저녁	저낙, 지~약	84,180
저리다	제리다	134
전쟁	전재~	183
절구(臼, 절구)	절기	62
절름발이	절루뱅이	80
젊다	젊다, 겂다	197
점심	점슴	164
점장이	점재~	142
정강이	정개~이	132
정어리	저~어리	182
젖히다	제끼다	137
제꺼덕	데까닥	128
제꺽	데깍	128
제사(祭祀)	제새	59
조끼(補)	제끼	68
조롱조롱	다름다름	109
조리(笊籬)	제리	68
조몰락조몰락	조물조물	110
조선(朝鮮)	조손	105
좁다	쭙다	198
종이	조~에	50
종자(種子)	종재	58
좌석(座席)	자석	91
죄(罪)	제	73
죄다(搥)	재우다	77
죄롭다	제롭다	73
죄송(罪悚)	제송	73
주둥이(嘴)	주디~이	62
주렁주렁	두렁두렁	169
주머니	조만지, 주먼지, 주머~이, 조마~이	123, 180
주무르다	주물구다	157
주전자	지전재	67

표준어	부령지역어	페이지
주정하다	지저~하다	67
주춧돌	지칫돌	67
쥐다	지다	71
쥐	지	71
즈움	즈음, 즈슴	152
지렁이	거시	151
지렁이	거시	159
지령(醬)	지렁	84
지름	지름	172
지팡이	지패막때기, 지패~이	132
진일	즌일	162
진창길	즌창길	159
진탕	즌탕	163
진흙	즌흙	162
질다	즐다	162
짐승	즘승	162
짓	즛	152
짖다(吠)	즛다, 줏다	162, 195
짧다	짜르다, 짧다	168,198
쪼이다	째우다	77
찢다	쯧다	162
(ㅊ)		
차례	채레	133
차리다	채리다	134
차비(差備)	채비	132
찰수수	찰시	63
참빗	챔비시	132
참외	차매	77
창평(蒼坪)	챙평	132
창피하다(猖披하다)	챙피하다	132
찾다	찻다	195
천지꽃	첸지꽃	169

361

표준어	부령지역어	페이지
초가집(草家집)	초개집	58
총	초~	183
최고(最高)	체고	73
최씨(崔氏)	체씨	73
추위	치비	144
취하다	치하다	71
치료(治療)	치로	86
치마	초매	86,97
치사(致謝)	치새	58
(ㅋ)		
커다	써다	176
콩길름	콩질금	173
콩팥	콩팣	192
키	치	173
(ㅌ)		
탄자(毯子)	탄재	59
토박이	토배기	131
토성(土城)	토소~	106
토수	토시	63
통쾌하다	통캐하다	92
퇴비(堆肥)	테비, 토비	65, 73
튀기다	티기다	71
티끌	띠끌	166
(ㅍ)		
팥	패끼	96, 200
펄펄	불룽불룽	109
편지(便紙)	펜지	84
평양	피~양, 페~양	182
표고버섯	포고버섯	87
표주박(瓢)	포주박	87

표준어	부령지역어	페이지
푸르다	푸루다	106
풀무	풍기	201
프다	푸다	103

(ㅎ)

표준어	부령지역어	페이지
학교	핵교	132
한뉘	한닐	71
할아버지	클아바이	158
항문	홍문	43
해동여	해동애	89
행주	생지	175
향기(香氣)	행기	84, 176
향나무(香나무)	행나무	84
향불(香佛)	행불	84
허비다(刪)	호비다, 허비다	82, 149
허수아비	헤재비	139
헤어지다	헤체지다	168
헷갈리다	삿갈리다	175
혀	세떼	175
현상	헨상	176
혈관(血管)	헬관	84
형	성	176
형제(兄弟)	형제	84
혼사	혼세	50
혼자	하분자, 호분자	97, 143
홀어미	하불에미	149
홍어(魟魚)	호~예	57
화기(火氣)	하기	91
확실하다(確實하다)	학실하다	91
확	호박	149
햇보	해때보	92
회령(會寧)	헤령	73
회의(會議)	헤이	73

363

표준어	부령지역어	페이지
회초리	해초리	77
효자(孝子)	호자	87, 176
후추(榴)	후치	63
훔치다	쏫다	164
흰칠하다	헌츨하다	162
휴가(休暇)	히가	67
휴식(休息)	히식	67
휴양소(休養所)	히양소	67, 88
휴일(休日)	히일	67
휴지	수지	176
흉년	슝년	176
흉(凶)	슝, 수~	175, 183
흥취	흥치	71
희생	히새~	183
힘	심, 힘	175
힘줄	심줄	175